_____ 님의 소중한 미래를 위해
이 책을 드립니다.

대체 **박선배**는
어떻게
저 **많은 돈**을
버는 걸까?

대체 박선배는 어떻게 저 많은 돈을 버는 걸까?

트윈팝 지음

메이트북스

메이트북스 우리는 책이 독자를 위한 것임을 잊지 않는다.
우리는 독자의 꿈을 사랑하고,
그 꿈이 실현될 수 있는 도구를 세상에 내놓는다.

대체 박선배는 어떻게 저 많은 돈을 버는 걸까?

초판 1쇄 발행 2023년 10월 25일 **|** **지은이** 트윈팝
펴낸곳 (주)원앤원콘텐츠그룹 **|** **펴낸이** 강현규·정영훈
책임편집 남수정 **|** **편집** 안정연 **|** **디자인** 최선희
마케팅 김형진·이선미·정채훈 **|** **경영지원** 최향숙
등록번호 제301-2006-001호 **|** **등록일자** 2013년 5월 24일
주소 04607 서울시 중구 다산로 139 랜더스빌딩 5층 **|** **전화** (02)2234-7117
팩스 (02)2234-1086 **|** **홈페이지** matebooks.co.kr **|** **이메일** khg0109@hanmail.net
값 18,000원 **|** **ISBN** 979-11-6002-413-5 03320

현명한 청년이나 월급쟁이는 자기 돈을 부동산에 투자한다.

• 앤드루 카네기(미국의 산업자본가) •

내 집 마련의 꿈,
전혀 늦지 않았습니다!

"자, 눈 딱 감고 여기 사세요. 후회하지 않습니다. 그곳이 어디냐면
요, 강남구, 서초구, 송파구, 용산구! 더 오르기 전에 지금이라도 잡
으셔야 합니다! 여기 아니면 답이 없습니다."

'아이씨, 또 저 소리한다. 그걸 누가 모르냐고. 어느 세월에 돈 모
아서 어느 세월에 거길 살 수 있는 거냐고! 부모한테 물려받은 게 없
는 사람은 부동산투자 할 자격도 없는 거야? 그냥 포기해야 하는 거
야? 왜 금수저 전용 강의만 하냐고!'

어렵사리 용기를 내 다가간 부동산시장에서 재테크를 처음 접하
는 사람들은 소위 '진 빠지는' 경험을 합니다. 2030 젊은 세대일수록
당연하게도 모은 돈이 제대로 있을 수가 없습니다. 그럼에도 그런
그들을 앞에 두고 소위 전문가들은 늘 '강남만 좋다'고 외치고 있습

니다. 서울 안에서도, 아니 전국에서도 비싸기로 유명한 곳을 말입니다. 더군다나 강남은 몇 년 사이 이미 수억 원에서 수십억 원까지 올라버린 곳입니다. 애써 돈 내고 시간 내서 달려간 부동산 강의장에서 '강남에 투자해야 한다, 지금이라도 늦지 않았다'고 말하는 게 과연 사회초년생들에게 의미가 있는 말일까요? 그런 답변은 지나가는 초등학생에게 물어봐도 누구나 알 법한 이야기라는 것입니다.

아무리 좋은 옷이라도 시기와 상황에 맞게 입어야 합니다. 집을 투자로 생각하고 접근해야 할 때도 마찬가지입니다. 지금 강의를 듣고 있는 수강생들이 금수저를 달고 태어난 사람이 아니라면, 아무리 영끌을 해봐도 그 사다리에 올라타기 힘든 사람이라면 그 상황에 맞는 이야기가 필요하다는 것입니다. 이미 자산을 이룬 사람의 투자방식과 이제 시작해야 하는 2030세대의 투자방식은 엄연히 다를 수밖에 없기 때문입니다.

본인에게 맞지도 않는 이야기에 이미 늦었다고 좌절할 필요가 없습니다. 공부해봐야 소용없다고 미리 포기할 이유도 전혀 없다는 것입니다.

◀ 기회가 오고 있습니다 ▶

이 책을 쓰기 위해 자판에 손을 올린 지도 어느새 2년이라는 시간이 흘렀습니다. 짧다면 짧은 시간 동안 경제와 관련된 무수한 이슈들이 하루하루 새롭게 펼쳐졌습니다. 특히 대한민국의 삶에서 핵심적인 역할을 하는 부동산시장은 롤러코스터를 타는 듯 변화와 폭발을 반복했습니다. 집값은 상상조차 어려울 정도로 급등하며 구석구석 상승을 보였습니다. 누가 봐도 이 가격은 미쳤다고 인정하면서도 사람들은 집을 사기 위해 열광했습니다. 그러다가 말 그대로 순식간에 바닥이 흔들리고 폭발하는 듯한 지진 소동이 일어나며 집값은 폭포수처럼 낙하했습니다.

영원할 것 같던 부동산 불패신화가 끝났습니다. 부동산 대세하락기가 시작되었습니다. 영끌로 부동산시장에 뛰어들었던 사람들은 잠 못 이루는 힘겨운 밤을 보내고 있습니다. 뉴스만 틀어도, 유튜브만 클릭해도 부동산 폭락 이슈가 쉴 틈 없이 나오고 있습니다.

이번에는 영원할 것 같던 부동산 대세하락이 흔들리고 있습니다. 대한민국의 부동산시장이 또 새로운 변곡점을 맞이하고 있습니다. '바닥을 찍었다, 다시 반등을 하고 있다'는 이야기가 언론을 통해 퍼져나가고 있습니다. 또다시 대한민국의 거대한 부동산시장이 무대 위로 뛰어올라갈 시간이 다가왔습니다. 비극이 되느냐, 희극이 되느냐는 오로지 우리에게 달려 있습니다.

◖ 중요한 건 꺾이지 않는 마음입니다 ◗

물론 2030세대들은 이제 '부동산'이라는 단어를 듣기조차 싫어하거나 '포기'라는 단어와 동의어쯤으로 여길지도 모릅니다. 그만큼 전세 폭등, 집값 폭등에 이미 진이 빠졌을 테니까요. 그나마 최근에야

숨이라도 쉴 만큼 조용해지고 있으니 다행이다 생각할 수도 있을 것입니다.

그럼에도 우리는 알고 있습니다. 적어도 대한민국에서 부동산은 잊을 만하면 어디선가 기어나와 우리의 마음을 뒤흔드는 나쁜 놈, 살벌한 놈, 예의도 없는 놈, 피도 눈물도 없는 놈이라는 사실을요.

부동산은 정말이지 불평등의 씨앗을 양산하는 시장입니다. 그저 최소한의 살아가는 내 보금자리라도 평등하게 누리고 싶지만, 자본주의사회 속 부동산은 오히려 불평등을 더욱 심화하고 있으니 말입니다.

그런데 이쯤에서 누군가는 이런 말을 합니다. "부동산이 내게 있어서만큼은 태생의 불평등을 해소할 수 있는 유일한 탈출구였다"라고 말이죠. 실제로 회사를 다니다 보면 그렇게나 많이 하는 주식투자를 통해 부를 이룬 사람은 거의 없지만, 부동산을 통해 부를 이룬 사람은 어렵지 않게 찾을 수 있습니다. 그리고 그렇게 부를 이룬 선배들은 어김없이 이런 유의 이야기를 들려줍니다. "생활의 안정을 위해서라도 부동산은 친구처럼 친하게 지내야 한다. 거리가 멀어질수록 평생을 골치 아프게 살 수밖에 없다"라고 말이죠. 그렇기에 부동산은 불가피하게도 누구나 외면하고 싶지만, 누구도 외면할 수 없는 자산이라는 것입니다.

삶은 무수한 선택의 갈림길로 가득 차 있습니다. 하루에도 수십 번의 선택에 직면하며 그중 하나가 몇 년 혹은 몇십 년의 시간을 좌우하기도 합니다. 직선을 달리는 인생 속에서 조금만 방향을 바꾸면 또 다른 세상이 펼쳐질 수도 있습니다. 내가 가는 지금의 길이 '뭔가 아니다'라는 생각이 든다면, 과감하게 깜빡이를 넣고 다른 방향으로, 다른 차선으로 옮겨 탈 수 있어야 합니다.

이 책은 2030세대들이 이미 겪었을 이야기와 앞으로 겪어나갈 이야기를 부동산시장을 바탕으로 그려낸 소설입니다. 쑥대밭처럼 보이는 그래서 다가서기조차 부담스러운 부동산시장과의 간극을 좁히고자, 딱딱한 형식의 자기계발적 요소보다는 친근한 일상이야기를 다뤘습니다. '우현'이라는 사회초년생 흙수저 무주택자의 삶을 따라 2030세대들도 늦지 않았음을, 기회가 있음을, 중요한 건 꺾이지 않는 마음임을 공감할 수 있을 것입니다.

지금까지의 삶이 '부동산=두려움'이었다면, 이제라도 '부동산=조금의 희망'으로 바라볼 수 있는 계기가 되길 바랍니다.

이 책을 집필하는 동안 사랑스러운 제 아이들, 서아와 서호의 첫 돌이 지났습니다. 그리고 어느샌가 두 돌을 앞두고 있습니다. 아이를 키워본 적 없는 무지한 부모로서 집필이란 선택이 얼마나 어리석은 결정이었는지 뒤늦게야 알게 되었습니다. 부모 둘, 모든 시간을 할애해도 부족할 시간에 무턱대고 책을 쓰겠다고 했으니…. 그럼에도 시간은 흘렀고, 혼자만의 힘으로는 도무지 완성할 수 없었을 책을 힘겹게 탈고했습니다.

너무나 미안하게도, 또 너무나 감사하게도 나의 부족함을 이해해주고, 응원해주고, 빈자리를 더 큰 사랑으로 채워준, 세상 가장 소중한 이에게 이 책을 빌려 진심으로 고맙고, 진심으로 사랑한다고 전하고 싶습니다. HM 그대 없이는 이 책도 없었을 것입니다. 감사합니다.

트윈팝

차례

1장

'부'의 불균형을
마주하다 _____

2장

'부'의 시작점에
서다

3장
'부'의 질서를
배우다

4장

'부'의 승리가
눈앞에 있다

불평등하고 불공평한
자본주의사회!

모름지기 새로운 해가 시작되면 새로운 계획이 시작되어야 옳다. 그
게 새해에 대한 예의고, 본인에 대한 자존심이다. 비록 그게 작심삼
일로 끝나고 말 것임을 뻔히 알고 있음에도 또다시 도전한다. 우현
은 새해가 시작되는 첫 월요일 새벽 4시 30분 번개처럼 눈을 뜬다.
물 한잔을 들이켠다. 양치를 하고 고양이 세수를 한다. 거울 속 얼굴
은 여전히 꿈속이다. 침대 속을 다시 들어갈 세라 운동복부터 갈아
입는다. 양말을 신고 하얀 나이키 운동화에 발을 넣는다.

　모두가 잠든 시간, 복도 전체에 울리는 발소리를 의식해 사뿐사뿐
계단을 내려간다. 컴컴한 계단을 밝혀주는 센서등이 탁탁 소리를 내
며 환영인사 하듯 켜진다. 1층 자동문이 스르륵 열린다.

　걱정했던 것보다 날이 더 차다. 새해랍시고 새벽 운동을 계획했는

데 첫날부터 그만두고 싶은 마음이 쓰나미처럼 밀려온다. 동네 한 바퀴 돌기 전에 입이 먼저 돌아갈 판이다. 어릴 적 많이 했던 국민체조를 떠올려본다. 손을 크게 움직이고 발목도 돌리고 허리도 목도 요리조리 돌려본다. 초등학교 시절엔 점프도 '얼마나 더 높이 뛸 수 있을까' 하는 기대로 하늘에 닿을 듯 폴짝 뛰었건만, 지금은 최대한 낮게 발이 지면에서 떨어진 건가 싶을 만큼만 점프한다. 행여나 발목을 삐지 않을까, 십자인대가 나가지 않을까 걱정부터 앞선다. 빠르게 차가운 지면에 발을 내디뎌 나가본다. 역시 국민체조 효과가 나타난다. 몸이 살짝 풀린 기분이다. 이제 조금씩 뛰어본다. '이대로 동네 세 바퀴만 돌고 들어가자.'

언덕길에 접어든다. '악! 뭐야, 놀래라.' 조건반사적인 공포의 욕설이 튀어나온다. 코너를 획 돌아가려는데 큰 물체가 앞을 가로막는다. 떨어진 심장을 얼른 집어 올리고선 큰 물체를 확인한다. 웬 수북한 박스가 담긴 리어카가 이리저리 흔들린다. 그 뒤를 할아버지 한 분이 힘겹게 중심을 잡으려고 안간힘을 쓰며 지탱중이다. 곧이어 툭, 툭툭, 갑자기 박스가 우르르 떨어진다. "아이고 우짜노!" 마침 뒤에서 할머니가 소리치며 달려오신다. "이노무 영감탱아. 새벽 3시부터 모은 긴데 그거 하나 중심 못 잡고 다 쏟아서 우짜노. 지금 빨리 가야 박씨할매네한테 박스뭉치 안 뺏기는구먼. 이제 다 망했다."

그걸 보고도 그냥 지나칠 수 있는 강심장은 없다. 그리고 오늘은 새해란 말이다. 운동은 제쳐두고 일단 박스를 리어카에 후다닥 올려드린다. 모름지기 착한 일을 해야 복이라도 빌 수 있는 법이다. "하이고~ 운 좋게도 착한 젊은이를 만났네그려. 우리가 오늘 운수가 좋아. 젊은 양반 이왕 도와주는 김에 저쪽 큰길가 앞까지 좀 같이 가주소. 조금이라도 빨리 가야 그 박스뭉치를 우리가 가져갈 수 있어서 그래. 거기서 나오는 무게만 10kg치야. 그 정도면 1,500원은 된다고. 뺏길 수가 없어서 그래."

순간적으로 우현은 바지주머니에서 휴대폰을 꺼내 그 안에 있는 코인을 건네드리고 투자법을 알려드리고 싶어진다. 아무리 그래도 이 추위, 이 새벽에 이토록 힘든 일을 하면서 버는 돈이 고작 몇천 원에 불과하단 말인가? 단순히 눈 뜨기도 힘든 시간에 매일을 이렇게 고생하는데 이걸 돈으로 환산하면 도대체 얼마란 말인가? 머릿속은 재빨리 암산의 세계로 진입한다.

'월 400만 원 버는 직장인을 기준으로 잡으면 시간당 2.5만 원[400만 원÷(주 40시간×4주)], 여기에 새벽시간이니 수당 1.5배를 곱하면 3.7만 원, 최소 하루 8시간 하루도 빠짐없이 일한다는 할아버지, 할머니 월 소득은? 적게 잡아도 1,700만 원?'

"이봐 젊은 양반, 뭔 생각을 그렇게 하는 거야. 수레 좀 제대로 밀어줘. 왜 이렇게 힘이 없어. 우린 바쁘다고."

급기야 우현은 제자리에 멈춰 선다. "할머니 죄송한데 이렇게 고생하셔서 한 달에 얼마나 버시는 거예요?" "이 사람아 한 달에 얼마 버는지 나도 그런 건 몰라. 그냥 3일에 한 번 100kg 폐지 모아서 고물상에 가면 15,000원 정도 받아 오는 게 다여."

말도 안 되는 고생의 대가가 월 20만 원도 채 안 되는 금액이라는 게 소름 끼칠 정도로 믿을 수가 없다. 기업 다니는 어떤 사람보다도 일당이 세야 하고 연봉이 많아야 한다. 그런데 현실은 왜 이런 분들이 더 힘들게 살아야 한단 말인가.

'자본주의사회는 불평등을 전제로 살아간다. 자본주의는 언제나 불공평하다.' 그 누군가의 말이 틀리지 않았음이 확연히 느껴지는 새벽이다. 그사이 환해진 골목길을 보며 급한 마음에 편의점 안 현금인출기에서 20만 원을 빼낸다. 따뜻한 베지밀 우유와 빵도 사서 나온다. 그러고는 뛰어가 새해 인사와 함께 모든 걸 건네드린다. 연신 고맙다고 인사하는 노부부를 뒤로 한 채, 우현은 왠지 모를 상실감과 배신감 그 중간의 감정을 배회한다.

우리에게 가난은 어떤 현실보다도 구체적이다. 그래서 더 끔찍할 수밖에 없다. 단 한 번의 선택권이 없었음에도 이미 30년 가까이를 살아내고 있는 이 지긋지긋한 자본주의의 현장이다. 절을 떠날 수 없다면, 이 절의 규칙에 순응할 수밖에 없다는 것 또한 대한민국의 현실이자, 우리의 과제다.

초등학교 6년, 중학교 3년, 고등학교 3년, 대학교 4년, 취업 준비 3년. 이 시대를 살아가는 평범한 젊은 세대들의 발자취다. 20년 가까운 시간을 취업을 위해 달렸고, 더 나은 삶을 위해 노력했다. '너 잘되라고 공부하라는 거야.' '너 행복하게 살라고 노력하라는 거야.' 그 행복의 출입문을 열고 들어서기 위해 오늘을 희생했다.

그렇게 오랜 시간을 참아가며 사회에 첫발을 내딛고 그제야 새로운 사실을 알게 된다. '결국 이 자본주의시대는 물려받은 재산이 없다면 단순취업 하나로 끝나지 않는구나. 다시 더 나은 삶을 위해 내 집 장만을 해야 하고, 그 집 장만을 위해 오늘을 포기해야 하는구나. 힘겹게 산 하나를 넘었더니, 더 큰 산이 나를 기다리고 있구나.'

우현은 오늘도 도무지 잠이 오질 않는다.

1

'부'의
불균형을
마주하다

열정적인 2030세대들의
이유 있는 줄포기 각서

대기업 실수령액 317만 원, 초봉 4,200만 원, 현실은 5천만 원의 마이너스통장이다. 마이너스 대출을 받아 2천만 원은 리플에, 3천만 원은 삼전 주식을 샀더니, 역시나 꿈은 꿈으로 끝난다. 2030세대에겐 결혼은 사치가 되고, 무전은 곧 유죄가 되는 세상이다.

수면제를 먹어야 잠이 오는지, 내 인생이 왜 이 지경이 되었는지 알 수 없다. 누구나 들어가고 싶어 하는 대기업에 합격했다. 그 합격을 위해 많은 걸 포기해야 했다. 고등학교 때까지 반에서 늘 상위권에 머물렀다. 단 한 번의 실수, 그래, 수능 당일 최악의 컨디션으로 시험을 망쳐버렸다.

재수를 할 수 있는 형편이 아니었기에 '지잡대'라 불리는 곳으로 입학할 수밖에 없었다. 중고등학교 동창을 만날 때면 창피했다. "너 원래 공부 잘하지 않았나? 어쩌다가 그 대학을 들어간 거야?"

제발 길거리에서 마주쳐도 지나쳐가주길 바랐다. 기대는 여지없이 빗나갔다. 여사친들도 종종 아는 척하며 내심 기대하는 얼굴로 '인서울 대학이라도 간 거 아냐?' 하는 눈빛으로 나의 근황을 물어봤다. 그럴 때마다 쥐구멍이라도 들어가 숨고 싶었다.

　이 길을 벗어날 수 있는 길은 단 하나라 생각했다. 대학명패를 과감히 버릴 수 있는 대기업 취업이었다. 대기업 취업에만 성공한다면 더 이상 숨을 이유도 없어 보였다.

　누구보다 일찍 일어나 도서관으로 향했다. 과외를 받을 만한 여유도, 비싼 학원 여러 곳을 다닐 만한 형편도 아니었다. 매일 무료로 다닐 수 있는 집 앞 도서관은 우현에겐 한줄기 희망이었다. 도서관 문을 열어주는 관리인아저씨보다 더 먼저 출입문 앞에 서 있었다. 내가 원하는 자리에 앉아서야 마음이 놓였고, 나의 공부는 안정을 찾을 수 있었다. 어울리기를 좋아하는 성격이었기에 친구들의 열렬한 방해와 미팅공세를 물리쳐야 했다. 휴대폰을 없애자, 집전화로까지 연락이 왔다. 그런 친구와는 인연을 끊어야 했다.

　하지만 대학을 졸업하고 첫 번째 낙방, 그리고 연이어 줄줄이 낙방! 그사이 주위 친구들의 취직소식이 하나둘 들려왔다. "저 자식은 도서관 지키는 관리인도 아니고 매일 아침 문 열고 닫을 때까지 뭐 하는 거야? 누가 보면 사법고시 준비하는 사람인 줄 알겠어. 3년 정도 되었으면 이제 포기하는 게 더 합리적인 거 아닌가? 지금이라도 그냥 일반회사 들어가서 정착해." 걱정 아닌 걱정으로 지껄이는 친구들이 부담스러워졌고 미워졌다. 가끔은 원망스럽기도 하고, 아주 가끔은 증오스럽기까지 했다.

　'이번 시험마저 떨어지면 이제 그만 모든 걸 포기할까? 삶과 죽음은 종이 한 장 차이라는데.'

친구들 말처럼 3년이라는 시간 동안 하루도 빠짐없이 도서관을 다녔다. 눈물 흘려가며 참아냈던 시간과 피땀 흘린 노력들이 또다시 물거품이 된다면? 더 이상 공부할 마음도, 더 이상 부모님을 실망시킬 자신도 없었다. 입에서 절대 내뱉기 싫었던 '포기'라는 단어가 목까지 차올랐다.

정말 이번이 마지막이다.

 ## 실수령액 317만 원, 초봉 4,200만 원인
나는 대기업 사원이다

누가 그랬던가. 죽도록 애쓰다 보면 결국 살 길이 열린다. 그랬다. 우현은 3년간의 절간생활 끝에 바라고 바라던 대기업에 합격한다.

'이제 모든 길은 나로 인해 시작되고 나로 인해 끝난다. 이 세상은 내가 거머쥔다!'

말은 태어나면 제주도로, 사람은 태어나면 서울로 가라고 했던가. 그토록 바라던 취업과 동시에 대한민국 최고의 도시 '서울'에 입성한다. TV에서만 보던 서울의 출퇴근길 지옥철 풍경도 지옥이 아니라 천국처럼 아름다워 보인다. 이렇게나 많은 영(young)한 사람들이 아침 일찍부터 회사로 향하는 모습이 그저 멋있기만 하다. 이래서 다들 서울 서울 하는 건가. 2호선에서 내려 4호선으로 갈아타는 사당역, '출입문이 열립니다' 소리와 함께 콘서트장으로 진입하듯 셀 수 없는 인파가 검은색 면봉형태로 들쑥날쑥 이동한다.

'삼성' 'SK' '현대' '롯데' 각 회사만의 표식을 한 사원증이 눈에 들어온다. 우현도 당당히 명품목걸이를 목에 걸어본다. 사원증을 받은 이후로 잠잘 때 외에는 늘 착용하고 다닌다. 남들이 쳐다보는 시선에 괜히 우쭐해진다. 비록 입을 열면 구수한 사투리가 진동하지만, 이 명품을 걸치는 동안에는 '서울대기업사람'이다.

이번 달에도 '실수령액 317만 원'이 통장에 찍혔다. 초봉 4,200만 원이라기에 혹시 모를 추가 보너스까지 최소 월 400만 원은 될 줄 알았더니 생각보다는 적다. 뭐 어차피 있다 보면 승진도 쭉쭉, 연봉도 그에 따라 올라갈 테니 별걱정은 하지 않는다.

"우현아, 너 그때 리플(가상화폐) 500원에 들어갔다고 하지 않았어? 오늘 아침에 보니까 1,500원까지 올라갔던데?"

서점에서 접한 블록체인 관련 책을 읽고 무작정 뛰어들었던 내 사랑 코인이 드디어 대박을 터트려준 것이다.

"선배님, 어떻게 그걸 기억하고 계시네요? 은행 가서 마이너스통장 5천 뚫어서 2천은 리플에, 3천은 삼전에 넣었거든요."

그러면서 속으로는 3배가 오른 코인과 달리 오르지도 내리지도 않은 삼성전자 주식을 괘씸한 듯 곱씹는다.

'3천만 원도 리플에 넣었어야 했는데' 아쉬움이 남는다. 어쨌든 생각보다 어렵지 않게 코인에 입문했으니 이제 조금 더 과감한 시도가 필요한 시점이다.

"선배님도 저 따라 들어오세요. 제가 볼 땐 리플이 이전 신고가

3,000원까지는 무난하게 갈 거라는 확신이 들거든요. 제가 블록체인 공부 좀 했잖아요."

"나도 너처럼 대박은 내고 싶은데⋯ 코인계좌도 없고, 그거 하다가 와이프한테 걸리면 나 집에서 쫓겨날지도 몰라."

소심쟁이 선배는 늘 이런 식이다. 같은 고향사람이라고 자상하게 챙겨주는 선배가 고마워 지난번에 분명 지금 타이밍 대박이라고 말해줬었다. 그럼에도 말을 들어먹질 않는다. 뭐 어쩔 수 있는가, 사람은 각자 자기 그릇이 있는 법이니.

그렇다. 각자의 그릇은 있다. 또한 그 그릇은 언제라도 깨질 수 있다.

첫발을 내밀자마자
'포기'를 강요하는 사회

떡상하던 코인이 엘리베이터를 타고 하강하고 있다. 이럴 때일수록 물타기를 해야 하는데, 들이부을 돈이 없다. 은행에서도 이미 대출한도를 다 소진해서 쓰고 있는 중이란다. 코인카페에 있는 자들은 이미 부모님 돈까지 끌어다 열심히 저가매수중인데, 우현은 신세한탄에 빠진다.

어디서부터 잘못된 걸까? 비록 부모님이 물려준 재산은 없다지만 누구보다 열심히 살았다.

지방도시라고는 하지만 중고등학교에 다닐 때도 반에서 10등 밖으로 밀려난 적이 없다. 다들 부러워하는 회사에도 취직했으면 못해도 상위 10%, 아니 상위 20% 정도의 삶은 살고 있어야 하는 게 아닌가. 현실은 남들 다 하는 주식투자와 코인투자 정도 했을 뿐이다.

마이너스통장? 자동차? 회사 다니면서 신용대출 안 하는 사람이 어디 있으며, 차 없는 정규직사원이 어디 있던가. 이게 큰 욕심은 분명 아닌 거 같은데 왜 내겐 잠깐의 숨 쉴 틈도 주지 않는가.

'어게인 2002' 뭐 이런 버전인가. 대기업에 취직하고 모든 게 달라질 거라 기대했건만, 왜 취업 이전의 그 끔찍했던 도서관생활로 돌아가는 느낌일까? 문득 부산에 계신 어머니의 얼굴이 풍선대화상자가 되어 나타난다. '돈 한 푼 보태주지 못해 미안하다. 엄마는 너만 믿고, 너만 보고 산다. 서울여자 만나서 결혼도 하고 한강 보이는 집도 사고 오순도순 아이도 낳고 행복하게 살 일만 남았구나. 아들아 고맙다' 하시던 그 얼굴.

왜 나로 하여금 모든 짐을 짊어지게 만든 거지? 갑자기 모든 게 원망스러워진다. 대화상자풍선을 손으로 터뜨린다. 그녀가 금세 눈앞에서 사라진다. 다른 동료들은 부모님이 못해도 작은 전셋집 하나 정도는 만들어준다는데, 우리 집은 그럴 형편도 아니라니! 도대체 지금까지 부모님은 뭘 하신 걸까.

정말 우리 아버지는 게으른 사람이라 돈도 제대로 벌지 못하고 돈을 모으지도 못하고, 그래서 자식에게 물려줄 재산 하나 없는 걸까. 걱정, 불안, 침울, 슬픔의 감정들이 통돌이 세탁기 속에서 버무려진다. 흩어졌다 뭉쳐지고, 가까워졌다 멀어진다. 그러고는 뭉치처럼 엮인 감정은 웅장한 작품 하나를 연주해준다. 이름하여, 분노의 교향곡.

가난의 굴레에서 벗어나려고 발버둥쳤건만 뫼비우스의 띠처럼 돌고 돌아 다시 가난이다. 이런 내가 결혼을 한다면, 그리고 자식을 낳는다면 그 가난의 고리는 계속해서 이어지겠지?

아니지. 현실적으로 생각해보면 그 결혼을 한다는 전제 자체가 잘못된 것이다. 누구나 하는 결혼이라고 하기엔, 그 말속에 포함된 무서운 앞날이 기다리고 있다는 걸 모르지 않는다.

혼자 먹고살기도 힘든 서울생활에 결혼비용, 전셋집비용, 내 집 마련비용, 아이 한 명당 들어가는 양육비가 억대라는 요즘인데, 내겐 결혼부터가 욕심이라는 합당한 결론에 도달한다. 곧이어 판사는 봉을 내리친다.

"사건번호 3820번 김우현 씨! 당신은 무전(無錢) 유죄야!! 탕탕탕!"

1년 일해 2천만 원 모았더니
집값은 2억 원 뛰는 대한민국

대기업 입사시 연 2천만 원 저축 가능, 맞벌이하면 그 2배인 무려 4천만 원이나 모을 수 있다. 결혼 후 딩크로 살면서 20년이면 8억 원이다. 2014년 5억 원대에 분양했던 신길동 아파트는 5년 뒤 16억 원이 된다. 이게 헬조선 대한민국의 위엄이다.

즐겁게 데이트하러 나간 그날, 그놈의 '집' 이야기로 열을 올린다. 몇 년 동안 집값 오르네 마네, 집값 잡네 마네, 듣기만 해도 골치 아픈 이야기라 그 이야기라면 눈과 귀를 야무지게 막는다.

'어차피 세계경제는 10년 주기로 IMF 사태, 서브프라임 사태 같은 위기를 맞을 수밖에 없다. 부동산가격도 어차피 그 시기에 맞춰 폭락할 수밖에 없다고 확신한다. 그리고 그날은 머지않았기에 이미 폭등한 집값 쳐다보며 누가 집값 올렸니 네 탓 내 탓을 할 필요도 없다. 아무리 서울이라도 시멘트덩어리 성냥갑 아파트는 3억 원을 넘으면 거품이고, 아무리 강남이라도 5억 원 이상은 허세일 뿐이다.' 이것이 우현의 확고한 주장이자 바람이자 희망이다.

물론, 그 희망사항과 현실의 간극은 보수와 진보만큼 멀어지고 있음은 부인할 수 없다. 결혼을 약속해둔 여친님 말씀대로라면, 우리는 결혼해도 내 집 마련은커녕 전셋집 마련도 쉽지 않다고 한다. 코인투자 한다는 사람이 요즘 뉴스 한번 제대로 본 적도 없냐고, 코인시세는 줄줄 외우면서 집에 가서 네이버부동산 좀 열어보라고 타박한다.

이 대목에서 기가 찬 건 여자친구는 솔직히 경제관념이 1도 없는 사람이라는 사실이다. 경제서적도 제대로 안 보면서 그저 누가 한마디 던지면 그 이야기만 듣고 와서 내게 말 같지도 않은 소리를 해대는 게 싫다.

상식이 있는 사람이라면 어떻게 집값이 오른다고 할 수 있는가? 세계경기는 갈수록 침체, 금리는 지속적으로 상승, 대한민국 인구는 지속적으로 감소, 지방도시는 점점 소멸, 내 월급봉투는 텅텅, 더 이상 말해 무엇 하는가. 그러니 모든 건 거품이다.

그래도 일단 네이버부동산을 열어는 봐야겠다.

신길동 84타입 급매면
3억 원으로 가능하잖아!

어플을 깔고 지도로 검색을 한다. 신길동이던가 래미안 브랜드 끼고 대단지아파트였는데…. '여기 정도면 아이 낳고 평생 살아도 되겠지' 하며 분양할 때 염두에 두고 있던 그 아파트를 찾아본다. 그때

84타입이 5억 원대 분양이었던 거 같은데, 그것도 너무 비싸서 미분양이었지 아마. 위치도 구린 데다가 미분양 오명까지 쓴 아파트니 최소 4억 원까지는 떨어질 테고, 거기서 급매로 나온 건 3억 원대도 가능했던 것 같은데.

'여친은 이런 가성비가 높은 집도 모른단 말이지.' 콧방귀를 날린다.

서울에 산다고 한강 보는 것도 욕심이요, 남들 살고 싶어 한다고 나도 따라 강남 사는 것도 과욕이요, 그저 인서울이고 역에서 가까우면 될 일이요~ 이 정도 위치면 상대적으로 만족할 만한 동네니 딱이라 생각해왔다.

막상 확인해보려니 살짝 겁이 난다. 거품이 제거되지 않은 상황이니 3억 원은 넘어갈 테고 5억 원대 미분양 감안하면 4억 원이려나. 내 연봉이 몇 년 새 500만 원도 안 오른 거 같은데, 1년 동안 바짝 모으면 2천만 원은 모을 수 있을 테고 결혼해서 맞벌이하면 양쪽으로 4천만 원은 모을 테니 1억~2억 원 정도 대폭등했다고 해도 5년이면 따라잡을 수 있으렸다.

'음… 뭐지 1억 6천? 하하하! 아무리 그래도 이렇게나 떨어졌다고? 이봐, 내가 이럴 줄 알았다니까.' 휴대폰을 열어 여자친구에게 전화를 하려다 다시 화면을 바라본다.

'뭐시여!' 순간 1과 6 사이에 있던 점이 사라지고 1.6에서 16으로 숫자가 바뀐다. 네이버 에러인가, 이 숫자는 뭐지? 16억 원? 평수를 잘못 봤나? 100평짜리 펜트하우스 가격인가? 입이 다물어지지가 않는다. 순간적으로 혈압이 급상승한다.

이런 미친 세상이 다 있나. 5억 원에서 5천만 원 상승이 아니고, 무려 10억 원이 올랐다니. 그 집이 강남으로 전체 이동한 것도 아니고 거기 그대로 움직임도 없이 그 자리 그대로 머물러 있었는데 집주인들이 다들 투기꾼이라 전국을 투기판으로 만들려는 속셈인가. 왜 저렇게 미친 가격을 부른단 말인가.

저게 실제 거래가 되는 가격이란 말인가. 이건 완전 사기 아닌가. 대기업 다니는 사람이 받는 연봉이 5천만 원이라 치고 세금 떼고 생활비 떼고 많이 모아야 2천만 원, 결혼해서 양쪽으로 4천만 원. 진짜 거의 허리띠 졸라매고 모아야 이 돈인데, 아이 낳는 건 포기하고 10년 모으면 4억 원이고 20년 모아도 8억 원, 20년 뒤에도 10억 원을 모을 수가 없는데….

월세, 전세, 매매…
평생을 짊어가야 하는, 짐 같은 집

정신을 단전에 모으고 숨을 쉬어본다. 휴….

그래, 집이란 내가 꼭 매매를 해야만 거주할 수 있는 게 아니지 않은가. 어차피 대왕거품이 껴 있는 상황에서 매매가격은 의미가 없다. 한국에는 '전세'라는 아주 좋은 제도가 있지 않은가. 돈 많은 강남 부자들이 자식들에게 여기저기 집을 사주다 보니 매매가는 오를 수 있겠지.

그러나 전세가는 어차피 투기한다고 오르는 게 아니란 말이지. 신혼 첫 집부터 내 집이면 좋겠지만, 깔끔한 아파트 전세거주도 나쁘지 않다.

이번에는 전세가격을 살펴본다. '아… 뭐야… 이런 X 같은….'

전세가격이 무슨 몇 년 전 아파트 매매가보다 더 비싼 거야? 84타입 8억 원, 59타입 6억 원….

점점 지친다. 그래, 전세도 답이 아니라면 또 하나의 방법이 남아 있다. 매매도 전세도 여력이 안 되면 월세방이 있지 않은가. 누가 물어보면 월세 산다고 하기 부끄럽지만, 뭐 그거야 그냥 전세 산다고 속이면 될 테고, 돈이 어느 정도 모일 때까지는 월세로 거주하는 것도 나쁘지 않아! 월세가 얼마일까? 84타입 3억 원 보증금에 월 220만 원, 59타입 3억 원 보증금에 월 150만 원.

흠… 속세가 이렇단 말이지. 그냥 회사 그만두고 여자친구와 헤어지고 머리 밀고 산으로 들어갈까. 매매도 전세도 월세도 아니라면? 셀 수 없이 많은 성냥갑 아파트 그 하나하나 창에 들어가 살고 있는 사람들이 다들 금수저 부자란 말인가? 그들도 그저 평범한 사람들이 아니었나? 도대체 그 사람들은 무슨 돈이 어디서 나서 그 집에 살고 있단 말인가?

'헬조선 헬조선' 하면서 취업이 안 되던 시기를 지나 이제는 블랙홀로 빨려 들어가는 기분이다. 서울에서 그저 평범하길 원했던 우현의 삶은 하나하나 뒤틀리기 시작한다. 벗어나고 싶어도 벗어날 수 없는, 평생을 따라다니는 '부동산 진드기' 앞에서 주저앉을 수밖에 없다. 생존의 틈이 조금도 보이지 않는다.

주식은 안 해도 그냥 이야깃거리가 조금 없을 뿐이다. 코인은 안 해도 사는 재미가 하나 줄어들 뿐이다. 그런데 부동산은 왜 소유할 욕심을 버린다 해도 전세라도 월세라도 어떻게든 강제적으로 선택 해야만 하는 건가, 숨이 막힌다.

남들은 근사하게 사는데
왜 나만 흙수저일까?

서울 집값이 비싸서 부산을 가면? 거기도 10억 원이다. 서울에 있어도, 부산으로 도망쳐도 결국은 아무것도 변하지 않는다. 금수저인 그들에겐 모든 게 '인과관계' 인생이고, 흙수저인 우리에겐 모든 게 'how' 인생이다.

"선배님, 이직하신다고 들었어요. 선배님이랑 가끔 술 한 잔씩 기울이면서 고향이야기 하는 맛에 서울에서도 덜 힘들었는데, 이렇게 회사 옮기신다고 하니 괜히 지금에서야 더 가깝게 선배님 불러내고 술 사달라 졸라대지 못한 게 후회되네요."

그나마 회사 내에서 가장 친하게 어울렸던 선배의 갑작스런 이직소식이 안 그래도 힘겨운 타지생활에 더 쌩한 찬바람을 불러일으킨다.

"우현아, 나도 너 두고 다른 회사로 옮기려니 뭔가 친동생 두고 매정하게 나가는 것 같아 괜히 미안하고 섭섭하다. 너 최근에 여자친구와도 헤어졌다며? 그 애랑은 꼭 결혼할 거라고 설레며 나한테 자랑하던 때가 얼마 전 같은데, 헤어진 이유가 뭐냐? 설마 저번에 집 이야기 하더니 그것 때문이야?"

그냥 성격차이라고 둘러대려 했는데, 선배는 아픈 부위를 펜싱하 듯 제대로 찔러 누른다.

"그냥 저 같은 놈이랑 결혼하면 그 애 인생까지 망쳐놓는 거 같아 서요. 제 인생이 원래 조금 그래요. 이 회사 들어온 게 제 인생에서 처음이자 마지막 행운이었어요. 그 전과 후는 여전히 불운의 아이콘 이죠."

선배는 한 달 뒤면 이직하는 마당에 축 처진 후배가 안쓰러워 보 인다.

"우현아, 오늘 퇴근하고 다른 약속 있어? 없으면 형이랑 한잔하면 서 간만에 이빨이나 털자."

솔직히 지금 누구와도 술 한잔 할 기분이 아니지만 선배만큼은 특 별했으니까. 어차피 이직하고 다른 곳으로 가는 마당에 있는 고민 없는 고민 털어내고 싶어진다. 물론 그런다고 달라질 현실도 아니겠 지만.

 열에 아홉은 너 같은 흙수저니까
자기 비하 하거나 자책하지 마!

"선배님, 한 잔 받으십시오. 쏘맥 지대로 말았습니다. 유튜브에서 황 금비율 제대로 공부하고 왔거든요."

이수역 근처 돼지껍데기 집은 언제나 직장인들로 붐빈다. 돼지껍데기처럼 씹어대는 직장상사 이야기, 네가 사면 오르고, 내가 사면 떨어지는 지구 불변의 투자 이야기, 나 빼고 다 부자 같아 보이는 수저색깔 이야기, 평범한 직장인들의 한숨을 털어내는 해우소 같은 공간이다.

"돈은 무모한 사람이 버는 거예요. 유한한 정보로 아무리 재봤자 의미 없다구요. 그 소식 못 들으셨어요? 재무팀 이 차장, 토라인가 쎄라인가 하는 코인해서 10억 원 벌었다고 하잖아요. 그리고 떡하니 상무한테 사직서 던지고 나가는 거 보세요. 세상 참, 진짜 기대도 안 한 일확천금을 그렇게 쉽게 벌어가는 사람을 어떻게 이겨요? 우리 인생이 모 아니면 도예요. 아니면 금수저 달고 태어나던가. 아, 술 땡겨."

옆 테이블에는 가게 전체를 통으로 대여한 것처럼 쩌렁쩌렁 큰 소리로 대화중이다. 목에 마이크는 끄고 얘기하시면 안 될까요? 간곡히 부탁드리고 싶다.

"그래, 우현아 고맙다. 나도 정말 오랜만에 한잔해본다."

6시 땡 하면 후다닥 도망치듯 사라지던 선배가 퇴근 후 눈앞에서 한 잔하는 모습에 아이처럼 신이 난다. 강물을 거슬러 오르는 연어 떼마냥 툭툭 튀어오르는 돼지껍데기를 집게로 꾹꾹 짓눌러 항복시킨다.

"선배님이랑 있으면 뭘 해도 맘 편하고 든든해요. 이직하시면 그때부터는 그냥 형이라 불러도 되겠죠? 외국에서는 열 살 많아도 프렌드라고 하잖아요."

알코올램프향 같아 싫어하던 소주도 달달하게만 느껴진다. 고해

성사 하듯 선배에게 할 소리 안 할 소리 다 해버린다. 세상 원망 다 짊어진 사람처럼, 세상 가장 가난한 삶을 살아온 것처럼 분노의 질주로 들이댄다.

아무 말 없이 듣고만 있던 선배가 입을 연다.

"나도 너처럼 그렇게 생각한 적이 있었어. 저 사람들은 인생의 쓴맛이라고는 어릴 때 먹던 보약 말고는 없겠지? 나 빼고 다 돈 걱정 없이 사는 금수저 같아 보였거든. 근데 하나하나 가까이서 들여다보니까, 이 서울에서도 열에 아홉은 우리 같은 흙수저들이야. 돈 한 푼 물려받지 않고, 오히려 돈을 지속적으로 보태줘야 하는 경우도 의외로 많더라니까. 네 상황을 너무 비하할 필요도 없고 너무 자책할 필요도 없어. 너보다 힘들고 어려운 처지에 놓인 사람들이 얼마나 많은데. 부모 원망한다고, 금수저 재수 없다고, 지나온 삶이 구질구질 찌질하다고 그래 봐야 달라질 건 없어. 그냥 화만 더 돋우는 일이야." 불과 10년 전 자신을 보는 것 같은 선배도 답답한 마음에 언성이 높아진다.

"그러면 지금 제가 뭐 어떻게 해야 한단 말이에요? 그렇게 욕이라도 해야 속이 시원하죠. 저 너무 답답해서 미쳐버릴 것 같다구요. 그냥 회사 때려치우고 부산이나 내려갈까 싶어요. 더 이상 미래도 없어 보이는 여기서 바보처럼 살기 싫어요. 선배는 서울이 살 만하신가봐요? 요즘 집값이 얼마나 비싼지 알고나 계세요?"

휴대폰 화면을 보여주며 선배를 몰아세운다.

"우현아, 지금 집값 모르고 있는 게 더 이상한 거 아니야? 부산 가서 또 부모님한테 평생 얹혀살 거야? 그리고 부산이라고 집값이 만만한 줄 알아? 거기도 지금 해운대 아니라도 10억 원이 넘는 곳이 수두룩해. 네가 서울 올라오기 전의 부산 집값 생각하면 어림도 없어. 서울에 있어도, 부산으로 내려가도 결국 네가 바뀌지 않으면 아무것도 변하지 않아. 부모재산 물려받은 소수의 금수저 말고는 모두가 너 같은 고민을 하고 있다고. 네가 남들을 가까이서 보지 않으니까 너만 그렇다고 생각하는 것뿐이야."

우현의 눈엔 모두가 완벽한 인과관계 사회로 보였다. '취직했으니 차를 뽑고, 연애했으니 결혼하고, 결혼했으니 집을 사고, 집을 샀으니 아이를 가지고, 아이를 가졌으니 행복한 가정을 이룬다.' 그 세상에서 나만, 우리 가족만 제외되었다는 게 유감일 뿐이었다.

돈 한 푼 없어도 서울에
내 집 마련 가능하다. 하지만…

미사역 연결 롯데캐슬은 500만 원이다. 서초동 예술의전당 인근은 2천만 원이다. 서울의 빌라 4채는 1억 원이다. 모든 게 지금 당장 가능하다. 누군가는 이 시장에서 돈을 벌고, 누군가는 이 사태로 기회를 잃는다.

술기운이 오른다. 감정이 지배하는 저녁이 스며든다. 마음은 고요하고 평온해진다. 선배와 둘이 있는 이 시간만큼은 부산인 듯 친숙하다. 화장실에 갔던 선배도 바깥공기를 쐬러 나온다. 중학교 시절부터 담배를 피웠다는 선배는 금연한 지 10년도 지났다고 한다. 지금은 생각조차 나지 않는다니. 지독한 사람이다.

담배를 꺼낼까 말까 고민하며 맞은편 건물을 본다. 도로 건너 저곳은 서초구, 지금 서 있는 이곳은 동작구. 대로 하나를 사이에 두고 다른 인생길을 걷고 있다. 래미안, 자이, 푸르지오… 파블로프의 개처럼 단어만 들어도 기분이 설렌다. 언제 저런 브랜드가 달린 곳에 들어가 내 잠자리를 펴볼 수 있을까. 아마 1시간을 자도 7시간 잔 것처럼 꿀잠을 자겠지?

이대로 횡단보도를 건너 저곳을 내 집처럼 들어가고 싶다. 아마도 저 커다란 대리석 문주를 통과하는 순간 '당신은 서초구민입니다. 당신은 래미안 입주민입니다. 당신은 성공한 사람입니다. 당신 인생은 명품입니다' 이런 방송이 흘러나올 것만 같다.

서초동 예술의전당 앞이 2천만 원에 내 집이 된다고?

"몇천만 원으로 서초동 예술의전당 앞에 내 집을 가질 수 있다는 생각을 해본 적 있어?"

선배의 말 같지도 않은 소리에 대꾸도 하기 싫다. 잠시 머리 식히러 나와서도 또 그놈의 부동산 이야기라니. 지독하다.

서초동이면 한국의 베벌리힐스 아닌가. 1평짜리 땅도 억대는 할 것 같은데, 무슨 몇천만 원으로 딸랑 1평도 아니고 집을 가질 수 있다고? 나를 아무것도 모르는 부린이라 무시해도 정도가 있어야지. 어디서 사기를 치는 걸까.

"무시는 하지 말아주세요. 저도 나름대로 세상 돌아가는 이야기는 많이 듣고 산다구요. 어떻게 몇천만 원으로 서초동에 집을 가진다는 말이에요. 책임질 수 있는 말을 하세요!"

담배연기를 뱉어내며 따지듯 묻는 우현에게 선배는 당연하다는 듯 고개를 끄덕이며 말한다.

"그렇지, 어렵겠지? 그럼 돈 한 푼 없이 푸르지오, 자이, 롯데캐슬 오피스텔을 내 손안에 넣을 수 있다면 어떨까?"

또다시 멍멍소리를 뿜어낸다. 우현은 이내 되받아 큰소리로 짖어 본다.

"그게 가능하다면 지금 당장 달려가야죠. 몇천만 원으로 서초동에 내 명의로 된 집이 생긴다면…? 그리고 아무리 미사역 오피스텔이라도 푸르지오, 자이, 롯데캐슬… 선배, 말이라도 고마워요. 상상이라도 한 번 해보니 좋네요."

'후…' 기름진 육고기에, 찰랑찰랑 소주 한잔에, 구름과자 담배연기까지, 삼합의 묘미가 공기 중으로 방출된다. 행복한 미소가 절로 나온다.

"우현아! 말도 안 되는 거 같지만, 이게 정말 사실이다?"

선배는 거짓이 아니라는 걸 증명하듯 휴대폰 앨범을 열어 캡처된 사진을 보여준다.

> '네이버부동산 상세설명: 서초동 예술의전당 맞은편 위치. 매매금액 3억 원, 세입자 OO년 2월까지. 전세 2억 8천만 원 거주중. 투자금액 2천만 원 OK. 반지층. -가즈아 부동산'

투자금액 2천만 원이라는 글에 시선이 꽂힌다. 저 돈이면 사나마나머니, 러시안캐쉬 같은 금융에서 신용담보로 얼마든지 빌릴 수 있을 텐데. 못 볼 걸 본 사람처럼 가슴이 쿵덕쿵덕 요동친다. 선배에게 속삭이듯 부탁한다.

"선배, 그 캡처 사진 저한테 보내주세요. 제가 지금 술 마시고 있을 시간이 아니네요. 저 지금 진지해요. 직접 가서 저게 실제 존재하는 거라면 계약금이라도 걸고 올 거예요. 하늘이 주신 서초구 입성 기회잖아요."

선배는 예상했다는 눈빛이다.

"너 그렇게 말할 줄 알았다. 이놈아! 일단 안으로 들어가서 이야기하자."

너무 오래 밖에 나와 있었더니 살짝 눈치가 보인다. 가게 사장님이 먹튀족은 아닌가 싶어 밖을 한 번 내다본다. 같이 나와서 담배 피우던 옆 테이블 직장인들도 이미 계산까지 끝내고 빠져나간 후다. 둘도 일단 안으로 들어간다. 자리에 앉아 부산의 히트상품 '대선소주'를 잔에 따른다. 빠르게 짠을 하고 입안으로 진입시킨다.

"캬~ 소주도 이렇게 단물처럼 달달하게 느껴질 때가 있네요. 고향 소주라 그런가. 암튼 적당히만 마시면 투명함만큼이나 머리까지 맑아지는 효과가 있는 거 같아요."

물론, 그 적당함을 넘기는 순간 알코올은 위장을 휘젓고 곧이어 뇌를 장악한다. 이때부터는 돌이킬 수가 없다. 내가 내가 아닌 세상이 된다. 중요한 건 일단 그 액체가 들어가는 순간부터 육체만 그 자리에 남겨둔 채로 '적당히'와 '정신이'는 손을 꼭 붙잡고 하늘 위로 승천한다. 그래서 이런 순간이 행복일 때가 있다. 그 누구도 떠올리기 싫고, 그 어떤 것도 생각하기 싫은 요즘 같을 때 말이다.

언제 들어도 상쾌한 소리 '짠'은 이어진다. 끝없는 랠리로 투명한 액체는 계속해서 몸속으로 투여된다. 어느덧 가득 차 있던 손님들도 반만 남아 가게를 지켜주고 있다.

"그래그래, 너 지금 조급해하는 마음 모르는 건 아니야. 그럼 이번엔 네게 또 다른 조건을 말해볼게. 너 생각 안 나? 예전에 나한테 길가 전봇대에 붙어 있는 광고문구를 보고 '1억 원으로 빌라 4채' 살 수 있다며 돈 모아서 저런 집 사고 싶다고 했던 거?"

처음 들어본 말인데, 선배에게 그런 말을 내뱉었다니 곰곰이 떠올려보지만, 도무지 생각이 나지 않는다.

"너 표정을 보아 하니, 기억나지 않는구나? 그냥 길 가다 흔히 보이는 거라 나한테 막 던졌나보네. 그때 너 코인투자에 한창 빠져 있을 때라서 부동산이 눈에 보이지도 않았을 거야."

말만 던지고 빌라 4채를 사지 못한 자괴감이 밀려온다. 위가 쓰린 건지 가슴이 쓰린 건지 아무튼 어딘가가 쓰려온다.

"그때 1억 원으로 빌라 4채 샀으면 지금쯤 채당 5억 원씩은 올랐을 테고, 그럼 20억 원은 벌었겠네요? 왜 그때 저한테 사라고 귀띔이라도 해주지 않으셨어요? 그래놓고 선배는 제 말 듣고 그거 투자하신 거 아니에요?"

선배는 기가 차서 목젖을 드러내고 큰 소리로 웃어 보인다.

"어차피 너도 부동산 관련 책 한두 권만 봐도 알게 될 거야. 아무리 브랜드 오피스텔이라도, 아무리 예술의전당 앞에 위치한 부자동네 빌라라도, 아무리 1억 원으로 4채를 살 수 있는 조건이라도 섣불리 매수했다가는 새로운 공포가 시작될 수 있다는 걸. 아마 발 뻗고 편히 잘 수도 없을 거야."

부동산투자 한 사람치고 망했다는 사람은 본 적도, 들은 적도 없다. 뭐가 고통의 시간이란 말인가. 아무것도 사지 못한 사람이 오르고 또 오르는 그 부동산 시세를 바라만 봐야 하는 게 얼마나 초라하고 무서운 건지 알기나 한단 말인가.

"선배, 왜 그런 집을 사는 게 공포가 될 수 있다는 거죠? 이해가 되지 않는데요?"

"간단히 말해, 기회비용을 잃는 거라 할 수 있어. 내가 사고 나서 수익을 보는 시점은 매수하는 시점이 아니라 매도하는 시점에 수익이 나는 거야. 코인도 마찬가지잖아. 내가 팔아서 내 손에 돈으로 들어와야 수익인 거지. 숫자만 올라서는 의미가 없잖아. 마찬가지로 내가 매수한 그 집들을 팔고 싶은데 전혀 팔리지가 않는다면 어떨까?"

사고팔아주는 공인중개사가 있는데 그게 안 된다는 게 좀처럼 이해가 가지 않는다.

"매수할 때처럼 매도하는 것도 그냥 부동산에 내놓으면 알아서 금세 팔아주는 거 아니에요? 들어가 살 집이 없어서 다들 난리라는데…."

"빌라나 오피스텔은 공사기간이 6개월이면 충분해서 공급 속도가 엄청나게 빨라. 그 말은 내가 살 때는 집이 없다고 난리쳤는데, 내가 팔 때는 집이 남아돌 수도 있다는 거야. 내가 산 집 주변으로 6개월마다 빌라나 오피스텔이 수십 채가 불어나면, 수요는 한정되어 있는데 공급은 늘어나니 경쟁력은 떨어지고 전월세가격도 떨어지게 된다는 거지."

"전월세가격이 떨어지는 게 무슨 상관이에요? 매매가격이 떨어진 것도 아닌데?"

"만약에 빌라를 1채도 아니고 4채를 샀는데 재계약 시점에 팔리지도 않고 전세도 나가지 않으면 어떨까? 임차인들 전세금은 어떻게 돌려줄 건데? 결국 그 집들이 하나둘 경매 처분될지도 모른다는 거지. 집에 빨간딱지 붙는다는 이야기가 네가 투자한 집으로 인해서 생긴다고 생각해봐. 얼마나 무서운 일이야. 그러니 잠이 오겠어?"

우현은 갑자기 유식해 보이는 선배가 더 무섭다. 이 사람이 술에 취하니 갑자기 부동산 전문가가 되어버렸다. 공사기간, 공급속도, 경매처분, 다 생소한 단어들이다. 단어 뜻은 알겠는데 일상적인 대화에서 들어본 적도 없는 말이다. 선배 머리 위로 '부동산 재야의 고수'라는 형광팻말이 보였다 사라졌다 깜빡거리기 시작한다.

평정심을 잃고 조급해지는
그 순간, 위기는 찾아온다

무모한 도박을 벌이기엔 우리의 남은 인생이 너무 길다. 선한 의도로 시작한 일이 때로는 내 가족 모두를 위험으로 내몰지도 모른다. 2년 뒤, 4년 뒤에 후회하지 않을 미래를 위해 하이리턴보다 하이리스크가 왜 우선인지를 파악해야 한다.

2차, 3차는 무조건 술의 연장선상인데. 술은 취하라고 마시는 건데, 술을 깨기 위해 카페를 찾아오다니 있을 수 없는 일이다. 출입문 딸랑 소리와 함께 커피 원두향이 부풀어 오른다. 고소하면서도 쌉싸름한 무언가가 온몸으로 파고든다.

"너 뭐 마실 거야?"

"저는 쏘맥, 아니 뭐 그럼 아아로 하겠습니다."

밤 9시, 듬성듬성 사람들이 앉아 있다. 노트북으로 뭔가에 열중하면서 타이핑중인 직장인, 휴대폰을 보며 혼자 킥킥거리는 학생, 딱 달라붙어 닭살셀카 제작중인 연인, 내 집 안방처럼 멀티탭에 온갖 전자제품을 연결시킨 아저씨, 다들 각자만의 흥미로운 인생을 보내는 중이다.

문득 저들의 사연을 알고 싶고, 듣고 싶어진다. 그냥 남이 사는 이야기가 궁금하다. 힘들다고, 외롭다고, 미래가 걱정된다고 그런 그들의 공감되는 이야기가 듣고 싶다. 아마 저들도 나를 궁금해하겠지? 평범하기가 힘들다는 어른들의 이야기가 체감되는 요즘이다. 언제쯤 걱정 없이 살 수 있을까? 한평생 나의 생애를 걱정 없이 산다는 건 욕심일까?

누군가 그랬었다. 날 생, 물가 애가 합해진 '생애'라는 말은 태어나서 죽는 날까지 물가를 떠다니며 적막하고 외롭고 위태롭고 어렵게 산다는 뜻이라고. 한 생애가 끝나는 날까지 그 매듭 하나하나를 풀어나가는 게 인생이라고.

그래, 나만 이런 게 아닐 거야.

 ## 돈은 무모한 사람이 버는 것인가?

"뭔 생각하는 거야? 자, 아아 나왔어. 일단 한잔 쭉 들이켜자. 해장국이다, 원샷해. 그리고 이거 한번 들어봐. 며칠 전에 유튜브에서 나온 사연인데, 이런 이야기 들으면 참 남 일 같지가 않아. 누구나 당할 수 있는 일이기도 하고, 그래서 더 무서운 거 같아."

휴대폰을 켜서 유튜브에 저장된 영상 하나를 클릭해준다. 진행자는 신청자가 보내준 사연을 읽고 있다.

"가족을 위해 그런 거예요. 저 하나 편하자고 한 일이 아니에요. 아내와 아이들이 더 편안한 삶을 살길 원했어요. 코인으로 잃은 돈 5천만 원을 만회하고 싶었어요. 그래서 장모님 연금담보로 대출받을 수밖에 없었어요. 근데 지금 수익률이 마이너스 80%예요. 살고 있는 집을 팔아서라도 빚부터 갚아야 할까요?"

이어폰을 귀에서 내려놓는다. 더 이상 듣고 싶지가 않다. 사연자의 무책임한 행동에 분노가 일어난다. '본인의 행동으로 가족 전체가 고생하게 생겼는데 그게 가족을 위한 것이었다고?' 절로 한숨이 나온다.

'잠깐, 아니지. 그 말이 진심일 수도 있지 않을까? 저 사람도 나처럼 가난을 벗어나고 싶어서 지푸라기라도 잡고 싶어 그런 거라면? 덫에 걸린 듯 이러지도 저러지도 못할 사연자의 마음이 오죽 힘들었을까. 근데 이게 왜 나의 상황과 오버랩되는 거지?'

선한 의도로 시작했던 일이 결국 아내와 아이들, 가족 모두를 위험으로 내몰아버렸다.

"아까 우리 들어올 때 옆 테이블에서 하는 이야기 들었지? 돈은 무모한 사람이 버는 거라고. 그래, 물론 그럴 수도 있지. 근데 생각해 봐. 코인이 수익이 날 때 수익률은 주식에 비해 월등히 높아. 10배, 100배도 우습게 오르는 코인도 있잖아. 그럼 내가 1만 원을 투자했다면 10만 원, 100만 원을 벌었고, 무모하게 1억 원을 넣었다면 10억 원, 100억 원을 벌었겠지? 근데 실제로 로또처럼 그렇게 10억 원, 100억 원을 만든 사람이 얼마나 있을까? 전국에 1등 당첨되려고 로

또를 사는 사람에 비해 당첨되는 사람은 얼마나 되지? 확률적으로 생각해봐야 하는 거야. 하이리턴이라는 그 달콤함에 앞서 하이리스크라는 게 명확하게 그 앞을 장승처럼 가로막고 있잖아."

술은 전혀 취해 보이지 않는데도 이 선배는 여전히 전문가 행세다. 아니, 이제는 진짜 재테크 좀 아는 선배처럼 보인다. 카페 조명일지도 모를 후광이 선배 얼굴을 아로새겨 내리친다.

"1년만 사는 게 인생이라면 그렇게 무모하게 살아갈 수도 있겠지. 하지만 우리 인생은 그렇게 무모한 도박으로 보내기엔 너무 길단 말이야. 왜 사연자 마음을 모르겠어? 가만히 있으면 뒤로 밀려나는 기분, 뭐라도 해야 그나마 유지라도 되는 세상. 투자를 한다는 게 문제가 아니야. 단지, 투자에 앞선 조급함이 문제라는 거야."

우현은 선배의 '조급함'이라는 단어가 뇌리에 박힌다.

'조급하다는 게 무엇일까? 빠르다, 느리다의 기준은 누가 정하는 걸까? 시속 50km로 차를 주행하면 느린 걸까, 아님 빠른 걸까? 학교 앞 도로라면 빠른 속도일 테고, 고속도로라면 느린 속도일 텐데. 30대 나이에 제대로 모아둔 돈도 없고, 그나마 있던 돈마저 다 날렸는데 천천히, 조급하지 않아야 한다고? 남들은 저렇게나 앞서 나가는데 지금도 천천히 걷는다면, 저만치 앞서 나가는 사람은 도대체 언제 따라잡을 수 있다는 거지?'

남의 이야기로 들으면 이해되던 상황이 나를 대상으로 이야기를 그려나가면 도무지 받아들여지지 않는다.

2년 뒤, 4년 뒤 달라질
당신의 자산을 떠올려라

"선배, 머리로는 이해가 되는데 여기 가슴은 공감이 가질 않아요."

오른손 검지로 머리를 한 번 스치고, 오른 손바닥을 가슴에 치며 말한다.

"4년 전, 아니 2년 전에 집 산 사람이라도 최소 몇 억은 벌었을 텐데. 집 하나 사지 못했으니 지금 몇 억을 잃은 거랑 마찬가지잖아요. 그러니까 지금이라도 제대로 베팅해서 따라잡아야죠. 도덕책에서나 나오는 '조급해하지 말라' 그딴 소리는 이제 지겨워요. 선배는 이미 모든 걸 다 가졌나보죠. 생각해보면 선배 같은 기성세대가 저희 같은 세대한테 쇳덩어리를 올려준 거나 마찬가지예요. 왜 다들 집 산다고 난리 쳐서 이 시국을 만드냐고요."

잔에 담긴 얼음 조각을 휘휘 휘젓는다. 달그락달그락 소리가 난다. 얼음 한 조각을 얼른 입으로 집어넣고 선배도 참았던 말을 꺼내며 흥분한다.

"그래, 맞아. 너 늦었어. 부동산 전문가들이 몇 년 전부터 계속 말했잖아. 유튜브 하나만 틀어도 다 알았을 텐데 넌 여태 뭐했냐? 누가 코인 같은 거 하라고 강제했냐? 네가 네 손으로 직접 한 거잖아."

목소리가 커지자, 셀카 삼매경 커플이 호기심 가득한 표정으로 쳐다본다. 살짝 무안해진 선배가 옆을 휙 쳐다보며 말을 이어간다.

"이 말이 듣고 싶은 거야? 우현아, 네 말처럼 지금 시기가 어떻게 보면 늦었다고도 할 수 있어. 불과 몇 년 전만 해도 아무 곳에나 투자했어도 억대는 벌 수 있었던 시기였어. 그렇다고 지금은 늦었으니 해서는 안 된다는 건 절대 아니잖아. 과거가 후회스러우면 현재를 알차게 후회하지 않게 잘 보내면 되는 거야. 그럼 자연스레 2년, 4년 뒤의 미래가 어떻겠어? 적어도 지금보다 더 많은 자산을 보유하게 될 테고, 그 자산으로 더 안전한 투자도 할 수 있을 거라고."

소리치는 선배를 보자 그제야 제정신이 돌아온다.

'이 사람, 부동산투자 전문가가 맞다. 아니고서는 저렇게 확신을 가지고 내게 퍼부을 수는 없는 거야.' 기회는 올 때 잡으라고 했는데 이 사람이 우현에게 '인생의 기회'라는 판단이 선다. 선배 발가락이라도 꼭 붙들고 있어야겠다고 다짐한다.

부의 차선, 유일한 희망
'그대도 할 수 있다'

여전히 돈이 적은 젊은 세대의 투자법은 따로 있다. 우리는 5단계의 순서에 따라 누구나 어느 정도의 부를 형성하게 된다. 기성세대에 비해 늦은 만큼, 그래서 간절한 만큼 우리는 더 크고 단단하게 성장기회를 얻을 수 있다.

31가지 맛을 선보인다는 아이스크림 체인점으로 자리를 옮긴다. 무인주문기 앞에서 기다린다. 요즘엔 다들 아이스크림도 배달을 시켜서 그런지 매장에는 사람이 적다. 멤버십할인을 클릭하고 3,000원가량 할인을 받는다. 1년 다 해서 쓰지도 못하는 포인트, 이렇게 몇천 원이라도 할인받을 때면 괜히 돈 버는 기분이 든다. 왜 이 포인트는 돈으로 환급해주지는 않을까? 연말이 되면 못다 쓴 아까운 포인트들이 가득하다.

민초단의 후예로서 역시나 오늘도 민트초콜릿으로만 통을 가득 채운다. 선배는 체리쥬빌레를 선택한다. 내가 두 번째로 좋아하는 맛이다. 여자친구였다면 저 반도 내 할당인데 아쉽다. 앙증맞은 분홍색 숟가락으로 한 큰술 퍼서 입으로 넣는다. 너무 적다. 집에 있는

밥숟갈로 왕창 퍼서 먹어야 제맛인데. 콩자반 하나 뜰 수 있는 이 조그마한 숟가락은 정말이지 감칠맛 나게 만드는 재주가 있다. 집에 갈 때 포장해가야겠다.

세 숟갈을 입에 넣고서야 선배가 목소리를 낸다. 그리하여 30분 넘는 선배의 상경일대기가 시작된다. 왜 그렇게 퇴근하자마자 도망자처럼 어디론가 사라진 건지, 왜 그렇게 점심시간만 되면 전화통을 부여잡고 있었던 건지, 그만두는 마당에서야 그 이유를 장황하게 듣고 있다. 회사동료 아무도 모르게 재테크모임을 다니고, 부동산 임장을 가고, 여러 채 아파트를 투자하고 지금은 상가 건물까지 소유하고 있다는 것을. 말로만 듣던 이중 스파이가 내 옆에 똬리를 틀고 있었다.

 부를 향한
성큼성큼 5단계

폭탄이 담긴 듯 묵직하던 백팩을 열어 네이비색 노트북을 꺼내고 옆구리에 샌디스크라 써 있는 USB를 주입한다. 몇 번의 클릭을 하더니 하나의 PPT 화면이 나온다. F5 키를 눌러 전체화면을 하나의 그림으로 가득 채운다.

"아직 모은 돈이 없는 젊은 세대일수록 그 투자법 또한 따로 있어. 그걸 간단하게 5단계로 살펴보면 이거야.

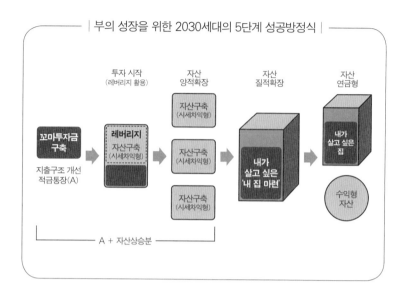

부의 성장을 위한 2030세대의 5단계 성공방정식

1단계로 꼬마투자금을 구축해야 해. 지출을 줄이고 예적금을 부어서 투자 가능한 금액을 만드는 거지. 시간이 조금 걸린다고 해도 묵묵히 요행을 바라지 않고 견뎌야 하는 시간이야. '안전'이 가장 중요한 단계이니만큼 이 시기에는 주식이나 코인 같은 하이리스크 상품에는 투자하지 않는 게 좋아.

이어서 2단계로 하나의 자산을 구축해야 해. 당연히 꼬마투자금만으로는 부동산투자가 힘드니까 이때는 레버리지를 어느 정도는 활용해서 하나의 자산이라도 마련하는 거야. 물론, 돈이 넉넉한 사람은 온전히 다 자기 돈으로 해도 되겠지? 근데 우리 같은 사람은 어쩔 수 없이 적당한 빚은 활용할 수밖에 없어. 단, 무리하지 않는 선에서 말이야.

3단계는 자산을 양적으로 불리는 거야. 하나의 자산을 통해 얻은 물가상승분의 과실과 매달 들어오는 월급씨앗을 합쳐서 자산을 하나둘 정도 더 늘리는 단계야. 앞서 구입한 하나의 자산에서 이미 목표수익이 발생했거나 월급이 상당히 높다면 바로 네 번째 단계로 넘어가도 괜찮아. 가장 중요한 건 감당 가능한 범위 안에서만 늘려야 한다는 거야. 그걸 넘어서는 순간 예상치 못한 사건이 터지기 마련이니까.

4단계에서는 자산을 질적으로 뭉쳐야 해. 적금, 예금, 부동산 등 분산되어 있던 자산을 하나의 큰 덩어리로 뭉치는 단계야. 처음에는 꼬마투자금에 불과했던 현금이 자산 파이프라인을 거치면서 크게 불어나 있을 거야. 이때야말로 남들이 말하는 똘똘한 자산으로 갈아타는 시기라 할 수 있어. 금수저들은 보통 이 단계부터 시작하게 돼. 이미 보유한 현금이 넉넉하다 보니 앞선 1~3단계가 전혀 필요 없는 거지.

그러니까 금수저가 아닌 이상, 그들을 따라 처음부터 똘똘한 자산을 매수하려고 과도한 대출을 끌어다 쓰는 건 독이 든 성배를 마시는 것과 다를 바가 없어. 산이 높으면 골이 깊은 법이라고 하잖아. 우현아, 이 말 꼭 명심해. 네가 늘 조급해하는 것 같아서 여러 번 강조하는 거야. 무리해선 절대 안 돼.

마지막 5단계에서는 자산을 연금화해야 해. 이 5단계가 드디어 매달 꼬박꼬박 월세 받을 수 있는 자산의 연금화 단계야. 가진 돈도 적고 경제 지식도 없는 사람이 '여기 분양형호텔 사두면, 여기 아파트 상가 사두면 평생 월세 받고 노후를 보낼 수 있어요' 같은 달콤한 말에 넘어가면 안 된다는 거야. 최종단계에서야 비로소 할 수 있는 일이라는 건 그만큼 자산연금화라는 게 쉬운 일이 아니라는 거지. 앞선 1~4단계들을 거치는 과정에서 여러 투자로 인한 경험치와 지속되는 재테크공부 실력이 겸비되면서 부동산투자의 꽃이라고 할 수 있는 상가 투자와 꼬마빌딩 투자까지도 비로소 가능해질 수 있는 거야. 물론 이 과정까지 오는 게 결코 쉽진 않겠지만 원대한 목표는 있어야 하겠지?"

아파트는 재건축, 마인드는 재탄생

도대체 이 사람은 무엇인가? 여긴 어디고 나는 누구인가? 그저 사람 좋은 선배, 세상 물정 모르는 부류로만 생각했었는데, 그래서 코인이나 주식종목도 추천해줬고 재테크박사처럼 굴었는데, 얼굴이 화끈거린다.

'이 양반이 정말 몹쓸 사람이네…. 아니지. 이 사람도 나처럼 흙수저였는데, 나도 바뀔 수 있지 않을까?' 이중 스파이에서 직종을 변경해 이제는 스승으로 모셔야겠다는 결심이 선다.

'선배님, 사람 하나 살려준다고 생각하고 저 좀 도와주세요. 평생 잊지 않겠습니다.'

마음속으로 외친 소리가 선배의 귀에도 우현의 귀에도 들린다.

"그래. 최근에 네 소식 듣고 도와주고 싶었어. 얼마나 도움이 될진 모르겠지만, 아는 선에서 최대한 도와줄게. 우현이 너도 결혼해서 남편도 되어보고, 아기 낳아서 아빠도 되어보고 이쁘게 단란한 가정을 꾸리면서 화목하게 살고 싶다며? 지금부터 시작해도 전혀 늦지 않아. 그리고 우리 같은 흙수저 상경파들은 가진 게 없으니까 더 잘할 수 있어. 없어서 간절하잖아. 간절하니까 열정을 다해 노력할 수 있는 거야.

중간기말고사 준비할 때를 생각해봐. 시험 1개월 전에는 독서실에 앉아 있어도 시험까지 남은 시간이 너무 많아서 오히려 집중도가 떨어지잖아. 당연히 능률도 없겠지. 근데 시험 1~2일 전에는 어때? 10분이라는 시간도 소중하잖아. 그만큼 시간이 없다는 걸 체감하고 있으니까, 그 시간이 얼마나 간절하고 소중한지 집중력이 최상급으로 올라갈 수밖에 없잖아. 우현이는 아주 조금 늦은 만큼 더 크게 이룰 수 있을 거야."

"선배, 정말 고마워요. 정말 정말 이 은혜 잊지 않을게요."

"우현아, 너 혹시 재건축아파트가 어떻게 지어지는 줄 알아?"

뜬금없는 질문이 날아온다.

"그거야 부동산에 관심 없는 사람도 알죠. 기존에 낡아빠진 건물을 부수고, 그 자리에 새 아파트를 쌓아 올리는 거죠."

자랑스러운 듯 어깨를 으쓱한다.

"그래, 맞아. 기존에 가지고 있던 낡은 것들을 없애고 새로운 건축을 시작하는 거지. 네가 만약 부동산에 관심을 가지고 싶다면 가장 먼저 선행되어야 할 단계야. 부동산에 관해 부의 마인드셋 장착하기!"

선배는 어느덧 재테크 스승처럼 이야기를 이끌어나간다.

"근데 그건 뭐 어떻게 해야 할까요?"

"기존의 낡은 편견들을 부수고 그 자리에 바닥을 다지는 작업을 해야 돼. 바닥을 제대로 다지지 못하면 아파트가 높이 올라갈수록 위험한 상황이 벌어지겠지. 아무리 많은 돈을 번다 하더라도 바닥 기초를 제대로 다져놓지 않았다면 한순간에 무너질 수도 있다는 거야. 나 또한 그런 상황을 겪어봤으니까. 흠… 그건 다음에 이야기하고, 아무튼 그렇기 때문에 아무런 기준도 목표도 없이 투자한다는 건 폭탄을 안고 살아가는 것과 다를 바가 없어. 그러니까 지금부터는 우현이도 재탄생한다는 마음으로 형이랑 같이 공부해보자."

뭘 어떻게 해야 하는지에 대한 답을 주지 않아 답답한 표정을 짓는다.

"그러니까 선배 뭐 어떻게…?"

"아… 일단 링크 하나 보내줄 테니까 거기 부동산카페 스터디 조원이 되는 것부터 노력해보자. 단순히 카페에 가입한다고 해서 조원이 되지는 않거든. 생각보다 조금 험난할 거야. 그래도 그 과정에서 자연스레 '비슷한 상황에 놓여 있는 사람들이 정말 많구나. 다들 이렇게 열심히 살아가는구나' 생각하면서 포기하지 않고 오래갈 수 있는 벗들을 만들 수 있을 거야. 그게 장기적인 투자에서 정말 중요한 일이니까."

분명 어제까지는 암울했던 미래가 손금처럼 선명하게 보였다. 선배를 만나고 돌아오는 길 밤하늘을 향해 올려다본 손바닥은 분명 달라 보였다. 희미했던 앞날이 재물선을 따라 손가락 위로 진하게 뻗어가고 있었다.

계란은 한 바구니에 담아라.
분산 말고 집중투자가 우선!

'나의 새해 재테크 목표는 블로그(광고수익), 유튜브 수익 창출, 스마트스토어, 달러투자, NFT 공부, 노후대비 공인중개사자격증.'

물론 이 많은 걸 해내려는 기특한 마음은 좋으나 과연 그걸 한꺼번에 시도했을 때 가능이나 할까? 그걸 얼마나 오랫동안 지속할 수 있을까? 다양한 파이프라인 구성이 다양한 올가미로 다가올지도 모른다.

너무 많은 걸 한꺼번에 하려면 집중력은 분산되고 주의가 산만해진다. 시간은 점점 더 부족해지고, 성과는 맘처럼 나오지 않는다. 하나가 형편없이 진행되면서 그다음 목표까지 영향을 미친다. 연쇄적인 도산효과가 발생한다. '내가 해보니까 말이야, 그거 다 책팔이들이나 유튜버들이 광고수익 얻으려고 거짓말하는 거야. 아무 필요도 없어'라는 결론이 도출된다.

우리에게 친숙한 '계란은 절대 한 바구니에 담지 마라'는 이야기도 마찬가지다. 계란을 한 바구니에 몽땅 담다 보면 혹시나 실수로 떨어뜨렸을 때 담긴 계란들이 몽땅 깨질 수도 있기 때문이다. 재테크투자를 할 때도 마찬가지다. 한 종목에 몰빵하다가 그 종목이 망하면 모든 자산이 동시에 타격을 받을 수 있기에 위험은 분산하라는 이야기다.

대부분의 부자들은 이 말을 따르고 있다. 부동산, 채권, 달러, 금, 주식 등에 적절한 분배를 해서 리스크 대비를 철저히 하고 있는 셈이다. 부자가 되기 위해서는 부자를 따라야 한다? 물론, 어느 부분은 맞을 수도 있다. 그러나 투자를 시작하는 단계에서만큼은 '아니다'라고 말하고 싶다. 엄연히 부자와 서민의 초기 투자방식은 절대적으로 달라야 한다!

계란은 한 바구니에 담아야 한다. 천천히 가더라도 가장 안전하게 계란을 모아야 한다. 적어도 그 계란이 어느 정도 쌓일 때까지는 말이다. 이 바구니 저 바구니 모아서는 제대로 계란을 모을 수조차 없는 현실에 부딪힐 수 있다.

부자들이 분산하고 있는 채권, 달러, 금, 주식 등을 가장 많이 추천하는 사람은 증권가 사람이다. 실제 사회초년생들은 증권가 사람들이 적어낸 전문적인 재테크 책을 읽고 개인적인 투자보다 전문가들이 운영하는 펀드가입을 많이 한다. 당연히 이게 안정적인 수익을 가져다줄 거라 생각하면서 말이다. 하지만 몇 년이 흐르고 나면 '내 수익은 하나도 없는데 증권사만 이득을 본 거 아닌가' 하는 싸한 느낌을 받게 된다.

나의 시작이 누구와 같은지를 곰곰이 생각해보자. 내가 운영하는 자산이 이미 10억 원을 넘어간다면? 바로 은행이나 증권사 전문가에게 맡기고 여기저기 자금을 분산 운영하는 게 낫다. 하지만 그게 아니라면 분산투자는 맞지 않다. 1천만 원을 가지고 펀드, 달러, 주식, 코인 이런 식으로 자산이 흩어지는 우를 범하지 말자. 정작 제대로 된 기회가 왔을 때 잡을 수 있는 자금조차 없어질지도 모른다.

어느 정도의 자산이 쌓이기 전까지는 집중투자가 답이다. 주식, 코인투자를 절대 하지 말라는 게 아니라, 초기 단계에서는 아니라는 말이다.

"전문가라는 사람 말만 듣고 투자했는데, 너무 큰 수업료를 냈어요. 어렵게 모은 돈이었는데… 제가 너무 무지했어요. 부동산과 관련된 아무 책이나 몇 권 읽었어도 누구나 알 수 있는 내용이었는데… 결국 내가 알지 못하면 그저 믿을 수밖에 없고, 이미 너무 큰 수업료가 지불되고 나서야 후회가 물밀듯 밀려오더라구요."

우현은 회사에서 일하는 내내 집중이 되질 않는다. 선배가 추천해준 유튜버 이야기가 계속 머릿속에서 맴돌았기 때문이다. 20만 구독자를 보유하면서 여기저기 부동산 전문가들을 초대해 이야기도 듣고, 실제 생애 첫 부동산을 매수할 때는 몇백만 원의 자문료까지 냈다는데 왜 저렇게 실패를 하게 되는 걸까? 부동산을 구입하려면 꽤나 큰돈을 모아야 하고, 그 자체로도 쉽지 않았을 텐데. 영혼까지 끌어모아 투자한 결과가 참혹하다면?

'내가 알지 못하면 당할 수밖에 없다'는 그 말이 우현을 향하는 비수가 되어 가슴에 꽂히는 듯했다. 무지로 인한 한 번의 실수는 한 가족의 인생을 저당 잡는 채권자가 되어 평생을 따라다닌다.

2

'부'의
시작점에
서다

2030이 돈 없고 집 없는 건 너무나 당연하다

2001년과 2023년 알바시급은 각각 2,000원과 9,500원. 8시간씩 한 달 일하면 48만 원과 228만 원이다. 화폐가치 하락으로 월급은 5배가량 늘었어도 생활은 오히려 더 팍 팍하다. 2030 꼬마머니 세대에겐 이를 막을 새우깡, 주식, 코인, 부동산이 필요하다.

구내식당에서 후다닥 저녁을 해결하고, 선배와 약속되어 있는 강남역 스터디카페로 향한다. 수능 공부를 하는 것도 아니고 웬 스터디카페인가 의아했지만 스승님의 말씀이기에 토 하나 달지 않았음은 당연했다.

선배 이름으로 예약된 작은 룸을 안내받아 입실한다. 4명 정도는 들어갈 수 있는 룸이다. 강의할 수 있는 화이트보드판, 마커펜, 노트북도 준비되어 있다. 방은 좁았지만, 통창으로 내다보이는 바깥 풍경만큼은 속까지 뻥 뚫어주는 기분이다. 책상 위에 가지런히 놓여 있는 컵 하나를 집는다. 복도로 향한다. 커다란 냉장고 안에는 루이보스보리차, 녹차, 오렌지주스, 자몽주스가 들어 있다. 눈을 통해 보는 것만으로도 시원해진다. 옆에는 커피머신도 보인다. 지겹도록 마신 커피가 또 땡기지만, 신선한 음료를 마시기로 한다. 냉장고 문을 열어 오렌지주스를 컵에 따른다. 곧바로 한 컵을 쭉 들이켠다.

다시 오렌지주스를 가득 따르고 방으로 들어간다. 창을 통해 퇴근 길 총총걸음으로 어딘가로 향하는 한 무리의 직장인들이 보인다. 환하게 웃는 모습에서 왠지 모를 해방감을 엿볼 수 있다. 잠깐의 여유를 느낄 즈음 선배가 인기척을 내며 들어온다.

"우현아, 여기서 널 다 보는구나. 여긴 내가 평일에 퇴근하고 늘 혼자 와서 1시간 정도는 책도 보고 쉬었다 가는 곳이야. 여기 오면 자리도 널널하고, 커피도 공짜로 마실 수 있거든."

퇴근하고 곧장 술 마실 생각은 하지 않고, 피로곰을 어깨에 매단 채 스터디카페를 온다니. 역시나 독특한 선배임에 틀림없다.

"선배, 역시 대단해요. 존경스럽습니다!"

선배는 회의실에 발표하러 온 직원처럼 후다닥 노트북에 USB를 합체시키며 말했다.

"자, 그럼 시작해볼까."

5년 전에 집 살 수 있던 돈이 지금 전세가도 되지 않는다

"우현아, 혹시 2017년에 우리가 살고 있는 여기 수도권 아파트값이 얼마였는 줄 알아? 이 표 한번 볼래?"

	평균 전세가격	평균 매매가격
2017년 4월	3억 400만 원	4억 800만 원
2022년 4월	4억 6,800만 원	8억 700만 원

"그 당시 수도권 아파트 전세가격은 3억 원이었고, 아파트 매매가격은 4억 원이었어. 그로부터 5년이 지난 후 수도권 아파트 전세가격은 4억 7천만 원이 되었고, 매매가격은 8억 원이 되었어. 뭔가 이상하지 않아? 2017년에 아파트 매매가격이 2022년에는 전세가격에도 미치지 못하게 된 거야."

왠지 이 장면, 낯설지가 않다. 입사하자마자 어디선가 알고 연락와 재무설계를 해준다며 휘황찬란한 PPT와 지그재그 그래프를 보여준 이가 있었다. 서울사람들은 역시나 친절해서 무료로 재무상담도 해주고, 커피값도 대신 계산해준다며 그 자체만으로도 역시 서울은 경이롭다고 생각했다. 커피값 3,000원을 공짜로 얻어먹는 대신 양심상 매달 50만 원 적립식보험, 30만 원의 종신보험을 가입했다. 그로부터 3년 후 이자가 아닌 마이너스 300만 원과 함께 쿨하게 해지절차를 밟았다. 3,000원의 대가로 마이너스 300만 원을 이끌어낸 신들린 투자였다.

과도한 친절은 의심부터 해야 한다. 요즘 들어 부쩍 가까워진, 요즘 들어 부쩍 친절해진 선배 얼굴을 빤히 쳐다본다. '그럼 오늘 저 선배는 내게 자기 집을 팔려고 나온 건가? 아니지… 아니지… 스승님이 내게 그럴 리가 없지.' 정신을 가다듬고 선배가 가리키는 표를 집중해서 쳐다본다.

"2030 직장인이 한 달에 월평균 얼마나 모으는지 알아? 20대가 약 65만 원, 30대가 약 75만 원이야. 평균적으로 100만 원도 되지 않아. 한 달에 100만 원 모은다고 해도 1년에 1,200만 원, 5년이면 6천만 원 정도 모을 수 있는 기간이지. 대한민국 인구 반이 살고 있는 수도권에서 2017년만 해도 4억 원이면 내 집 마련이 가능했어. 물론 5년이 지난 2022년에는 아파트값이 8억 원으로 4억 원이나 올랐지만⋯."

우현의 미간에 힘이 들어간다. 뭔가 생각에 잠길 때마다 나타나는 습관적 얼굴 변화다. 화가 날 땐 그 힘이 가중된다. 이마에는 일자주름이 화석처럼 새겨진다. '도대체 다들 얼마나 돈이 많길래 저런 식으로 집값을 올렸을까? 재무상담 받는다며 호구처럼 살고 있을 때 남들은 집값 오를 거라고 여기저기 투자하며 다니고 있었던 건가?' 이해할 수도 없고, 이해하기도 싫다.

"근데 선배, 정말 궁금해서 그러는데요, 집값은 도대체 누가 올리는 거예요? 아파트부녀회가 짜고 가격을 올린다는 이야기도 있고, 공인중개사들이 복비 더 받으려고 집값을 비싸게 내놓는다는 말도 있던데요. 그 사람들이 그런 나쁜 짓 못 하게 단속하면 끝나는 거 아니에요? 아니면 그 투기버스인지 뭔지 버스대절을 못 하게 법으로 막든가요!"

종이컵에 든 물을 소주 한 잔 마시듯 입안에 털어넣으며 지난번 TV에서 보고 들은 내용에 화를 잔뜩 실어 윽박질러본다.

새우깡도 알고 있는,
집값이 올라가는 이유

"음, 집값이 왜 오르느냐를 먼저 깨닫는 게 우리가 살고 있는 자본주의를 이해하는 데 도움이 될 거야. 네가 제일 먼저 알아야 될 건, 단순히 집값이 어떤 세력에 의해서 올릴 수 있는 그런 구멍가게는 아니라는 거야."

"그럼 가만히 있던 집값이 왜 오르는 거죠?"

마치 선배가 집값을 올린 주범이라도 된다는 듯 분노 섞인 눈초리로 물어뜯는다.

"집값이 오르는 게 아니라 돈의 화폐가치가 떨어진다, 이런 말 들어본 적 있어?"

들어봤지만, 들어봤다고 말하기도 싫다. 사실 지겹게 들어왔다. 종이쪼가리가 무슨 가치가 있고, 그게 오르니 떨어지니 말 같지도 않은 소리들이다.

"네가 좋아하는 노래방에서 자주 나오는 새우깡이 역사적 산물이라 할 수 있지. 이 새우깡이 처음 출시된 1971년 당시의 가격이 50원이었어. 그러다 1980년대 200원이 되었어. 10년 만에 가격은 4배나 뛰었어. 그리고 1990년 300원, 2000년 500원, 2023년 1,400원이되었어."

역시나 새우깡 같은 소리다. 그래서 그 봉지과자가 올라봐야 1,000원 정도 오른 건데 몇 억, 몇십 억 오른 집값이랑 비교대상이 된단 말인가.

"에이, 50년 동안 그래봐야 1,350원 오른 건데요? 저건 충분히 감당할 수 있잖아요. 집값과 비교하는 건 무리수 같은데요?"

"절대가격을 비교하기보다 50원이던 새우깡이 1,400원으로 대략 30배 가까이 올랐다는 걸 생각해봐. 안에 들어 있는 내용물이 30배가 많아진 것도 아니고, 30배 비싼 포장재로 감싼 것도 아닌데 어떻게 수십 배가 뛰었을까가 중요한 거지."

'그거야 채우라는 과자는 안 채우고, 여백의 미만 증가시킨 그놈의 장사꾼들 잘못 아닌가요?' 하려다 입을 꾹 다문다. 주식전망에는 늘 긍정적이었는데, 부동산전망에는 늘 부정적인 감정이 먼저 앞선다. 선배랑 난상토론 하러 온 게 아니니 경청모드로 들어가야겠다.

"생각해보니 1,350원 오른 게 아니라 30배가 올랐다고 한다면, 1억 원짜리 집이 30억 원이 되는 정도? 엄청난 상승이긴 하네요."

"단순히 새우깡을 예로 든 거지만, 시간이 지날수록 모든 가격은 상승할 수밖에 없어. 내가 대학생이던 2001년 시절에는 시간당 아르바이트비가 2,000원이었어. 하루 8시간 한 달 꼬박 일해도 50만 원도 채 되지 않았지. 근데 지금은 같은 강도의 아르바이트를 해도 230만 원을 벌 수 있어. 그렇게 안 오른다는 인건비조차도 이렇게 오른 거잖아. 그럼 다른 무수한 것들은 어떻겠니? 적어도 인건비보다는 더 오르지 않았겠어?"

지금 시급이 1만 원인데도 그 돈 벌어서 먹고살기 힘든 건 전혀 달라지지 않았다. 어째서 한 달에 버는 돈이 50만 원에서 230만 원으로 180만 원이나 올랐는데도 달라진 게 1도 없단 말인가? 이게 선배가 말하는 화폐가치가 하락해서 벌어진 일인가? 혼란스럽다.

"이렇게 가격들이 오르는 현상은 세계적으로 돈이 지속적으로 풀리고 있다는 증거야. 우리가 필요로 하는 물건들은 그 공급량이 한계가 있는데, 돈은 무한대로 늘어나다 보니 돈의 가치가 그만큼 떨어지게 되는 거야. 이미 이건 변할 수 없는 자본주의 시스템의 원칙인 거지."

"그럼 지금이라도 가격이 더 오르기 전에 새우깡이라도 수백 박스 사둬야 할까요?"

말 같지도 않은 현실에, 말 같지도 않은 이야기를 해버린다.

"하하하~ 너 같으면 유통기한이 한참 지난 10년 전 새우깡을 100원이라고 해서 사먹겠니? 이미 다 썩어서 가치는 0이 되어 있겠지? 오히려 쓰레기봉투 값만 더 들겠네. 마이너스야 마이너스. 우리에게 필요한 건 '가격은 상승하지만 가치는 떨어지지 않는 그 무엇'이라는 거지."

"그런 게 그럼 뭐가 있는데요?"

우현의 질문에, 슬라이드 한 장이 자연스레 넘어가고 집 모양의 그림이 나온다.

"이건 무슨 그림이에요?"

"우리가 집을 지을 때 들어가는 요소들이야. 단순히 몇 개만 적은 건데, 지금 살고 있는 집 안을 자세히 들여다봐. 그 옛날 단순히 흙으로 쌓아 올린 흙집이나 초가집 구조가 아니잖아. 건물뼈대를 구성하

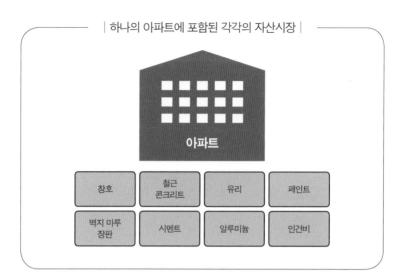

아파트

| 창호 | 철근 콘크리트 | 유리 | 페인트 |
| 벽지 마루 장판 | 시멘트 | 알루미늄 | 인건비 |

는 철근 콘크리트, 시멘트, 크나큰 건물의 외벽둘레를 칠하는 페인트, 집 내부에 들어가는 유리, 창호, 알루미늄, 벽지 마루 장판, 그리고 이 모든 게 로봇이 아닌 사람을 통하기에 들어가는 인건비, 이보다 훨씬 많은 요소들이 결합된 완성체가 바로 집이고 아파트야. 자, 그럼 저 하나하나의 가격이 10년 전, 20년 전에 비해 어떨까? 어디하나라도 그 당시보다 가격이 떨어진 게 있을까?"

"가격이 10년 전, 20년 전에 비해 어떻게 떨어져요? 말이 안 되죠, 그건."

"그럼 과거가 아니라 미래, 지금부터 10년 뒤, 20년 뒤에는 가격이 어떻게 될까? 그 또한 당연히 상승한다고 해야겠지?"

인정하고 싶지 않지만, 도저히 인정하지 않을 수 없다는 표정이 새어나온다.

"하나하나의 가격이 100원이고 그 요소 8개가 합쳐져 800원이었어. 근데 그 하나하나의 가격이 100원씩 상승해서 200원이 된다고 하면 결국 그 8개의 합은 1,600원이 될 거야. 그 완성품을 출시하게 되면 이전에 비해 2배는 뛰는 게 정상 아닐까? 미래의 아파트 분양 가격도 상승할 수밖에 없는 구조라는 거야.

2023년 3월 자료(부동산114)에 따르면 2022년 서울 아파트 3.3m² 당 평균분양가는 3,473만 원으로, 2021년 2,798만 원에 비해 24.2% 가 상승했다고 나와 있어. 다시 말해서 우리가 부동산이라고 하는 아파트를 소유하는 것 자체가 저런 가격이 오른 것들의 완성품을 소유한다고 생각하면 되는 거야. 가격 상승을 예상한다고 해서 시멘트, 알루미늄, 철근을 창고에 10~20년 보관했다가 훗날 내다팔 수는 없겠지?"

"그렇겠죠. 그 말엔 동의해요. 그래서 저도 원자재 관련 주식도 사 봤거든요. 주식은 선배보다 제가 전문이잖아요?"

 ## 주식과 코인은 1도 몰라도
살아가는 데 전혀 지장 없다

"그래, 주식은 네가 더 잘 아니까 이 부분은 이해가 팍 되겠구나. 네가 주식을 하고, 코인을 사모으고 했던 것도 마찬가지로 자산을 증식하고 소유하는 거잖아."

주식과 코인 추천종목까지 찝어줘도 미동도 없던 선배가 떠오른다. 그걸 아는 사람이 주식도 안 하고 있단 말인가. 겉과 속이 다른 선배라는 생각이 든다.

"그럼 혹시 선배도 주식이나 코인 같은 걸 사람들 몰래 숨어서 하고 계셨던 거예요?"

"아니, 나는 절대 주식과 코인은 안 해. 우현이 너는 주식이나 코인투자를 어떤 생각으로 시작한 거야?"

머리를 긁적여보지만 마땅히 떠오르는 이유는 없다.

"그게 꼭 이유가 있을까요? 요즘 세상에 주식이나 코인 안 하는 직장인이 있나요? 남들 하니까 저도 하는 거고, 타이밍도 좋다고 생각했어요. 뭐 물론 욕심부리다가 이 꼴 났지만요."

속으로는 '마지막 그 한 번만 잘했어도 대박'이었다는 생각은 지금도 변치 않는다.

"코인이 하락했으니 속은 상할 수 있는데 솔직히 네가 일어나서 출근하고 일하고 퇴근하고, 친구 만나고 집에 들어가서 곤히 자는 하루 일과 중에 주식과 코인을 안 한다고 해도 살아가는 환경에는 전혀 지장이 없잖아?"

지장이 없다니, 이 무슨 행패 부리는 소린가. 육체적으로나 정신적으로나 심각한 황폐함이 밀려오는구먼. '어떤 소방수로도 끌 수 없는 천불이 지속중인데요'라고 말하고 싶지만, 사실 삶을 지속하는 하드웨어적 환경에는 문제가 없긴 하다.

"투자할 돈도 없으니까 어플도 삭제하고… 곰곰이 생각해보면 하루 종일 들여다볼 때보다 차라리 마음 편할 때도 있는 것 같아요."

"그런데 만약에 의식주 중 하나인 집 '주'가 없다면 어떨까? 집이 싫어 집을 나가 가출해도 다른 집에 들어가서 잠이라도 자야 하잖아. 집이 없다면 일주일 아니 3일도 버티기 힘들 거야. 그래서 누구나 자가든 전세든 월세든 이 세 범주 안에는 강제로 참여할 수밖에 없는 시장이 형성되는 거야."

'강제'라는 어감이 불쾌하지만, 이 또한 인정할 수밖에 없는 당연한 현실이다.

"누군가는 이렇게도 말해. 주식이랑 코인은 카드게임이고, 부동산은 화투놀이 같다고. 카드게임은 중도하차가 있지만, 화투는 게임이 지속되는 동안 그만두고 싶어도 그럴 수 없는 것처럼…."

우현은 추억의 MT 시절을 떠올린다. 저녁만 되면 한방에 모여 팀을 나누고는 한 곳은 포커게임, 다른 곳은 화투놀이를 진행했다. 우현은 카드게임보다 화투판을 무서워했다. 카드게임은 판돈만 내고 상대방이 좋은 패를 가지고 있는 것 같아 보이면 게임에서 빠질 수 있기에 내가 주도권을 잡을 수 있었다.

반면 화투판은 한 판에 모든 돈을 다 잃을 수도 있었다. 심지어 없는 돈까지 담보 잡힐 수도 있었다. '짝짝' 달라붙듯 화투를 잘 내리치던 타짜동기에게 제대로 걸리는 순간 원고, 투고, 쓰리고가 나며 눈앞에서 모든 패를 다 쓸어가도 그만둘 수가 없는 게 룰이기 때문이었다. 피박, 광박, 초단에 홍단에 피도 눈물도 없는 그놈이 스톱을 외치지 않는 이상 모든 패가 사라질 때까지 올가미에 매인 채 질질

끌려다녀야만 했다.

그런데 이 끔찍한 올가미판이 부동산시장과 비슷하다는 것 자체가 '호러'다.

"그러니까 선배 이야기는, '자본주의 시스템하에서는 화폐라는 종이쪼가리가 지속적으로 풀려날 수밖에 없다. 이는 한정된 물건의 가격을 상승시키기에 화폐가치는 하락수순을 거치게 된다. 당연히 화폐를 가만히 손에 쥐고만 있으면 손해가 발생한다. 그러니 우리는 가치가 하락하지 않는 자산을 보유해서 화폐가치 하락에 방어하며 살아야 한다.

이런 자산 중에는 대표적으로 새우깡, 주식, 코인, 부동산이 있다. 새우깡은 시간이 지나면 썩어서 버려야 하니 일단 가장 먼저 제외시킨다. 차라리 그 새우깡을 만드는 기업 주식을 소유하든가, 미래의 대체자본이 가능한 코인을 소유하는 게 좋다. 그럼에도 주식이나 코인은 소유하든 말든 자율선택이지만 부동산은 강제참여 시장이다 보니 전자보다 후자가 보유자산으로서 더 가치가 있다' 이런 거죠?"

선배는 엄지손가락을 치켜들고 우현을 경이롭게 바라본다. 취업준비 시절 3년간 갈고닦은 우현의 정리실력이 돋보이는 순간이다. 초라하게 내려가 있던 그의 어깨가 잠시나마 봉긋하게 솟아오른다. 그 모습에 선배는 흐뭇한 미소를 짓는다.

"예전부터 물어보고 싶었는데 우현이 너는 어떻게 주식이랑 코인에 큰돈을 투자하게 된 거야?"

입사하고 얼마 안 된 그때가 떠오른다. 분명 처음 시작할 땐 남는 돈으로 조금 해보자는 생각이었다. 100만 원으로 대한민국의 일등 공신 삼성전자 주식을 샀고, 20% 수익을 냈다. 일하지 않고도 20만 원을 벌었다는 생각에 뿌듯했다. 그날 저녁은 나름 사치를 부렸다. 혼자서 2만 원짜리 치킨도 시키고, 1만 원에 4캔 하는 세계맥주도 샀다. 치킨 날개를 뜯으면서 왠지 모를 성취감에 자신감이 샘솟았다.

그러면서 생각했다. '1천만 원이었으면 200만 원을 벌었을 텐데.' 100만 원 넣고 생긴 20만 원의 수익은 너무 아담하다 못해 초라했다. 회사동료들은 1천만 원 단위 수익도 그저 귀엽다고 할 정도의 분위기였다. 그러니 20만 원 수익은 수익을 봤다고 어디 가서 말하기도 부끄러운 수준이었다. 초딩들 세뱃돈보다도 못해 보였다.

100만 원 넣고 1,000% 수익이 나도 1천만 원? 그것 가지고도 생활이 달라질 건 없었다. 눈덩이가 작으면 아무리 수익률이 좋아도 그저 작은 눈덩이에 불과함을 깨닫는 순간이었다. 실력에 비해 너무 적은 투자금을 넣었다는 귀납법식 결론에 도달했다. 결국 투자금을 늘릴 수밖에 없었다. 아리스토텔레스가 들어도 인정해줄 만한, 나름 논리적이고 합리적인 판단이었다.

직장인의 필수품이라던 마이너스통장, 빚지는 건 절대 안 된다는 아버지의 말씀을 귓등으로 흘려보내며 '인생은 욜로다'를 모토로 무장한 채 우현은 은행 상담창구에 앉았다.

"마이너스통장은 직장인의 필수품이죠. 연봉의 1.5배까지는 만들 수 있어요. 정책이 언제 바뀔지 모르니 미리 만들어놓는 게 상책이죠. 아 참, 이 적금상품에 가입하시면 대출이자도 줄일 수 있어요. 돈도 모으고 이자는 줄이고 일거양득이죠."

'바로 쓴다는 건 아니고 그냥 뚫어만 놓는 거야.' 일거양득이라는 게 마이너스통장을 말하는 건지 적금을 말하는 건지 잘 모르겠지만, 어쨌든 좋은 게 좋은 거다라고 생각했다.

여전히 선배는 대답을 기다리고 있었다.

"앗, 죄송해요. 돌이켜보니깐 아리스토텔리스도 인정할 만한⋯ 아 그게 아니라⋯ 제 큰돈이 들어가기 시작한 게 수익률 때문이었던 것 같아요. 로또 맞을 확률로 수익률이 백 퍼센트, 천 퍼센트 되면 뭐해요. 제가 투자한 금액이 1만 원이면 수익이 고작 1만 원, 10만 원이잖아요. '티끌 모아 티끌이다'라는 박명수 어록도 있지 않나요?"

"하하~ 그게 박명수가 한 말이었구나. 나도 그 말에 동의해. 대부분 사람들이 큰돈 투자로 흘러가는 맥락은 언제나 비슷한 것 같아. 처음에는 작게 투자하다가 어느 정도 시간이 지나면 아담한 수익을 보고는 과감하게 큰돈 투자를 하게 되고, 그러다가 한 번 잘못되는 순간 나락으로 가지. 반면에⋯."

우현도 나름대로 공부는 하고 들어간 주식과 코인이다. 유튜버들을 보면 이것만으로도 성공한 사례가 얼마든지 많다. 그런데도 선배는 본인이 했던 투자만 답이라는 식으로 말하다니, 왠지 듣기 거북해진다.

"그럼 선배는 주식이나 코인은 투자대상이 전혀 아니라는 말이에요? 무조건 부동산이 답이다? 그건 너무 독단적인 생각 아닌가요?"

"주식과 코인이 나쁘다는 게 아니야. 단지 투자에도 순서가 있다는 거야. 주식은 사두고 일하는 중에도 수시로 계속 확인하지? 코인은 자는 중간중간에도 확인하고? 확인할 때마다 수익이 나고 떨어지고를 수십 번씩 왔다 갔다 해. 100% 수익이 나서 뺄려고 하다가 아침 회의시간 10분이 지났을 뿐인데 수익이 0으로 바뀌는 경우도 허다하잖아. 그만큼 변동성이 너무 크다는 거야. 초단기로 크게 얻을 수도 있고, 초단기로 크게 잃을 수도 있지. 물론 크게 얻으면 좋겠지만, 반대로 크게 잃는다면 어떨까? 사회에 첫발을 내딛고 돈 모아서 뭔가 해보려는 의지마저 꺾일 수밖에 없어."

맞다. 의지가 제대로 꺾였다. 주식 하락으로 정신적 충격을 받았고, 보험호구로 눈탱이 맞았고, 코인 하락으로 자존감 잃었고, 여자친구 이별통보에 허리가 꺾였고, 집값 폭등으로 무릎을 꿇었다.

"그래도 부동산은 땅을 사지 않는 이상 그 안에 누군가가 들어가 살 수가 있어. 전세나 월세로 다른 임차인에게 빌려줄 수 있고, 그에 따른 비용을 받을 수도 있어. 그리고 그 과정에서 부동산 시세가 상승해준다면 전체 집값에 대한 상승분을 수익으로 돌려받을 수도 있게 되는 거야. 예를 들어 3억 원짜리 집을 샀고 이 집의 전세가격이

2억 원이라면, 내가 투여한 돈은 1억 원이지만 전체 집값 3억 원에 대한 수익률로 내가 돌려받을 수 있는 거지. 집값이 10% 상승했다면 1억 원에 대한 1천만 원 수익이 아니라, 3억 원에 대한 3천만 원이 수익이 된다는 말이야."

"그런데 2년 뒤나 4년 뒤에 혹시나 그 전세가격이 천지개벽으로 5천만 원까지 떨어지면 큰일 나는 거 아니에요?"

"역시 우현이가 똑똑하네. 당연히 그런 일이 발생할 수도 있어. 그래서 집을 매수할 때는 그런 시나리오 가정하에 무리해서는 안 된다는 거야. 내가 직접 담보대출을 받아서 실거주할 수 있다는 생각으로 접근해서 구입해야 해. 내가 보유하고 있는 현금과 다달이 들어오는 월급을 계산해서 아파트를 고르는 거지. 그래서 억대가 들어가는 부동산은 단순히 '집 살게요. 보여주세요'가 아니라 시간을 두고 지속적으로 책도 읽고, 임장도 하고, 부동산 스터디도 하면서 본인의 능력을 지속적으로 키울 필요가 있는 거야."

달아오르는 선배의 열기를 식혀주듯 책상 위 휴대폰에서 '윙윙' 소리가 울린다. 선배는 손을 치켜들며 양해를 구하고 문밖으로 나간다. 열린 틈으로 '임차인' '전세금' '잔금일'이란 단어가 들려온다. 기다리는 동안 휴대폰 화면을 켠다. 네이버 어플을 클릭한다. 보기 싫어도 자꾸만 보이는, 그래서 신경 쓰일 수밖에 없는 부동산 관련기사다. 오늘도 역시나 보기 싫은 기사다. 하지만 손이 먼저 반응한다.

'서울 아파트 평균집값 10억 원 돌파, 수도권 전체로 번진다.' 주저리주저리 내용이 길게 이어진다. 난독증인가, 읽히지가 않는다. 받아들이고 싶지 않은 현실이다.

선배에게 어떤 내용을 강의처럼 듣는다 해도 현실에서 달라지는 게 뭘까? 집값은 자고 일어나면 오르고 있다. 사람은 잠이라도 자는데 아파트는 잠도 자지 않는다. 교대근무도 없이 일하는 무서운 놈이다. 쉴 새 없이 일하는 그 머리채를 낚아버리고 싶다. '서울 가면 정신 바짝 차리라. 눈 감으면 코 베가는 게 서울이라카이.' 어머니 말씀이 하나도 틀린 게 없다. 우현은 얼른 코부터 만져본다. 그런데 아무런 감촉이 느껴지지 않는다. '그래, 여기가 호러서울이구나. 지화자 좋다야.'

금수저가 아닌 이상
투자의 역행자가 되어야 한다

자본주의사회의 엄연한 사실은 현금을 저축해서 모으는 속도보다 자산이 불어나는 속도가 월등히 빠르다는 거다. 그렇기에 서울 아파트만 바라보는 망부석이 되기보다, 수도권 아파트에 주목할 필요가 있다.

선배의 통화가 길어짐을 느끼자 우현도 복도로 나간다. 평일 퇴근시간임에도 생각보다 많은 사람들이 들어차 있다.

'둘리네식당의 공유주방 창업이야기' '셀프세차장 민자네의 월천벌기' '스튜어디스 면접준비반' '노후연금 상가경매' '퇴근길 독서 한잔' '르네상스 미술감상' 등 다양한 모임을 알리는 알림판이 스터디룸 입구에 붙어 있다.

퇴근길 술 한잔이 아니라 '퇴근길 독서 한잔'이라니, 어떤 사람들이 모인 걸까? 궁금증에 곁눈으로 슬쩍 안을 들여다본다. 퇴근하고 지옥철 타고 집 도착해서 씻고 밥 먹고 TV 보고 드러누워 쉬기에도 바쁜 시간일 텐데, 저들의 얼굴에선 나른함이 느껴지지 않는다. 어디서 비타민주사라도 맞고 왔나?

알림판 아래 '독서 한잔 하실 분, 언제든 환영' 휴대폰번호가 눈에 띈다. 일단 찍어둔다. 퇴근길 소주 대신 독서 한잔, 그래 이게 서울라이프 아닐까. 베어간 코를 다시 껴 맞추고 싶다. '언젠가 연락 한번 해봐야지'라고 생각하며 다시 방으로 들어간다.

 ## 집값이 10억 원인데
그들은 무슨 돈으로 집을 살까?

전화통화를 끝낸 선배가 자리로 돌아온다. 세상 걱정 없이 평온한 자태를 뽐은 모양새다. 자수성가 선배가 부러우면서도 얄밉다. 근데 뭐가 얄미운지 딱히 이유는 없다. 그냥 배가 아픈 건지도 모르겠다. 부동산투자도 성공했겠다, 퇴근해서 집에 돌아가면 아내랑 아이들이 얼마나 환대해줄까. 눈 뜨고 눈 감는 하루 일과의 모든 시간이 행복해 보인다.

어린애도 아닌데 부러움이 질투심으로 치환된다. 옹졸한 마음이 초대장도 없이 시도 때도 없이 방문한다. 누가 나를 이렇게 만들었을까? 난 원래 이런 놈이 아닌데.

"근데 지난번에도 집에 가서 곰곰이 생각해봤는데, 제가 지금 시작하는 건 너무 늦은 것 아닌가요? 선배가 절 위해 이렇게 강의해준다고는 하지만, 이미 지나간 기회를 되돌리기엔 역부족인 것 같아요. 부동산카페 들어가보면 다들 '그때 샀어야 했는데 지금은 너무 늦었다'는 말만 많아요. 평균집값이 10억 원이라는데 제 월급 모아서 언제 그런 집을 살 수가 있죠? 그 돈 모으는 동안 집값은 30억 원이 될 것 같아요. 선배의 소중한 시간만 빼앗고, 제겐 희망고문만 되는 건 아닌가 하는 생각이 들어요."

말할까 말까 고민했던 속마음을 선배에게 털어놓는다. 이미 집값이 상승과 폭등을 거친 기간만 10년이다. 이제야 부동산에 발을 들여놓는다는 게 아무리 생각해도 늦었다는 후회만이 가득하다.

"대한민국에서 순수하게 자기 돈 모아서 아파트 사는 사람이 얼마나 될까? 10억 원을 오로지 현금으로 다 저축해서 매수하는 사람이 특이한 거야. 진정한 금수저 말고는 불가능에 가까워. 회사동료들한테 한번 물어봐. 아마 대부분 대출을 어느 정도 받고 집 장만을 했을 거야."

그러고 보니 집 샀다는 동료들도 다들 LTV니 DSR이니 하면서 은행에 부지런히 들락날락하긴 했었다.

"선진국인 미국에서도 자기가 가지고 있는 현금 100%를 활용해서 집을 사는 경우는 거의 없어. 미국에서 매수자가 가진 현금은 고작해야 10%이고, 나머지 90%는 은행모기지론 대출을 받아 집을 구입한다고 해."

"네? 그게 정말이에요? 10억 원짜리 집을 사면서 내 돈 1억 원만 가지고 9억 원이나 빚을 져서 산다구요?"

눈이 휘둥그레진다. 한국보다 훨씬 진화된 자본주의 시스템을 가진 미국에서 그런 일이 벌어진단 말인가.

"미국에 비하면 한국은 이미 은행대출 단계에서 안전할 만큼만 빌려주는 거라고 할 수 있어. 한번 잘 생각해봐. 대출은 돈이 여유로운 사람에게 필요할까? 갚을 능력은 있는데 지금 당장 돈이 없는 우리 같은 사람들에게 필요할까?"

은행에서 대출을 받는다고 해도 문제라는 생각이 든다.

"당연히 돈이 부족한 저 같은 흙수저 서민들에게 그런 도움이 필요한 거죠. 근데 그 대출을 받는다 해도 돈이 한참 부족할 것 같은데요?"

 ## 크레이지 전세제도의 활용법

단순히 '대출이 빚이라 무섭다'는 걸 떠나 대출 자체가 매수금액의 40~50% 정도밖에 나오지 않는다는 이야기를 뉴스를 통해 들었었다.

"그래서 많은 사람들이 '전세'라는 제도를 활용하고 있어. 외국인이 한국에 와서 가장 놀라는 것 중 하나가 전세래. 외국에는 전세라는 게 존재하지 않아. 그래서 전세를 뜻하는 용어도 영어단어에는 없어. 자세히 설명을 해주면 입도 못 다물고 하는 말이 '왓?? 즌세? 크레이지?? 집주인이 미친 거 아니야?'라고 감탄한대. 외국인은 이 제도가 이해되지 않는대. 어떻게 몇 억짜리 집에 2년을 들어가 살면서 월세도 내지 않고, 2년 뒤 나올 때는 맡겨둔 돈을 찾듯 100% 원금을 가지고 나올 수가 있냐고. 집주인이 무슨 자선사업가냐고."

"하하, 그게 또 생각하기 나름이군요. 집주인은 늘 '세입자 돈으로 투자하는 나쁜 사람'이라는 인식만 있었는데. 나름 좋게 바라볼 수 있는 면도 있네요."

"물론, 집주인 입장에서도 이득이 되는 게 있으니 전세를 주겠지? 한국에 전세제도가 지금처럼 자리 잡게 된 배경 자체가 서로 윈윈 전략에서 나온 거야. 산업화 시기에 농촌에서 도시로 인구가 몰렸잖아. 집을 살 여유는 없고 월세는 매달 부담이겠지. 근데 이 전세라는 제도를 활용하면 맡겼던 돈을 다시 돌려받을 수 있으니까 완전 땡큐인 거지. 다른 쪽에선 어떨까? 집은 미리 사두고 싶은데 지금 당장 가용할 자금이 없어. 근데 '전세땡큐' 외치는 사람과 손을 잡으면 적은 돈으로도 집을 미리 사둘 수가 있는 거야. 서로의 니즈가 완벽하게 하이파이브한 거지."

우현은 전세가 현재 임차인인 본인에게도, 미래의 임대인이 될 본인에게도 좋은 제도라는 확신이 든다. 그럼, 드디어 서울에서 내 집 투자를 해보는 건가?

지금 서울에서
집을 사면 안 되는 이유

"선배, 그럼 서울 아파트에 전세제도를 활용해서 저도 내 집 마련 가능할까요?"

우현은 언제나 조급하다. 아니, 사회가 조급하게 만들어버렸다고 하는 게 옳을지도 모른다.

"음, 그렇게 말처럼 쉬우면 얼마나 좋을까? 내가 살고 싶은 곳이 서울이다? 경기도 과천이다? 광명이다? 하남이다? 하지만 그곳에 진입하기엔 지금 당장 투자금으로는 어림도 없지 않아? 물론, 2015년 정도만 해도 5천만 원으로 서울에 내 집 마련이 가능한 시절이 있었어. 근데 너도 알다시피 이미 그건 떠난 버스잖아. 지금은 5천이 아니라 5억 원의 투자금으로도 힘들어. 더 중요한 건 투자금이 커진 만큼 리스크도 커진다는 거야. 큰 폭으로 오른 집은 떨어질 때도 큰 폭으로 떨어지는 법이지. 최근 호재에 따라 화끈하게 급등했던 지역들이 떨어질 때도 화끈하게 떨어지잖아. 초기 투자는 잃지 않고 최대한 안전하게 자산을 쌓아야 한다고 했었지? 백 번을 말해도 간과해서는 안 돼. 그만큼 중요한 거니까!"

그래도 우현은 이왕이면 5억 원을 모아서라도 대한민국의 1등 도시 서울에 내 집 마련 깃발을 꽂고 싶다.

"그러면 이왕 투자하는 거, 돈을 차곡차곡 몇 년 동안 더 모아서 요즘 유행하는 똘똘한 한 채를 매수하는 건 어떨까요? 매년 2천만 원씩 20년 정도 모으면 4억 원은 모을 수 있을 것 같은데. 그 돈이면 서울에 투자할 수 있지 않을까요?"

"우현아, 너 혹시 개미와 베짱이의 현실판 본 적 있어?"

게으른 베짱이가 기타를 치고 띵까띵까 논다. 부지런한 개미는 하루하루 곡식을 쌓는다. 겨울이 되자 베짱이는 먹을 양식이 없어 굶어 죽고, 개미는 그 추위에도 평화롭게 이겨낸다. 뭐 이런 식의 누구나 아는 이야기 아닌가. 결국 부지런한 자가 승리한다. 이런 해묵은 이야기의 현실판이 따로 있었던가.

"네가 알고 있는 구버전이 아니라 이건 신버전 현실판이야."

귀를 쫑긋 열고 경청모드를 취한다.

"게으른 베짱이가 부모 도움을 받아서 4억 원짜리 집을 하나 샀어. 그러고는 한가하게 놀러나 다니면서 돈 한 푼 저축하지 않고 20년을 살았지. 반면 부지런한 개미는 부모님 도움 없이 혼자서 회사도 다니고 알바도 하면서 차곡차곡 돈을 모았어. 네가 말한 것처럼 매년 2천만 원씩 20년을 말이야. 힘들어도 내 집 마련한다는 생각으로 허리가 휠 정도로 눈이 오나 비가 오나 열심히 일했어. 그리고 20년이 지나자마자 개미가 지금까지 모았던 4억 원을 가지고 부동산으로 달려갔어. '이제 저 집 주세요. 여기 4억 원이요'라고 하니까 부동산에서 말하더래. '4억 원이면 지금 전세가격도 안 된다'고. 20년 전 4억 원 하던 집이 10억 원으로 올랐고, 전세가격도 5억 원이 되어버린 거야. 게으른 베짱이는 20년을 놀고먹고도 6억 원을 벌게 된 거고, 개미는 열심히 일하고도 6억 원의 화폐가치 하락에 뒤통수를 맞은 거지."

부지런히 열심히만 살면 성공할 수 있다는 방정식이 무참히 깨진다. 동심을 파괴하는 기분 나쁜 이야기다. 이게 현실판이라니, 분노가 치민다.

그런데 생각해보면 그렇게 틀린 말도 아니다. 지금의 현실이 그러하지 않은가. 눈살이 찌푸려진다. 또다시 미간의 주름에 힘이 들어간다. 그럼에도 달리 할 말은 없다.

"네 표정 보니까 괜히 말했나 싶네. 근데 이제 우리 권선징악, 인과응보 같은 이상적인 동화책 읽는 애들은 아니잖아. 현실을 받아들일 수밖에. 이게 자본주의의 피할 수 없는 숙명인지도 몰라. 회사에서도 마찬가지야. 열심히만 다니면 승진하고 차장, 부장되고 할 줄 알았는데, 막상 입사하고 다녀보니 현실판은 좀 다르지 않았어? 적어도 나는 그랬었거든. 이상과 현실은 태양과 지구 사이 거리만큼 멀고도 다르다잖아. 씁쓸하지만 어쩔 수 없다고 생각해."

그건 맞는 말이다. 회사에서 소위 잘나가는 사람은 '잘해서가 아니라 잘 보여서'라는 말이 있다. 시간이 지날수록 그 이야기는 참 혹은 거짓 중 참에 가까워지고 있음을 확인하는 중이었다.

"내가 처음 부동산강의 들으면서 공부할 때 대치동 금마아파트 가격이 전세가 아니라 매매가가 8억 원이었어. 전세가는 4억 원, 투자금 4억 원 있으면 금마를 내 걸로 만들 수 있었어. 그때 같이 강의 듣던 아주머니 한 분은 딸 결혼선물로 준다고 전세 끼고 한 채 사버리더라고. 나도 강남에서도 주목받는 그 아파트를 정말 사고 싶었어. 사회초년생이 1억 원도 없는데 4억 원? 절대 만질 수도 없는 금액이지. 솔직히 그 아주머니 딸이 부럽기도 하면서 내 처지가 처량하다는 생각도 들었어. 근데 그렇다고 그 아파트를 살 수 있는 돈 4억 원을 모을 때까지 다른 투자를 하나도 안 했다면 어땠을까? 아마 지금도 그 4억 원의 반도 못 채우고 있었을 거야. 이미 8억 원 하던 집은

20억 원을 넘어가고, 그외 다른 수도권 아파트들이 최소 3억 원 이상은 오른 걸 보면서 부동산공부는 왜 한 건지 분노하겠지. 그냥 쉽게 이렇게 생각하자. 10년 전 우리 회사 월급과 현재 월급의 차이, 10년 전 집값과 현재 집값의 차이… 더 이상 암말 안 할게."

우현은 완벽하게 무슨 말인지 알았다는 듯 더 이상 말하지 말라며 손사래 친다.

그러면 선배는 결국 서울이 아니라, 서울 외곽 시골로 밀려나서 살고 싶지도 않은 곳에 투자하라는 소린가. 그런 곳에 투자하면 집값이 오르기나 한단 말인가. 모두가 서울서울 외치는데 왜 굳이 외곽으로 눈을 돌리란 말인가. 부동산투자의 첫 번째 공식은 '입지'고, 그 입지의 바로미터는 서울인데 선배가 나를 무시하는 듯해서 기분이 나빠진다.

그때 화면에 지도가 나타난다. 서울 중심부에서 방사형으로 화살표가 흩어지고 외곽을 향한다. 그 옆 지도에는 부천지역이 보이고, 화살표는 다시 외곽으로 향한다.

"20년을 서울 아파트만 망부석처럼 바라보지 말고 어느 정도 종잣돈이 마련되면 감당 가능한 금액으로 수도권 아파트를 먼저 투자하는 건 어떨까? 굳이 서울이 아니라도 서울 아파트값이 상승하면 그에 따라 수도권 아파트값도 상승할 거야. 시간 차이일 뿐이지, 결국은 한몸이라는 거야."

"그게 왜 같은 이야기예요? 사람들은 강남에 살고 싶어 하고 서울에 살고 싶어 하니까 그곳의 부동산값만 상승하는 것 아닌가요?"

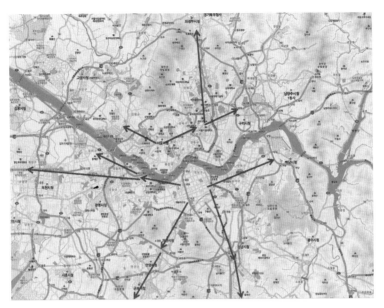

수도권에서 가장 실거주 수요가 몰리는 지역에서(직주 근접으로 인해 집값이 비싼 지역에서) 서울 중심부부터 시작된 실거주비용 상승으로 어쩔 수 없이 서울 외곽으로, 경기도로, 그리고 인천으로(집값이 저렴한 지역으로) 밀려나가는 모습을 나타냄.

출처: 네이버지도

우현은 끈질기게 강남, 그리고 서울을 고집하듯 이야기한다. 본인의 주머니 사정은 고려하지 않은 채.

"100명이 모두 너처럼 강남에 살고 싶다고 해보자. 근데 강남에는 집이 10채밖에 없어. 나머지 90명은 살고 싶어도 어쩔 수가 없잖아? 그럼 어쩌겠어? 그 인근으로 알아볼 수밖에. 인근 동작구로 90명이 갔어."

"그럼 동작구 정도만 오르겠죠?"

선배는 잠깐의 틈도 주지 않고 입을 연다.

"근데 동작구에도 20채밖에 집이 없는 거야. 또 나머지 70명은 관악구로 가야 하겠지?"

"관악구도 서울이니까 거기까지 오르는 건 인정할게요. 근데⋯."

"근데 관악구도 집이 20채밖에 없어. 그럼? 또 나머지는 광명으로 부천으로 부평으로, 이런 식으로 어쩔 수 없이 밀려나가야 하는 상황이 생겨날 수밖에 없잖아. 화살표가 의미하는 게 사람들이 서울 중심부에서 점점 외곽으로 뻗어나가는 모습이야. 네가 생각할 땐, 강남 집값만 아니 서울 집값만 오를 거라고 생각하지? 집에 가서 이런 곳들의 아파트 시세도 한번 봐. 네 생각처럼 시세가 내리거나 그대로인지, 아니면 이곳도 서울만큼은 아니더라도 전세든 매매든 상승곡선을 그려왔는지."

관악구는 서울이라서, 광명은 서울 인근이라서, 그러나 부천, 부평도 상승했다는 건 눈으로 보기 전까지 믿을 수 없다고 우현은 단정 짓는다.

"자본주의사회에선 현금을 저축해서 모으는 속도가 자산이 불어나는 속도를 따라잡기는 힘들기 때문에 20년 망부석은 어쨌든 곤란하다는 거야. 오늘은 늦었으니까 그만하고, 내일 또 퇴근하고 여기서 보자. 집에 가서 부천, 부평 쪽 부동산 시세를 꼭 확인해보고. 그리고 아까 걱정하는 것처럼 네가 늦었다고 단념하지 마. 세상일은 모르는 거야. 언제든 기회는 오는 거고. 지금 부동산가격이 영원하지도 않아. 단지 우리는 준비를 하는 거고, 기회가 오면 포착하면 되는 거야. 본인 자금흐름도 제대로 파악하지 않고 감당 못할 대출만 받은 사람보다 네가 더 나은 상황이야. 그러니까 넌 늦어도 늦은 게 아니라는 거야."

"네, 고마워요. 선배."

우현은 헐레벌떡 지하철을 탄다. 어느덧 서울의 야경이 창밖으로 펼쳐진다. '내가 제일 잘나가'라고 외치는 듯 높은 빌딩에선 색색의 불빛이 깜빡거린다. 출입문 옆에 기대서서 선배가 내준 숙제를 해결하려고 휴대폰을 열어본다. 솔직히 숙제보다 의구심 해결이 더 큰 목적이었긴 하다. 부평과 부천, 이런 곳들까지도 집값이 상승했다는 게 이상해서다. 그러면 경기도인 듯 아닌 듯 헷갈리는 연천과 오산도? 더 나아가 당진과 천안도? 도대체 그 지도 속 화살표가 어디까지 밀려나가 다 올랐다는 말인지.

일단 선배가 보여줬던 부천 먼저 확인해본다. 1기신도시 부천 중동신도시에 사는 동료가 있었는데, 30년이 다 되어가는 곳이 신도시라길래 웃음부터 나왔었다. 그런 곳의 아파트 시세는 과대평가해도

1억 원이면 충분해 보였다. 신중동역 인근 아파트 하나를 클릭한다. 이름부터 촌스럽다. 신문사에서나 들어본 아파트 브랜드명? 1억 원도 과분하다. 평수가 꽤나 넓어 보인다.

47평 매매 시세를 클릭한다. '헉' 소리가 절로 나온다. 이번에는 부평으로 지도를 옮기고 같은 브랜드의 아파트를 클릭한다. 가장 작은 21평 매매 시세를 클릭한다. 3억 원? 여기 경기도도 아니고 인천인데요? 그것도 엄청 오래된 아파트인데도요?

어느새 장난기도, 웃음기도 사라진다. 지하철은 어두운 터널로 진입한다. 서울의 멋들어진 야경은 사라지고, 창으로 퀭해 빠진 누군가의 얼굴이 드러난다. 아파트 시세라는 파편조각이 얼굴에 들어박힌다. 이내 그의 얼굴이 찢기듯 부서져버린다.

'부동산 4감'부터
잡아야 한다

전문투자자가 아니고선 평생을 살면서 부동산을 매수하는 일은 흔치 않다. 심지어는 단한 번의 부동산 거래로 나의 전 재산을 좌지우지하기도 한다. 지금 시세가 적당한지, 지금 이곳이 좋은 곳인지 '부동산 4감'을 통해 확인해볼 수 있다.

시세라는 놈이 어떻게 생겨먹은 놈인지 왜 집주인들이 짠 것처럼 비슷한 가격에 내놓는 걸까? 누구는 10억 원에 팔고 누구는 5억 원에 팔아도 될 텐데, 왜 그 가격들이 몰려 있는 구간이 있고 그 구간을 시세라고 부르는 걸까? 의아할 따름이다.

시세란 놈이 참 문제다. 시세… 시세… 잠결에 본 시계가 알리는 3시가 세시인지 시세인지 혼란스럽다. 꿈인지 현실인지도 알 수 없다. 이해할 수도 없다. 그렇게 밤은 지나쳐간다. 같은 이야기를 나눴지만 누구는 발 뻗고 편하게 자고, 누구는 발을 오므린 채 두려운 듯 잠이 든다. 선배는 참 좋겠수다.

아침이 되자마자 또 시세를 확인해본다. 내친김에 친구가 내 집마련했다는 통진 시세를 찾아본다. 5년도 안 된 신축 브랜드 아파트다. '집값폭등 시대에 내 집 마련'을 정말 축하한다고 말했더니 '여긴 집값, 얼마 하지도 않아'라고 겸손을 떨었었다. 어젯밤 충격적인 경기도, 인천 시세를 감안하면 이 자식도 거짓말을 한 것임에 틀림없다. 오래된 아파트도 말도 안 되게 높은 가격인데 신축에, 브랜드 아파트에, 54평이면 최소 12억 원 정도는 예상할 수 있다.

그런데 이건 또 뭔가? 3억 원대라고? 월세보증금도 아니고 전세가도 아니고 매매가격인데? 왠지 통진에서 출퇴근하고 싶어진다. 근데 뭘 타고 서울로 출근하지? 전용헬기라도 사야 하나?

멍한 표정으로 회사 출입문을 여는 그를 선배는 늘 그렇듯 밝은 얼굴로 반겨준다.

"우현아, 잠은 깬 거지? 눈이 퀭하다 퀭해, 이놈아. 탕비실에 있는 커피 한 잔 마시면서 정신 좀 차려라. 그리고 어제 말했던 시세는 확인해봤어? 네 생각이랑 뭔가 다르지 않아?"

아니나 다를까, 숙제 검사하는 선생처럼 아침부터 시작이다.

"네, 안 그래도 그거 때문에 충격받아서 잠도 제대로 못 잤어요. 출근하면서 거쳐온 지하철 역 구간마다 인근 아파트 시세도 다 확인해봤다고요. 제가 눈은 좀 퀭해도 할 건 하는 놈입니다."

"이야, 그거참 좋은 태도인걸. '될놈될'이라고 너는 될놈일…."

부장님다운 풍채로 한 사람이 들어온다.

"부장님~ 안녕하십니까~"

동시에 절도 있는 합창으로 아침 인사를 건넨다.

"이 사람들아, 누가 보면 여기가 군대인 줄 알겠어. 나는 말이야,

꼰대 같은 사람이 아니야. 뭐 대단하다고 그렇게 90도로 인사하나. 그냥 친구한테 하듯 손 들고 아는 척, 그 정도만 해도 충분하다니까. 그건 그렇고 둘 다 부산 사람 아닌가. 요즘에는 학연, 지연, 혈연 이런 거 다 사라진 것 모르나? 우리 회사도 그런 거 사라진 지 오래야. 이제는 하나 남은 '흡연' 외에는 단결의 힘이 통하지 않는다고. 그런 의미로 우현 씨 흡연이나 땡기러 가야지."

그 말 한마디에 선배에게 눈길 한번 주지 않고 후다닥 탕비실로 달려간다. 얼른 커피 두 잔을 챙겨 부장 책상으로 향한다.

'역시 넌 회사 안에서 될 놈이다! 아무튼 오늘도 어제 그 스터디카페에서 보자. 아참, 그리고 회사 안에서는 부동산 이야기는 서로 금지하기!' 선배는 간단한 문자를 남기고 자리로 돌아간다.

어느덧 시곗바늘은 환희의 '6'을 향해 가고 있다. 여전히 컴퓨터 앞에서 골똘히 앉아 있는 사람은 부서 내 최고봉인 부장 혼자다. 그외 모든 직원은 이미 모든 준비를 마친 상태다. 폭풍전야와도 같은 전운이 감돈다. 그 누구의 소리도 들리지 않는다. 아무런 움직임도, 아무런 기척도 낼 수가 없다. 그 순간, '띠띠띠띠' 알람이 울리고 책상 앞 모니터는 칠흑 같은 어둠으로 바뀐다.

'수고 많으셨습니다. 내일 뵙겠습니다' 같은 소리가 들리더니 5분도 지나지 않아 텅 빈 객석 꼴이 된다. 몇 년이 지나도 적응되지 않는 6시 정각 'PC OFF'에 부장은 격세지감을 느낀다. 라떼는 저녁 8시까지 사무실 야근은 기본이고, 10시까지 1차 보충회식, 자정까지 2차 심화회식, 본인도 챙길 수 없는 곤드레만드레 정신에 부장님 택시까지 태워주고서야 마침내 근무 끝이었는데, 정작 본인이 부장이 되고 나니 왜 이렇게 차디찬 찬밥 인생이 되었는지…. 연초만이 그를 달래준다.

동심원파악법으로 '부동산 시세의 감'을 잡는다

"부동산투자를 처음 접하는 사람에게 시세 파악은 기본이면서도 엄청 중요한 부분이야. 시세의 감이 없으면 부동산 사장님의 '이 가격은 진짜 싸게 나온 거예요. 지금 당장 계약하셔야 할걸요' 하는 말에 그냥 넘어가는 거야. 그러고 나서 잔금 치를 때 '부동산에 호갱당했구나' 하고 후회하게 되는 거지. 허름하고 낡아빠진 아파트가 왜 이렇게 비싸지? 삐까삐쩍 잘 지어진 아파트가 왜 이렇게 저렴하지? 아파트를 알아보러 여기저기 지역을 둘러보다 보면 가격이 의아하다는 느낌이 들 때가 있을 거야."

우현의 속마음을 다 들여다보고 있다는 듯 이야기한다.

"이 의문을 해결하려고 이 컴퍼스 가져왔어."

이 사람이 자기 잘났다고 드디어 미쳐가는구나. 초딩도 아니고 갑자기 웬 컴퍼스란 말인가.

"이 도구가 시세가 왜 그렇게 뒤죽박죽 형성되는지를 간단하게 설명해줄 도구야. 여기 강남(최대 일자리)이라고 쓰고, 이곳을 중심축에 두고 원을 한번 그려볼게. 다음으로 중구(서울시청) 쪽을 중심점에 두고 원을 그리고, 마지막으로 여의도(금융메카)를 중심에 두고 원을 그리는 거야."

아이에게 설명하듯 친절하게 말하고 원을 그린다.

"이 세 곳은 1천만 서울의 핵심 일자리야. 동시에 2,500만 수도권의 핵심 일자리이자, 더 나아가서 5천만 대한민국의 핵심 일자리가 모여 있는 곳이라 할 수 있어. 내로라하는 대기업 고연봉자가 몰려 있는 곳이지. 너나 나나 고향을 등지고 연고도 없는 이곳에 온 이유가 이거 아니겠니?"

아무리 많은 공기업들이 지방으로 혁신을 외치며 이전했더라도 여전히 대다수의 젊은이들이 선호하는 기업들은 수도권에, 그것도 서울에, 그것도 핵심 세 곳에 몰려 있음은 부인할 수가 없다.

"당연히 수도권의 많은 사람들은 이 핵심 일자리로 출퇴근하기 가까운 곳에서 거주하고 싶어 할 거야. 그 영향으로 그곳에서 가까운 순으로 아파트가격은 줄 세우듯 시세가 형성되고 있어. 달리 말하면 마치 동심원이 퍼져나가듯이, 멀어질수록 시세는 떨어진다는 거지. 물론 그 안에서 대단지 영향, 신축 영향 등 이런 것들도 있겠지만 전체적으로 바라볼 때 아파트 시세를 가늠할 수 있다는 거야."

순간 선생님께 질문 있다는 듯 우현이 손을 들어 선배 이야기를 멈춘다.

"말 끊어 죄송해요. 핵심 일자리로 출퇴근하기 편한 곳을 기준으로 가격이 형성된다고 했잖아요? 제가 알기로 사람들은 그것보다

학군이나 주변에 대형마트, 한강조망권, 공원 같은 게 있는가 없는가를 더 중요하게 생각하지 않나요? 학군 좋은 대치동, 목동, 중계동 등 이런 곳의 아파트가격이 엄청 비싸다고 귀가 따갑게 들었어요."

"물론 그런 요소들도 당연히 포함되겠지. 그런데 그것보다 더 중요한 건 사람들의 일자리라는 거야. 쉽게 예를 들자면⋯."

선배는 어떻게 설명할까 고민하는 듯 잠깐 침묵하다가 말을 이어간다.

"아버지가 갑자기 지방으로 발령이 나서 온 가족이 지방으로 이사를 간다? 그래서 그 인근으로 아이가 전학을 간다? 어때? 가능한 일일까?"

회사 문제로 아이가 전학을 가는 건 어린 시절 흔하게 보는 풍경이었다. 전혀 이상할 바가 없어 보인다.

"이번에는 반대로 아이가 전학을 가야 해서 온 가족이 지방으로 이사를 간다? 또는 대형마트가 생긴다고 해서 온 가족이 이사를 간다? 남한강이 보고 싶어, 두물머리공원이 보고 싶어 온 가족이 이사를 간다? 어때? 기러기 아빠 같은 특수한 상황을 제외하고는 주변에서 찾아보기도 희귀한 케이스지."

선배의 그럴듯한 비유에 우현은 공감의 끄덕임을 보여준다.

"회사 다니는 거 좋아하는 사람도 없는데 인생에 이 회사라는 존재가 너무 크긴 하네요. 이 또한 자본주의사회에서 어찌할 수 없는 숙명인가봐요."

"우리가 먹고살기 위해 기본적으로 필요한 게 돈이고, 그걸 제공해주는 게 회사잖아. 초등 6년, 중고등 6년, 대학 4년, 취준기간까지 총 합해 거의 20년 가까이의 성과를 어디 취직했냐가 판단해줄 정도로 회사의 영향력은 여전히 무시할 수가 없는 것 같아. 지방에 일자리가 없어서 수도권으로 상경하는 사람들이 엄청나고 그로 인해 수도권 인구는 지속적으로 늘어나고 있는 지금의 현실만 보더라도 쉽게 알 수 있는 거지. 서울이 뭐가 그렇게 대단해서 지방 사람들이 자기 고향 등지고 타지까지 올라와서 힘겹게 살아가겠어?"

우문현답을 해준 선배에게 경의를 표하듯 우현은 엄지손가락을 치켜든다.

"우현아, 혹시 너 양주에 있는 신도시 가봤어? 규모도 크고 마트, 학교, 호수, 공원, 학원가, 편의시설 등 갖출 거 다 갖추고 너무나도 살고 싶은 동네에 새로 들어서는 브랜드 아파트까지, 이런 곳의 지금 현재 30평대 가격이 얼마쯤 할까?"

우현은 확신에 찬 듯 대답한다.

"선배, 그 정도면 10억 원은 하겠죠? 저도 이제 시세 파악은 어느 정도 하는 것 같은데요."

"그렇지, 그 가격이 이상하지 않을 만큼 기반시설이 잘 갖춰져 있어. 그런데 실제 가격은 4억 원도 되지 않는 매물도 많아. 반면 서울 광진구 역 주변 200세대인 오래된 나홀로 아파트 30평대는 얼마나 할까? 지하주차장과 연결도 안 되는 아파트인데도 여기는 30평대 시세가 9억 원이 넘어. 왜 그럴까? 그 이유가 바로 이 컴퍼스 동심원 안에 있다는 거야. 핵심 일자리와 가깝다는 단순한 그 이유 하나로도 아파트 시세가 이렇게 차이가 날 수 있다는 거지."

언덕에 덩그러니 위치한 오래된 아파트는 서울이라는 네임밸류로 지방러들이 아무것도 모르고 매수해서 그런가보다라고 생각했었는데 정작 알지 못하는 건 나였나 하는 부끄러움이 밀려든다.

"선배, 아까 네이버카페에 올라와 있는 글을 읽다 보니까 일산신도시와 분당신도시 아파트가격 차이가 2배까지도 벌어졌다고 하던데요. 심지어 초기에는 일산신도시가 더 비싸게 분양했다는데, 그 이유도 혹시 일자리와 연관이 있는 걸까요?"

우현의 기특함에 선배는 박수로 응답해준다. 그러면서 기다린 이야기라는 듯 아이처럼 흥을 내며 이야기한다.

"분당이나 일산 같은 1기신도시를 기획했던 1980년대 당시 핵심 일자리는 4대문 안에 위치해 있었어. 일산과 분당은 이 4대문을 중심으로 비슷한 거리에 위치해 있었고, 그래서 초기 분양가도 비슷했어. 아니, 네 말처럼 초기에는 일산이 더 비쌌대. 일산신도시에 가보면 넓은 호수공원에 유명학군 학원가에 살고 싶은 욕구로는 개인적으로 분당보다 일산이 더 으뜸인 것 같아."

"그런데 어떤 계기로 더 쾌적하고 좋은 일산이 분당보다 저렴하게 된 거죠?"

"그게 바로 강남이 개발되면서부터야. 대기업들 일자리가 강북에 비해 강남에 훨씬 큰 규모로 형성되었거든. 당연히 강남 출퇴근하기가 일산보다 분당이 더 가깝고 편한 거지. 더 많은 수요가 몰리면서 경쟁이 붙으니까 가격은 올라간 거야. 여기서 한 가지 더 알 수 있는

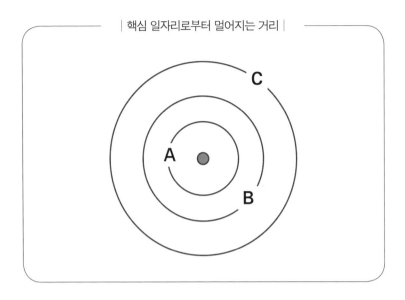

핵심 일자리로부터 멀어지는 거리

건 아까 말했던 3대 핵심 일자리 중에서도 강남의 영향력이 가장 크다는 거야. 강남권역의 동심원은 더 크게 퍼져나갈 수 있는 힘이 있거든."

우현은 사람들이 강남 강남 하는 이유가 싸이 때문이 아니라 결국은 한국에서 가장 많은 대기업 일자리를 보유하고 있어서라는 걸 이제야 깨닫는다.

"우현아, 이제 이 그림을 볼까? 뭔가 이해되지 않아?"

"네네, 태양을 중심으로 행성이 돌아가는 걸 그려놓은 것 같아요."

엄청 근엄하고 진지하게 대답해본다.

"하하, 네 말처럼 다시 보니 딱 그런 느낌인걸. 이 그림 중앙에 있는 작은 동그라미가 핵심 일자리를 의미해. 그 옆으로 도는 행성 A, B, C는 핵심 일자리로부터 A＜B＜C의 순서대로 멀어지는 걸 의미

하고 있어. 비슷한 조건의 아파트라면 핵심 일자리에서 가장 먼 C 지역이 A, B 지역의 시세를 넘기기 어렵다는 거야. 만약 지켜보던 A 지역에 급매가 나왔는데 B, C 지역과 동일한 가격대로 나왔다면 A 지역의 매물을 사야 할 좋은 타이밍이라고 할 수 있는 거지."

"시세가 그런 식으로 역전되는 경우도 있어요? 시장은 과학이라더니 비과학적일 때도 있군요?"

얄미운 부동산시장을 떠올리며 비꼬듯 이야기한다.

"지속적으로 모니터링을 하다 보면 그런 일이 심심찮게 일어나기도 해. 예를 들어 금리 급등기에 이자가 감당이 안 되어서, 공급과잉 시기에 역전세가 일어나서, 규제 강화로 세금폭탄이 예상되어서 등등의 이유로 A 지역이 C 지역보다 싼 가격에 급급매로 나오기도 한다는 거야."

비대면임장, 하루 5분 전화로 '부동산 접근의 감'을 익힌다

"시세를 지속적으로 모니터링하려면 도대체 어떻게 해야 하는 거죠? 말은 쉬운데 그 많은 아파트를 일일이 다 클릭해서 알아보는 건 조금 비효율적이지 않나요? 그거 말고 시세 파악하기 좋은 팁 같은 것 없을까요?"

매일같이 휴대폰을 들여다보다 스마트노안까지 얻은 우현에게 그 많은 아파트를 체크하는 건 불가능한 일이라고 판단된다. 생각만 해도 안구건조증이 유발되는 일이다.

"나 같은 경우는 수도권 대형지도 하나 사서 침대 벽에다 붙여뒀어. 거기에 컴퍼스로 동심원도 그려넣고, 투자하고 싶거나 실거주하고 싶은 곳을 색연필로 표시도 해두고, 사인펜으로 시세도 적어놨어."

'벽에다 걸어두는 건 액자에 담긴 이쁜 예술품만 있는 줄 알았는데, 수도권지도를 벽에다 걸어두고 낙서하는 독특한 사람도 존재하는구나' 하며 선배를 진귀한 사람 대하듯이 쳐다본다.

"처음엔 동서남북이 어딘지도 모르겠더니 뉴스나 신문에서 언급되는 지역들, 회사동료가 살고 있는 지역들 위치 확인하면서 계속 들여다보니까 어느 순간 친숙해지더라고. 어느새 지하철 승강장에 버티고 서 있는 수도권지도까지 내 것인 양 뚫어져라 쳐다보는 지경까지 이르게 되었어. 그 지도가 지하철노선도랑 수도권지도를 겹쳐놔서 엄청 보기 편하거든. 그거 보겠다고 그 앞에 서 있는 사람도 없어서 언제나 VIP석 1열 관람도 가능해."

초록색은 산이고, 파란색은 바다요, 그 외는 관심 없던 지도. 부동산투자를 위해 지도를 봐야 한다니 사회과부도를 다시 공부하는 기분이다. 그럼에도 저 큰 수도권지도를 방 안에서 자세히 살펴보고 하나하나 알아갈 수 있다는 생각에 여기저기 내 집이 생긴 듯 설레기도 한다.

"수도권지도가 어느 정도 익숙해지면, 실제 가보고 싶고 알아보고 싶은 지역이 생길 때마다 바로바로 네이버부동산에 들어가는 거야. 나와 있는 매물을 클릭해서 가장 친숙한 20, 30평형대 시세부터 확인해봐. 그중에서도 매물특징에 설명을 그나마라도 성의 있게 적은 부동산을 캡처해두는 거야. 그리고 시간날 때 전화해보는 거지."

부동산 사장님과 통화한다는 소리에 갑작스레 가슴이 덜컹한다. 옷 가게 점원이 옆에 와서 '뭐 찾으세요?' 한마디만 해도 순간적으로 멍해질 만큼 실제 모르는 사람과 접촉하는 건 힘들고 두려운 일인데, 학생주임 같은 부동산 사장님과 직접 통화를 해야 한다니 왠지 이유 없이 혼날 것만 같다.

"당장에 집 매수할 것도 아니고 실제 전세로 들어갈 것도 아닌데, 전화해서 무슨 내용으로 통화를 하죠? 괜히 사장님 시간만 낭비시키다가 버럭하실 것 같은데요?"

선배는 귀엽다는 듯 웃으며 말한다.

"나도 처음 통화할 때는 무슨 말부터 해야 될지 몰라 우물쭈물하다가 '언제 입주하실 거죠?'라는 사장님의 한마디에 당황해서 끊은 적도 많았어."

"거봐요. 괜히 혼만 난다니까요."

"입장 바꿔 생각하면 당장 매수할 것도 아닌데 시간 낭비라 생각할 수도 있겠지. 나 또한 대인기피증 초기단계 사람이라 초반에는 푸근해 보이는 여사장님이랑만 통화했어. 간단한 정보 적어둔 메모를 보면서 확인해보는 거야. 여사장님들은 굳이 묻지 않아도 이것저것 많은 정보를 주시는 경우가 많더라고. 무뚝뚝한 남자 사장님은 엄한 아버지 같아서 말이 더 안 나왔어. 물론 사장님마다 다르겠지만."

"혹시 그 메모장에는 뭘 기록해두세요?"

우현은 전화 통화 때 쓸 멘트나 이야깃거리에 뭐가 있을까가 궁금하다.

"실제 집을 매수할 때 중요한 건 결국 가격이잖아. 아무리 로열동, 로열층, 특올수리라고 되어 있다 해도 너무 비싸면 의미 없고, 같은 평형대에서 1층 제외하고 가장 저렴한 매물의 특징을 적어둬. 이 집에 관심이 있으니 최근 거래되는 전세나 매매 시세가 어떻게 되는지 여쭤봐. 미리 집을 사두고 싶은데 전세를 내놓으면 찾는 사람은 많은지, 딱 요 정도만 물어봐도 사장님이 알아서 이것저것 설명해주실 거야. 한 번 통화에 너무 길게 하려고 욕심부리지 말고, 딱 10번만 하다 보면 그다음부터는 무슨 이야기를 할지 자연스럽게 입에서 다음 스토리가 술술 나올 거야. 넌 적어도 나 같은 대인기피증은 없는 것 같으니까, 훨씬 부드럽게 잘할 거야."

 ## 퇴근 후 택지지구 산책으로 '부동산 입지의 감'을 본다

"자, 전화 통화를 했으면 다음은 뭘 해야 할까? 폰팅도 아니고 계속 전화 통화만 할 수 없잖아?"

전화도 무서운데 그다음 뭘 또 해야 한다는 건지, 그냥 주식처럼 혼자 할 수는 없는 건지, 낯선 사람과 말하는 건 언제나 불편하다.

"다음은 '임장'이라는 걸 해야 해. 들어봤지?"

"임장? 매장? 순장? 뭔가 어감이 이상한데요?"

"나도 말할 때마다 이 임장이라는 단어가 좀 거슬리긴 해. 왠지 일제시대 때 어휘 같기도 하고. 그럼 그냥 동네 산책이라고 말할게. 퇴근 후 시간부터 활용해봐. 처음부터 부동산 문을 열고 들어가는 이런 건 할 필요가 없어. 퇴근하고도 여름에는 저녁 8시까지도 밖이 환하잖아. 동네 산책을 하고픈 지역을 정해서 그곳에서 저녁 한 끼 먹고 산책한다고 생각하면서 시작하는 거야."

교무실 문 열고 학생주임 같은 분을 마주하지 않아도 된다니, 다행이라 여긴다.

"근데 어느 지역을 먼저 가야 할지부터 막막한데요? 추천하는 곳 있으세요?"

"음, 처음 나가는 거니까 집 앞 산책부터 시작해."

"에이, 집 앞은 평상시에도 왔다 갔다 하는 곳인데 거기 말고는 없어요?"

우현은 그나마 탐방하는 거라면 새로운 지역으로 다녀와보고 싶다. 그래야 뭔가 갔다 와서도 보람이 있을 듯하다.

"그럼, 계획적으로 지어진 택지지구가 좋아. 1기신도시 같은 곳 말이야."

당장 운동화끈 묶고 달려갈 기세로 똘망똘망한 눈빛을 드러낸다. 노트에는 큰 글씨로 '1기신도시'를 써둔다.

"분당, 일산, 부천 같은 곳 말하는 거죠?"

"그래. 그 유명하신 천당 아래 분당을 비롯해서 일산, 평촌, 산본, 부천 중동, 이렇게 총 5곳을 1기신도시라고 해."

우현은 다 맞출 수 있었는데 아쉽다는 듯 '아'를 연발한다.

"근데 1기신도시는 왜 처음 가보기 좋은 곳이라는 거예요? 엄청 오래된 동네잖아요?"

"물론 30년 전에 만들어졌으니 동네가 오래되고 낡긴 했지. 그럼에도 어떤 서울지역보다도 사람들이 살아가기 편하게 모든 걸 갖춘 곳이야."

"근데 선배는 살아보지도 않았는데 살기 편한 걸 어떻게 알아요?"

"나는 이곳 동네 산책을 여러 번 미리 가봤잖니? 네가 평촌에서 산책을 한다고 치고 지금 모의시뮬레이션을 한번 돌려보자. 눈 감아봐."

선배의 말에 우현은 곧바로 눈을 감는다. 그러고는 레드썬! 최면술에 걸린 듯 그 장소가 나타난다.

"하늘색 4호선을 타고 평촌역이나 범계역에 내릴 거야. 에스컬레이터를 타고 역사 밖으로 나와. 평촌역 바로 앞에는 퇴근 후 장을 볼 수 있는 대형마트가 보여. 범계역 바로 앞에는 백화점도 보이고, 로데오거리로 불리는 홍대 부럽지 않은 상권도 있어. 저녁 시간에 붐비는 인파가 엄청나지?"

"네??"

"그냥 그렇다고 생각해. 실제 가보면 그러니까. 평촌역과 범계역 인근으로 시청, 구청도 보이고, 경찰서, 우체국, 보건소도 보이고, 세

무서, 법원, 은행도 보여. 도서관, 주민센터도 보이고."

"저도 이제 다 보여요."

선배의 노력에 장단을 착착 맞춰본다.

"저 같은 직장인 살기에 엄청 좋아 보이는데요? 퇴근하고 마트에서 장도 보고 세금 내거나 대출받거나 할 때 이용 가능한 공공기관과 금융기관도 가까이에 다 갖춰져 있네요. 완전 하회장터구먼요."

선배도 이 상황이 재밌다는 듯 하회탈 웃음을 짓는다.

"그치 그런 생각을 하면서 좀 더 둘러보자. 이제 역 인근을 벗어나 길 건너 아파트가 보이는 곳으로 들어갈 거야. 어디선가 풀 냄새가 나지 않아? 아이들과 뛰어놀 수 있는 쾌적한 중앙공원이 있어. 그 옆으로 대형병원도 보이고. 좀 더 안으로 들어가면 사람들이 거주하는 아파트단지들이 네모반듯하게 정렬되어 있어. 아파트로 들어가는 사잇길에는 초록 숲길이 펼쳐질 거야. 저녁에는 많은 사람들이 중앙공원으로 운동하러 나오거나 퇴근길 집으로 가는 사람들로 전혀 어두워 보이지도 않아. 아이들이 늦은 시간에 학원에서 돌아올 때도 안전해 보이는 길이겠지."

우현은 어느새 상상의 나래를 펼치고 평촌신도시에서의 신혼생활에 빠져든다. 사랑하는 아내와 아이들이 드넓은 공원에서 비눗방울을 불고 있다. 낙하하는 따스한 하오의 햇살은 둥근 거품을 더 빛나게 만들어준다. 초록 잔디밭에 앉은 우현은 살며시 고개를 들어 머리 위 세상을 올려다본다. 새파란 하늘은 구름형제들을 지켜보며 익살스런 표정을 지어 보이고, 둥둥 떠다니는 새하얀 구름들은 자기만의 질감으로 수묵담채화를 그려낸다. 어깨 위에 보드랍게 내려앉은 햇볕, 미끄러지듯 퍼져가는 신선한 바람, 귓가를 맴도는 아이들의 웃음소리, 그저 호사스럽기만 한 세상이다. 생각만 해도 흐뭇하고 행복하다.

"우와~ 말만 들어도 결혼해서 얼른 아이 키우고 싶은 곳이네요. 정말 평범한 가정을 이루면서 살아가기엔 안성맞춤이겠는데요."

"아직 끝이 아니란다. 아파트단지에서 도보 가능한 위치에 초등학교와 중학교도 위치해 있어. 어떤 아파트는 거의 1분컷으로도 초중등학교를 다닐 수도 있어. 좀 과장해서 말이지. 여기에다가 평촌신도시에는 서울 목동, 대치동 부럽지 않을 대형학원가도 있거든. 아기를 유모차에 태워서 이동할 때 위험한 차도를 지나지 않고도 안전하게 설치된 육교만으로 어디든 이동할 수 있게 동선도 짜여져 있어."

우현은 이제 더 이상은 받아주기 힘들다는 듯 비웃음을 발사한다.

"선배! 너무한 거 아니에요? 솔직히 말해봐요. 선배 여기 투자해 놓고 제게도 한 배 타자고 꼬드기는 거 아니에요? 그렇게 완벽한 곳이 서울도 아니고 경기지역에 있다고요?"

"하하하, 너 그 표정 뭐냐? 내가 만들어낸 이야기가 아냐. 실존하는 곳이고, 내 집은 여기 없어. 어차피 투자금이 많이 들어가서 섣불리 투자하기도 힘든 곳이야. 너 서울타령 그만하라고 상세히 말해주는 거야."

웃자고 한 농담에 죽자고 달려드는 모양새가 더 의심스럽다며 눈을 가늘게 치켜떠본다.

"하하~ 농담이고 이어서 말해주세요."

"그래. 아무튼 이렇게 동네 산책을 하면서 학원가랑 가까운 이 아파트는 시세가 어떨까? 저 아파트는 왜 이렇게 비쌀까? 그 아파트는 뭐가 불편해서 가격이 상대적으로 저렴한 걸까? 이런 의문점들이 생기는 걸 하나하나 기록해두는 거야."

"다이소에 가서 수첩 하나 장만해야겠네요. 대한의 한석봉으로 다시 돌아가 열심히 기록해볼게요."

그러면서 문득 수첩과 볼펜을 들고 다니며 아파트 구석구석을 기웃거리는 본인을 떠올린다.

"선배, 아무래도 그렇게 다니면 모양새가 형사로 의심받든가, 아니면 범죄자로 몰릴 것 같은데요?"

고개를 크게 젖히며 웃어대던 선배가 당연히 그건 아니라는 표정으로 손사래를 친다.

"요즘 같은 세상에 그렇게 돌아다니다가는 진짜 순찰차가 와서 잡혀갈지도 몰라. 그냥 휴대폰 메모장에다 문자 치듯 기록해두는 정도가 좋아."

그제야 다행이라며 가슴을 쓸어내리는 시늉을 한다.

"그렇게 기록해둔 내용을 가지고 인터넷서치 손 임장도 하고, 부동산에 전화 임장도 하는 거야. 어차피 부동산에 전화하거나 방문할 때 어느 정도 이야기할 거리들이 있어야 할 거잖아?"

"그렇네요. 학생주임쌤한테 얘깃거리도 없고 적막감만 흐를 텐데. 그런 메모가 요긴하게 쓰이겠네요."

"그래, 맞아. 그리고 일단 한번 기록해두고 나면 다시 보지 않아도 그 기록이 머릿속에서 떠다닐 거야. 내가 정말 장담하는데 1기신도시만 다 둘러보면 새로운 능력이 탑재될 거야. 네이버지도만 보고도 어느 아파트가 싸고 어느 아파트가 비싼지 '시세 감'을 가지는 능력 말이야."

5곳만 돌아다녀도 전문가들처럼 감이 올 수 있다니. 역시 믿음이 가지 않는다. 그리고 비싸다 싸다 그걸 알아서 뭘 하려고 하는 건지.

 ## 급매 잡는 법으로 '부동산투자의 감'을 낚는다

"이 아파트는 싸다, 저 아파트는 비싸다, 무슨 퀴즈풀이도 아니고 이런 걸 안다고 해서 뭐가 달라지는 게 있을까요? 솔직히 뭐가 도움이 되는 건지 피부로 직접 와닿는 건 없는 것 같아요."

"가격을 예상할 수 있다는 건, 실제 내가 투자하는 아파트가격이 적당한지 아닌지 그 가치를 파악하는 힘이 생긴다는 거야."

그 말이 더 이해가 안 간다는 표정을 지어 보인다.

"너무 추상적인가?"

"네, 제가 부알못이라 죄송해요. 쉽게 말해주세요."

"음… 부동산에 나와 있는 매물은 누가 원하는 가격일까?"

"그거야 집을 팔려고 하는 매도인이 부동산에 전화해서 제시한

가격일 테니까, 매도인이겠죠?"

"그렇지. 근데 그렇다고 '시세가 5억 원인데 저는 10억 원에 팔 거예요'라는 매도인의 말에 중개인은 '네 알겠습니다' 하고 로봇처럼 매물을 올려주는 역할만 할까? 아니겠지? 최대한 매도인과 매수인 사이에서 적당한 가격을 모색해서 거래를 성사시키려고 노력할 거야. 때로는 매도인 쪽 입맛에, 때로는 매수인 쪽 입맛에 맞게 움직일 수밖에 없는 거지."

'아~~' 하는 입벌림과 함께 이해와 공감의 끄덕임이 절로 나온다.

"그래서 '매도자는 매수자처럼, 매수자는 매도자처럼'이라는 말도 있어."

"무슨 처음처럼 소주명언도 아니고, 그건 또 무슨 의미죠?"

"이건 실제 전화 걸어보면 무슨 의미인지 알게 될 거야. 같은 집을 물어봐도 전자와 후자에서 수천만 원이나 차이 나게 말하는 곳들이 생각보다 많다는 걸."

"에이, 굳이 그렇게까지 차이가 나게 말할 리가 있나요? 그 정도면 사기꾼 아니에요?"

"사고파는 건 협의에 의한 거지, 강제가 아니잖아. 그러니 부동산에서도 양쪽 요구를 조율하려고 그러는 거야. 무엇보다 중요한 건 내가 먼저 이 매물의 가격이 싸다 비싸다의 기준점을 가지고 있어야 휘둘리지 않을 수 있는 거고, 기회가 왔을 때 휙 잡을 수 있는 거지."

알면 알수록, 들으면 들을수록 부동산세계가 복잡해진다. 이 정도면 앉아서 수능 공부하는 게 더 마음이 편할지 모르겠다. '이래서 그냥 혼자 주식하는 게 낫다니깐. 임장 가야 하고, 부동산 사장님에게 전화하고 만나야 하고, 실제 집 상태도 봐야 하고, 등기부등본도 봐야 하고, 거기에 깎아달라고 사정도 해야 하고… 너무너무 귀찮은 일이다. 이건 사서 고생임에 틀림이 없다.'

잠깐 휴식을 외치고 밖으로 나간다. 머릿속을 가득 채운 부동산 이야기가 혈관찌꺼기가 되어 여기저기 굴러다닌다. 어깨가 뭉치고, 허리가 결리고, 다리가 쑤신다. 온몸이 긴장된 채 뻐근함이 밀려온다. 야간자율학습 빠지고 도망가듯 이대로 집으로 튀고 싶다. 양팔을 하늘 위로 쭉 뻗는다. 앉았다 일어났다를 반복한다. 허리를 훌라후프 돌리듯 좌우로 흔들어본다.

심호흡을 되는대로 크게 내뱉고 나서야 아주 천천히 혈관찌꺼기가 빠져나감이 느껴진다. 급 선배에게 미안해진다. 선배가 시간 들여가며 일부러 알려주는 건데 예의가 없다는 생각이 든다. 얼른 선배가 좋아하는 얼음식혜를 잔에 가득 따라 방으로 들어간다. 앉아서 노트북을 응시하는 선배에게 건넨다.

"선배, 이렇게 시간을 따로 내서 알려주셔서 고마워요. 근데… 이건 정말 조심스러운 말이긴 한데… 그러니까…"

"아이고, 답답해라. 뭔 소리가 하고 싶은 거야?"

"그냥 저랑 같이 주식이나 코인 하시는 건 어떨까요? 골이 깊으면 산이 높다고 최근에 골이 깊었으니 다음은? 오를 일만 남은 것 같은데, 저 혼자 하기는 조금 무섭고 하니 제 손 잡고 같이 합시다. 코인은 1억 원에서 10억 원 만들기도 한순간이에요. 이렇게 부동산처럼 지저분하고 복잡하고 어지럽지도 않아요. 인생은 한방 아닙니까!"

들이밀었던 우현의 얼굴을 양손으로 밀어내며 저리 가라고 손을 휙휙 휘저어 보인다.

"우현아, 1억 원에서 10억 원 되는 것보다 10억 원에서 1억 원 만드는 게 더 쉽고 확실할 것 같은데? 암튼 넌 여전히 하이리스크 하이리턴 지향자구나. 그러다 사기꾼한테 제대로 걸리는 수가 있어. 천천히 자산을 불려가보자고! 한방인생은 이제 그만!"

부동산시장은 공급 부족의
슈퍼사이클에 접어들고 있다

단순히 오래되어 낡아빠진 주택뿐 아니라 지어진 지 30년이 지난, 그래서 재건축이 필요한 수십만 채의 아파트들이 기하급수적으로 늘어나고 있다. 그리고 서서히 수도권은 공급 부족의 슈퍼사이클에 접어들고 있다.

"이번에는 너같이 한 방 노리는 사람에게 피가 되고 살이 되는 이야기를 해볼게. 부동산공부 할 때 가장 조심해야 할 사람이 누구라고 생각해?"

우현은 잠시 고민한다 싶더니 이내 씩씩거리며 대답한다.

"갑자기 그 생각이 딱 나네요. 주식은 그런 부류들이 있어요. 리딩방이라고 해서 회비 받고 추천해주는 사람들이에요."

뉴스에서만 듣던 리딩방이라는 단어에 선배도 관심을 표현하며 우현의 다음 말을 기다린다.

"실제 제가 가입했었는데 아직도 그 생각만 하면 입이 다 떨리네요. 자기들이 믿고 따라와라 해놓고 회비까지 받아가놓고는 주식 폭락해서 따지니까 '그걸 아직도 안 팔고 가지고 있냐'며 공부 좀 하라고 오히려 저한테 뭐라고 하더라니까요. 그게 한두 번이 아니었어요. 방장 이야기에 반감 사는 이야기라도 나오면 가차 없이 강퇴시켰어요. 결국 저도 쫓겨났어요. 경찰서에 신고하려다가 착한 제가 참았죠. 근데 부동산도 추천 리딩방 부류가 있나보죠?"

"리딩방? 그건 진짜 사기 아닌가? 안 해봐서 나는 잘 모르겠네."

선배는 투자 권유라는 명목하에 이뤄지는 이런 사기 같은 일들이 왜 여전히 성행하는지 답답하다는 듯 한숨을 내짓는다.

"내가 말하고자 하는 건 진짜 사기꾼을 말하는 건 아니고, 부동산 투자에서 가장 경계해야 하는 사람을 말하는 거야. 바로 폭락론자와 폭등론자지."

당연히 부동산 사기꾼을 떠올렸던 우현은 의외의 인물론에 물음표가 뜬다.

"그 사람들을 왜 조심해야 한다는 거죠? 종말론자처럼 어딜 가나 흔히 보이는 사람 같은데요? 요즘 유튜브만 켜면 앞으로 몇 년 안에 어찌 된다 저찌 된다 노스트라다무스도 아니고 지겹게 보이던데요. 물론 안 보고 지나칠 수 없어서 계속 클릭질을 하게 된다는 게 함정이지만요."

"그래. 어찌 보면 그 클릭을 노리는 거지. 자극적으로 말해야 사람들이 혹하면서 보게 되니까. 어쨌든 부동산시장은 몇 년만 돌이켜봐도 하락할 때도 있고, 반대로 상승할 때도 있었잖아. 지속적인 폭락이나 지속적인 폭등은 불가능해. 그런데도 이런 양극단에 있는 사람들은 마치 기우제 지내듯 한 방향으로만 결론짓는 주장만 내세우는 거지."

결국은 종말한다는 종말론자와 다를 바 없는 그들을 떠올려본다. 말 그대로 폭락론자는 부동산은 모든 이유로 하락할 수밖에 없다는 거고, 폭등론자는 모든 근거로 상승할 수밖에 없다는 거다. 근데 그건 그 사람들 단순의견에 불과할 뿐이다. 그게 무슨 상관인가?

"물론 그들의 의견이 무조건 잘못되었다는 건 아니야. 단지 나의 상황에 따라 한쪽 주장만 듣다 보면 중요한 순간에 잘못된 결정을 내릴 수 있다는 게 문제인 거지."

"음… 예를 들어서 설명해주시면 감사하겠사옵니다."

"만약에 내가 살고 있는 전세금에서 2천만~3천만 원만 더 보태면 내 집 마련을 할 수 있는…."

현재의 부동산시장에서는 상상도 하기 어려운 말을 내뱉는 선배를 보며 눈을 부릅뜬다.

"선배, 지난번에 말한 오피스텔이나 빌라를 말하는 거죠?"

"아니, 2013년에서 2015년 즈음 수도권 아파트시장을 말하는 거야. 그 당시에는 매매가 대비 전세가 비율이 80~90% 이상 되는 아파트도 수두룩했어. 그 당시 부동산 뉴스를 찾아보면 심지어 '매매가보다 전세가가 더 비싸요' 하는 기사도 찾을 수 있을 거야."

"아니, 그럼 집주인한테 아쉬운 소리 할 필요도 없고 2천만~3천만 원만 더 있으면 내 집 마련도 되는데 왜 집을 매수하지 않고 불안한 세입자로 살았다는 거죠?"

"눈앞에서 집값이 오르는 게 보이지 않고, 전문가라는 사람들이

'일본 따라 집값은 10분의 1 토막난다. 여기저기 빈집만 늘어간다. 한국 인구가 급감한다. 그래서 집값은 지속적으로 떨어질 테니 그냥 전월세로 평생 사는 게 이득이다. 혹시나 매수하려거든 더 떨어질 때까지 기다려라'라고 말하니 세입자로 산 거지."

그런 말을 믿는 사람이 순진하거나 어리석은 것 아닌가. 어떻게 한쪽으로만 내지르는 자들의 주장만 듣고 내 집 마련까지 포기하고 미룬다는 건가! 실제 그런 사람이 있는 건지 의문스럽다.

"이런 이야기 들으면서 당장 매수하려 했던 사람들이 좀 더 기다리자 기다리자 하다가 눈앞에서 찜해둔 집이 몇 억이나 상승해서 후회하는 사람도 차고 넘쳐."

그런 사람이 차고 넘치다니, 정말 멍청한 사람들 아닌가. 난 절대 그럴 리가 없다고 우현은 자신한다.

"실제 유명한 하락론자는 눈이 오나 비가 오나 같은 논리로 집값 폭락을 내세우고 있거든."

"그럼 폭등론자는 어차피 사야 할 집 오른다고 빨리 사라고 하니까 좋은 건가요?"

"그럴 리가? '집값은 계속 오를 수밖에 없으니 분양권이니 도시형 생활주택이니 오피스텔이니 등기를 많이 가질수록 유리하다'는 폭등론자의 말만 듣다가 제2금융, 제3금융까지 찾는 거지. 그런데 그러다 부동산 하락기를 맞으면 어떻게 될 것 같아? 아마 너도 그런 시기가 오고 그럴 만한 분위기가 형성되면 듣고 싶은 말만 들리는 순간이 올 거야."

"전 절대 안 그래요."

"네가 매일 아침마다 '가즈아'를 외치던 때를 벌써 잊은 거야? 사람이 이래서 안 되는 거야. 남들한테 들이대는 잣대가 본인한테만 관대해지는 거, 그게 메타인지가 부족한 거라고. 너도 달라지려면 본인을 객관적으로 돌아봐야 하지 않겠어?"

허공을 가르며 내리치는 사랑의 방망이에 온몸이 찌릿하다. 가즈아 시절이 떠오르며 얼굴이 홍당무가 된다. 자신과 닮은 아이의 단점이 보일 때면 부모도 모르게 아이에게 잔소리하고 화가 솟구친다고 하는데, 지금이 딱 그 모양새다.

"근데 정말 선배 말 듣고 나니까 제가 가즈아 시절 뭔가에 홀렸던 것 같아요. 오를 때는 지금보다 더 오른다는 이야기만 들렸어요. 관심사에 맞춰서 맞춤형으로 뜨는 건지 유튜브에도 매일 유동성 증가로 기업자산가치가 상승할 수밖에 없다는 이야기, 블록체인 기술이 달러를 대체할 날이 머지않았다는 이야기, 폭락은 잠시니 싼값에 매수할 마지막 기회라는 이야기, 이런 이야기들만 들렸어요."

우현의 빠른 수긍에 엄지손가락을 치켜세우고 빠르게 어깨를 다독여준다.

"젠장. 또 제 실패담이 주가 되어버리네요."

"나라고 뭐 달랐겠니. 사람이란 다 똑같은 거야. 주식이든 부동산이든 어떤 투자든, 정치랑 마찬가지로 극진보, 극보수처럼 양극단 자체가 위험하다는 이야기를 하고 싶었어. 치우치지 않으려면 우리 각자가 순간순간 깨어 있는 수밖에 없어. 나도 혹시나 어딘가에 정신이 팔려 졸고 있으면 네가 단호하게 내 정신을 흔들어서 얼른 깨워주렴."

너무나도 많은 정보가 떠다닌다. 너무도 많은 사람을 손쉽게 현혹시킨다. 어떤 논리라도 평행선을 달리는 진보와 보수의 정치판이다. 한번 빠져버린 폭등론과 폭락론은 모태신앙이 된다. 그리고 그것이 인생 전반을 좌지우지한다. 우리가 지금 하는 이 하나의 선택은 가벼운 것이 아니다. 그건 미래를 대가로 지불해야 하는 엄중한 선서와도 같은 무게를 지녔다.

 ## 2,500만 중심지인 서울이 멸실되고 있다

"네가 사랑타령 하던 그 멋쟁이 서울 인구가 천만 명 아래로 줄어들고 있는 걸 알고 있니? 많은 사람들이 서울을 등지고 경기도권역으로 나가고 있어. 어떻게 생각해?"

"저도 그 이야기 들었어요. 왜 이 좋은 서울을 빠져나갈까 하고 생각해봤는데, 솔직히 서울살이가 팍팍하기는 하잖아요. 뭐랄까 정이 없고 건조하다고 할까."

언제 어디서든 '역시 서울이 최고다'라고 하더니 갑자기 딴소리를 한다.

"저도 갈 수만 있다면 고향 부산으로 탈서울 하고 싶어요."

친구 따라 강남 간다고 했던가. 우현은 남들이 너도나도 짐 싸고 떠나간다면 나 또한 떠나가리라 생각한다. 너도나도 살고 싶어 할 때 그만큼 인기가 넘쳐날 때, 더 살고 싶고 더 갖고 싶은 법이다. 인기가 사라지는 순간 그런 마음도 함께 사라지게 된다. 원래 사람의 마음이란 이렇게 간사한 게 당연한 것 아니겠는가.

"집값도 말도 안 되게 비싸고 서서히 빠져나갈 때가 된 거겠죠. 서울도 인기가 점점 시들해져서 일본처럼 인구가 줄어들 거라는 이야기를 TV에서 본 적이 있어요."

"서울은 비싸니까 더 저렴한 곳으로 떠날 수밖에 없다? 그럼, 그 집은 이제 빈집으로 남아 있겠네? 그런데 삐까삐쩍 강남의 새 아파트에 세입자를 구하지 못해 비워두는 집이 과연 존재하기나 할까? 오히려 그런 곳에 들어가고 싶어 안달난 사람이 줄을 서고 있는 것 아니야?"

그건 맞는 이야기다. 내가 돈이 없지, 남들이 돈이 없겠나. 집값이 비싸도 전월셋값이 비싸도, 새 아파트의 관객은 언제나 만석이다. 내게는 주어지지도 않는 줄이라 평생 입장조차 불가능한 일이, 남들에게는 줄만 서면 들어설 수 있는 손쉬운 일이다.

"그런 사람이 많다면 서울 인구가 늘어나야지 왜 줄어드는 거죠? 앞뒤가 안 맞는데요?"

"그래. 어딘가에서는 줄어들고 있겠지."

"그게 어디라는 거예요? 스무고개하지 마시고, 말을 해주세요. 답답해요."

"오래된 단독주택, 낡은 빌라 반지하방, 굽이굽이 산비탈에 지어져 보증금도 없는 집, 이런 집들은 오래 살던 세입자가 나가고 나면 새로운 사람이 잘 들어오지 않아. 이런 동네에 가보면 빈집이 정말 많아. 서울에는 오래된 집들이 타 도시들에 비해 월등히 많거든. 시간이 지날수록 낡아빠져 사람이 거주할 수 없을 정도의 컨디션, 즉 멸실주택이라는 게 기하급수적으로 늘어나고 있어. 이건 또 다른 사회적 문제를 일으키게 될 거야."

거주하기 힘들면 거기 말고 다른 곳에 살면 되지 않은가. 멸실은 무슨, 새로 지어지는 집들이 천지에 널려 있는데 그게 무슨 문제가 된다는 건가. 선배가 말하는 그 정도의 멸실주택은 전혀 문제가 되어 보이지 않는다.

"더 무서운 건 엄청난 수의 '아파트 멸실'이 조만간 시작될 거라는 거야."

"에이, 설마요. 아무리 그래도 아파트가 멸실된다니요?"

한 번 살아보지도 못한 그림의 떡 같은 아파트가 사라질 수 있다니. 그것도 엄청나게 많은 수라니, 절대 있어서는 안 되는 일이다. 끝없이 지어져서 무일푼 상경자에게도 기회를 줘야 하는 마당에 누가 아파트를 대량살상한단 말인가. 이 선배가 하다 하다 드디어 전쟁 예언까지 한단 말인가!

"한국에도 전쟁이 난다는 소리예요?"

"우현아, 아무리 그래도 그런 입에 담기도 무서운 소리는 하지도 마라."

"선배가 먼저 무서운 소리를 시작했잖아요."

선배는 웃으면서 창밖을 내다보며 오래된 아파트 한 동을 손가락 끝으로 가리킨다.

"서울에는 저런 노후된 아파트들이 많아. 아마 저 아파트도 지은 지 40년은 되어 보이는데? 저렇게 낡아버리면 오래된 중고차처럼 수리비용은 늘어나겠지? 여기저기 부식되면서 균열이 생길 수도 있고? 혹시 모르는 붕괴의 위험까지도 안고 있어. 그래서 30년이 지난 아파트는 그때부터 재건축을 추진할 수 있어. 2016년에 멸실주택은 서울 기준으로 1만 세대가 넘어가고 2019년에는 2만 세대, 다시 말해 2만 세대면 거의 6만 명의 터전이 사라지고 있다는 의미야."

서울이 멸실되고 살 곳이 부족하다고 해서 살 곳이 없는 건 아닌데 무슨 걱정인가 싶다.

"에이, 선배는 걱정도 많네요. 경기도로 넘어가면 되잖아요. 지하철로 출퇴근이 가능하잖아요."

수도권의 장점이 뭔가, 바로 대중교통이다. 지하철을 타고 경기도로 넘어가면 그만 아닌가. 선배는 정말 이 생각은 하지 않는 건가. 제발 좀 많은 사람들이 알아서 다 경기도로 넘어가서 내가 살 아파트가 헐값에 나왔으면 하고 바라본다.

"문제는 그 경기도마저도 멸실 행렬에 가세하고 있다는 거야."

그래, 선배가 모르고 말할 리가 없고, 아파트가 헐값에 내게 주어질 일도 없다.

"좀 전에 몇 년이 지나면 재건축을 할 수 있다고 했었지?"

"30년이라고 한 것 같아요."

"그럼 1990년대 초 지어진 아파트부터 재건축 연한에 들어간다는 거지."

그 연도를 듣는 순간, 우현의 머릿속에는 하나의 단어가 문득 떠오른다.

"선배, 설마 '1기신도시'가 입주했던 시기랑 겹치는 건가요?"

"와~ 대단한데. 30년 전 지어진 30만 세대 120만 명이 거주하는 경기도 1기신도시마저 늙어가고 있다는 거지. 서울이 멸실되어서 경기도로 가려니 여기마저도 멸실되고 있다는 거야."

"근데 선배, 3기신도시는 알고 계시는 거죠? 기획팀에 박대리가 거기 청약을 기다리고 있던데, 2025년부터 입주를 시작한대요. 그럼 조만간 선배가 걱정하는 일도 금방 해소될 것 같은데요?"

선배가 모르던 문제를 대신 해결한 듯 선배의 엄지손가락 칭찬을 기다린다.

"아마도 가장 빠른 입주는 그때부터 가능할 수도 있겠지. 하지만 여전히 3기신도시 중에 토지보상 자체도 제대로 이뤄지지 않은 곳들이 존재하고 있어. 실제 3기신도시 인근을 차를 타고 나가보면 토지보상에 관한 소유주들의 강력한 반대를 볼 수 있어. 어찌 보면 첫 번째 단계부터 발이 묶인 채 앞으로 나아가기 힘든 상황이라는 거지. 2003년으로 계획했던 2기신도시가 20년 이상 지나서도 진행중인 것, 들어봤어?"

정말 부동산정책은 믿을 게 하나도 없다. 20년째 지어지는 신도시가 웬 말인가. 스페인 대성당을 완공하듯 공을 들이는 것도 아닐 텐데. 지금부터 지으려는 3기신도시도 20년? 2045년에 완공? 기가 찰 노릇이다.

 ## 피하고 싶어도 피할 곳이 없는
전월세 폭등시장이 온다

"그럼 서울에 있는 오래된 아파트나 경기도 1기신도시 같은 곳들을 빠른 속도로 재건축해서 해결하면 되잖아요. 토지처럼 보상 문제도 없을 테고, 소유주끼리 협의만 되면 빠른 속도로 진행이 가능할 것 같은데요?"

어느새 부동산 정책토론회마냥 깊고도 심오한 대화가 오간다.

"음… 아마도 정부나 서울시, 경기도에서 재건축을 손쉽게 할 수 있게 도와준다면 가능할 수도 있겠지. 그런데 여기서 또 다른 문제가 발생해. 만약 네 말처럼 그 많은 아파트가 동시에 재건축을 진행한다면 그곳에 이미 살고 있는 사람들은 공사기간 동안 어디서 살아야 하지?"

그걸 왜 내게 묻느냐는 듯 당황하며 말한다.

"그러게요. 어디로 가야 하죠? 그 생각은 한 번도 해본 적이 없네요."

또다시 자가, 전세, 월세, 이 셋 중 하나는 강제로 들어가야지 하는 속삭임이 들린다.

"둔촌주공아파트 같은 대형단지 하나에서만 1만 세대의 사람들이 이사를 해야 하잖아. 안 그래도 부족하다는 서울 아파트에 인근으로 이런 단지 2~3곳, 2만~3만 세대가 전세를 얻는다면 그것만으로도 이미 전월세시장은 초토화될 수 있어. 재건축이 시급한 1980년대식 목동지구만 해도 2만 6천 세대에 달한다고 해."

선배의 말투가 '그것이 알고 싶다' 진행자처럼 엄중하고 진지하게 느껴진다.

재건축 진행이 인근 전월세시장까지 영향을 미친다는 게, 그것도 초토화까지 될 수 있다는 게 탱크 없는 전쟁터처럼 그저 두렵게만 느껴진다. 정말 부동산은 도망갈 틈을 주지 않는구나.

"거기에 매년 일정한 수의 신규주택이 필요한 사람들이 있어. 대표적인 게 신혼부부야. 결혼하는 순간부터 기존에 살던 집에서 나와야지. 그리고 둘만의 보금자리를 마련해야 돼. 재건축 이주수요와 이 신혼부부의 수요가 공급을 넘어선다면 가장 먼저 전월세시장을 자극하게 될 거야. 2013년 수도권에서 전반적으로 벌어졌던 소형아파트 전세가격 상승이 이 같은 현상이었어. 매매하려는 수요는 없고, 전세로 거주하고자 하는 수요만 넘쳐나다 보니 거의 매매가격에 초근접한 전세 시세까지 형성되었어. 그 당시 이 전세가격 상승은 지속되었고, 그 전세가격이 결국 매매가격을 통통 밀어 올렸잖아. 물론 이런 이야기도 그만큼 공급되는 아파트 입주물량이 많기만 하다면 걱정할 필요가 없겠지? 그런데 엎친 데 덮친 격으로 2~3년 뒤 아파트 입주물량을 가늠할 수 있는 수도권 아파트 인허가 실적이 2008년 금융위기 수준으로 급감하고 있어."

어떤 알 수 없는 불안한 그림자가 당장이라도 우현을 집어삼킬 듯 다가온다. 검은 셔츠에 블랙진을 입은 선배가 이제는 저승사자처럼 느껴진다. 마치 무주택자 리스트만 체크해서 '아직도 무주택자구나' 하고 어디론가 끌고 갈 것만 같은 기운이 감돈다. 조여오는 답답함을 끊어내야 한다. 그때 마침 하나의 실체가 머릿속에 떠오른다.

"근데 최근에 보면 전세가격이 오히려 빠지거나 그대로 유지되고 있어요. 공급이 부족하다는데 전세가격이 어떻게 반대로 내려가고 있는 거죠?"

"사람이 거주하려면 매매, 전세, 아니면 뭐라고 했지?"

"월세요."

"그래, 매매든 전세든 월세든 셋 중 하나지. 지금은 전세가 아니라 월세가격이 폭등하고 있어. 이 부분이 언론에 잘 비춰지지 않아서 그렇지, 친구가 살고 있는 대단지 신축아파트 25평이 2년 전만 해도 '5천만 원 보증금에 월세 100만 원'이었거든. 근데 재계약하려고 부동산에 연락해보니 지금 시세는 저렴한 게 '1억 원 보증금에 월세 200만 원'이래."

순간적으로 분노조절 장애가 온다. 아무 물건이라도 집어던지고 싶은 충동이 일어난다.

"아니, 미친 거 아니에요? 무슨 10%, 20% 올리는 것도 아니고, 임대인이 제정신 아닌 것 같은데요. 거의 월급 받아서 월세 내면 남는 것도 없잖아요. 돈 모을 생각은 하지도 말고, 애 키울 생각도 하지 말고 평생 월세만 내면서 살라는 거네요."

"임차인으로서 불쾌하고 화나는 일이지만 지금 이런 상황이 왜 벌어진 건지 근본적인 이유를 알고는 있어야지. 네 말처럼 임대인이 나빠서가 아니야. 이건 단순히 한 집에서만 벌어지는 게 아니라 시세로 형성이 된 거고, 그 배경에는 공급 부족이 자리 잡고 있다는 거야. 만약 공급이 부족하지 않다면 월세가 이토록 폭등할 리가 없어. 말 그대로 이게 지금 시세야."

한 달 월급을 몽땅 월세로 내야 한다. 그래서 모을 돈도 없다. 맞벌이로 허리 휘게 일만 하다 아이 얼굴 제대로 보지도 못한 채 평생을 월세 내다 끝날 판이다. 홍콩에서나 일어나는 일이라 생각했다. 홍콩 사는 친구가 한국 월세는 엄청 싼 편이라고 전세 살지 말고 월세 살면서 남는 돈으로 투자나 하라던 그때가 불과 3~4년 전 이야기다. 그런데 어느새 월세가 폭등하고 있다. 이제 이민을 생각할 때가 온 건가. 서울로 오지 말고 처음부터 외국으로 나갔어야 했다.

수도권이라고 해서
다 같은 수도권이 아니다

아무리 같은 수도권, 살기 좋은 신도시라도 서울 출퇴근이 어려운 곳들이 많다. 서울의 공급 부족이 서울 출퇴근이 어려운 송도신도시, 평택신도시까지 영향을 미칠 가능성은 적다. 이를 활용하면 수도권 내에서도 분산투자가 얼마든지 가능하다.

망연자실한 우현의 표정에 아랑곳하지 않고 저승사자는 이야기를 이어간다.

"서울에 집값이 오르면 부산 집값도 오를까? 반대로 부산 집값이 오르면 서울 집값도 오를까?"

"다 같은 한국인데, 당연히 똑같이 오르고 내리고 하지 않을까요?"

"이 좁은 땅덩어리에서 둘 다 대도시에 해당하는데 한국의 대장 서울이 오르면 부산도 오르고 그 뒤를 따라 대구, 대전, 울산 집값도 오를 것 같지만, 실제로는 그렇지 않아."

서울이 오르면 분당도 오르고, 수원도 오르고, 더 멀리 의정부도 시차를 두고 오른다는 기사를 본 적이 있었다. 거리가 먼 만큼 시차를 두고 오를 뿐 전체적인 온기가 퍼진다고 했다. 선배는 또 모르는 소리인가.

"IMF나 서브프라임 사태 같은 국가부도위기 수준의 위기가 아니고서는 서로 연계점이 사라지고 있어. 주요 대도시 부동산시장 그래프를 보면 도시별 그래프가 동일하게 움직이지 않아. 각각의 대도시들은 그 안에서 자신들만의 부동산시장을 형성하고 있어. 부산, 대구, 울산, 대전, 광주 등 각각이 전혀 새로운 시장이라는 거야. 그렇기 때문에 서울이 하락장을 맞이해도 부산은 상승장을 맞이할 수 있고, 부산이 상승해도 대구는 하락할 수 있다는 거야. '단순히 내가 살고 있는 서울부동산만이 답은 아니다'라고 생각하는 순간, 부동산투자시장은 더 넓힐 수 있게 되고 그만큼 더 많은 기회를 얻게 될 수도 있어."

"오~ 정말요? 그럼 이민 갈 필요가 없겠네요?"

오랜만에 희망적인 리듬의 경쾌한 목소리가 잠시나마 흘러나온다. 그러면서도 이해는 되지 않는다. 어떻게 별개의 시장으로 형성될 수 있단 말인가.

서울 출퇴근 가능 여부로 수도권 투자가 갈린다

"뭔가 이해가 되면서도 이해가 되지 않아요. 도시별로 각각의 자산시장을 형성하고 있다면서 왜 서울, 경기, 인천은 수도권 메가시티로 묶여서 무조건 함께 가고 있는 거예요?"

"좋은 질문이야. 서울이야 수도권 중심부에 위치해서 구석구석 동네이름만 들어도 '거기 서울이잖아' 하고 알 수가 있어. 근데 경기, 인천으로 넘어가면 이게 달라져. 주변에 사는 사람들만 아는 우리들만의 동네로 바뀌게 돼. 겉으로 보기에는 서울, 경기, 인천이 완전히 동일한 시장을 형성하는 것 같지만, 좀 더 자세히 들여다보면 그렇지도 않아."

"그게 무슨 말이에요? 좀 더 자세히 확실하게 알려줘봐요. 궁금하네요."

"지방 대도시들 간의 서로 다른 부동산 사이클을 형성하는 이유가 뭐라고 생각해?"

"그거야 딱 봐도 거리가 멀잖아요. 말투도 다르고, 정치색도 다르고, 다 다르게 느껴져요."

"단순히 거리가 멀다? 방언이 다르다? 문화가 다르다? 물론 호랑이 담배 피우던 시절에는 그럴 수도 있었겠지만, 지금 그걸 가르는 가장 큰 역할을 하는 건 단순한 거리가 아니야."

또다시 선배의 스무고개식 문답이 시작된다.

"그럼 뭐예요?"

"바로 일자리야."

돌고 돌아 또 일자리라니 부동산과 일자리는 평생을 함께하는 부부의 운명이라 생각한다.

"대구에서 회사 다니는 사람이 아무리 KTX가 있다 한들 부산에서 매일 출퇴근하는 걸 주변에서 본 적 있어? 마찬가지로 수도권이라는 명칭으로 하나의 도시처럼 분류되는 이곳에서도 출퇴근을 1시간 이내로 가능하냐 불가능하냐에 따라 그 운명이 달라질 수 있다는 거야."

실제로 서울 내에 위치한 회사에 다니면서 평택, 오산에서 오는 경우는 드물고, 송도신도시가 아무리 살기 좋다고 해도 강북일자리까지 오는 경우도 희박하다. 출근시간만 2시간이 넘어가는 곳이라면 왕복 4시간, 결국 불가능에 가까운 이야기다.

"그럼 서울 아파트 입주물량이 부족하다고 해도 그 지역들은 이 분위기와 상관없을 수도 있다는 건가요?"

"빙고! 상대적으로 서울의 입주물량 부족이 서쪽으로 멀리 떨어진 송도신도시까지, 남쪽으로 멀리 떨어진 평택, 오산까지 영향을 준다는 건 희박하다는 거야. 대구 입주물량 부족으로 인한 전세가 상승이 부산까지 영향을 주기 힘들다는 것과 마찬가지라고 생각하면 이해하기 쉬울 거야."

무조건 '서울만이 답'이라는 생각으로 가득 찬 우현 입장에서 조금은 숨통이 트이는 기분이다. 모든 수도권시장이 오를 때도 오르지 못하는 시장이 있고, 전국이 오른다고 해도 나 홀로 다른 그래프를 그리는 곳이 존재할 수도 있다. 그만큼 A라는 투자처가 힘들다면 B, C라는 다른 대안을 생각해낼 수도 있다는 게 된다.

'하나만이 답'이라고 생각하면 목구멍으로 커다란 고구마를 삼킨 듯 답답한데, 해답이 여러 개라고 생각하니 어느새 좁은 목구멍에

통 큰 여유가 생긴다. 이 같은 여유는 속에 있는 조급증을 덜어내줄 것이다. 늦었다고 생각했는데 희망의 새싹은 어디선가 남모르게 자라나고 있었다.

어떤 블로그와 책을 보고,
무슨 유튜브를 시청해야 할까?

어설프게 아는 사람이 가장 위험하다. 첫 단추를 잘 끼워야 한다.

◆ 추천 블로그

• 숙주나물의 돈이 쌓이는 부동산 수다 – 다주택자의 삶 이야기

• 신성철의 부동산의 맥 – 부동산시장의 메커니즘 이해

• 사람으로부터의 자유를 향해 – 부동산투자 흐름 이야기

• 구월부부의 부부가 함께하는 재테크 – 신혼부부의 솔직담백 투자 이야기

• 유나바머의 시간으로부터의 자유 – 어디에 언제 투자하는가에 대한 이야기

◆ 추천 유튜브 채널

• N잡러 예프리 – 사회초년생을 위한 돈 이야기

• 도시연구소 – 도시의 과거, 현재, 미래에 대한 이야기

• 신곱슬부동산 – 97년생의 부동산투자 성장기록

• 부룡의 부지런TV – 부동산 마인드 컨트롤

• 얼음공장의 반백수 프로젝트 – 실전투자가의 매운맛 이야기

• 강과장 – 짠돌 짠순 부부의 진솔한 이야기

• 시골쥐의 도시생활 – 20대 재테크인의 살아가는 이야기

◆ 추천 책

- 『아기곰의 10년 동안 써먹을 부동산 비타민』(아기곰) – 부동산투자의 기초

- 『세이노의 가르침』(세이노) – 자본주의 생태계에 대한 가르침

- 『부의 추월차선』(엠제이 드마코) – 파이팅이 필요할 때

- 『부자 아빠 가난한 아빠』(로버트 기요사키) – 부로 가는 경로

- 『소심한 김대리는 어떻게 부동산으로 돈을 벌었을까』(카스파파) – 흙수저 직장인의 부동산투자 이야기

- 『구만수 박사 3시간 공부하고 30년 써먹는 부동산 시장 분석 기법』(구만수) – 실전투자 개념의 이해

- 『부의 인문학』(우석) – 오랜 투자 경험과 자본주의 지혜

이미 몸짱이 된 자가 운동은 더 한다.

이미 부자가 된 자가 돈은 더 아낀다.

이미 서울대생이 된 자가 공부는 더 한다.

근육을 열심히 키워온 자만이 자기 몸의 아름다움을 알고, 돈을 힘들게 모아본 자만이 돈의 가치를 알고, 공부를 악착같이 해본 자만이 공부의 위력을 알기 때문이다. 그리고 이 모든 일에 인고의 시간은 필수 관문이다. 성공은 맛본 자만이 그 맛을 알 수 있다고 하는데, 우현은 오늘도 부의 미각을 상실한 채 바닥에 드러눕는다.

3

'부'의
질서를
배우다

부동산 고수 박선배의
비밀노트를 마주하다

나홀로 상영관에 들어선 기분이다. 어느새 밝아진 화면으로 큼지막한 글자가 멀리서 다가오기 시작한다. 우현은 '박선배의 부동산 비밀노트①'이라는 제목을 소리 내어 읽어본다. 선명하고 큰 글자가 제자리를 잡고, 드디어 영화가 상영되기 시작한다.

술에 취한 듯 머릿속이 몽롱하다. 냉수마찰을 위해 쭈그리고 앉는다. 수도꼭지에 머리통을 들이민다. 차가운 물이 머리카락을 따라 목덜미로 흘러내린다. 두 가닥 물줄기가 가슴팍 아래로 내려간다. '앗, 차가버라' 은색 수도꼭지를 돌려 물을 잠근다. '젠장, 나는 어느 세월에 아파트에 살아보고, 언제쯤에나 천장에서 쏟아지는 물줄기로 몸을 씻어낼 수 있을까.' 수건으로 대충 물기를 닦아내고, 의자에 앉는다. 초록색의 익숙한 창을 띄우고 무의식적으로 '부동산 키다리 아저씨' 카페로 입장한다.

처음엔 '이런 신세계가' 하며 회원들이 올려주는 재테크 경험담에 빠져들었고, 정성 들인 글에 감사한 마음으로 댓글을 달았다. 그러나 그것도 하루 이틀이고 한두 달이다. 지금 도대체 몇 달째 이 짓거리인지, 도대체 몇천 번째 방문인지 셀 수조차 없다. 새싹등급부터 일반등급이 되기까지 매일같이 '좋아요'를 누르고, 댓글을 달고, 게시글을 올렸다. 그럼에도 선배가 말한 최우수등급이 되어 오프라인 모임에 들어가려면 아직도 수능준비와도 맞먹을 시간과 체력이 필요해 보인다. 아마 이 정도로 공을 들여 주식이나 코인을 했으면 이미 내 수중에 못해도 수억 원은 들어와 있을 거다. 복싱 배우러 갔더니 훅은커녕 줄넘기만 몇천 번 돌린 것과 다를 바 없는 꼴이다.

이건 아무리 생각해도 내가 갈 길이 아니다. 분명 선배가 나를 농락했다는 합리적 추론에 도달한다. 오늘로써 카페도 탈퇴하고, 선배와의 인연도 끝낸다. 바닥에 벌러덩 드러눕는다. 입에서는 스멀스멀 욕이 올라온다. 그러다 스르륵 잠이 쏟아지고 단잠에 빠져든다. 그래 잠이 최고야… 하는 순간 익숙한 음악이 우렁차게 우현을 흔들어 깨운다. 평소에는 잠잠하던 전화기가 꼭 단잠에 들만 하면 울리는 이유는 뭘까. CCTV를 달아놓은 건가? '어떤 자식이…' 하며 바라본 휴대폰에는 선배 이름이 떠 있다.

빨간 노트에 담긴
박선배의 '재테크요약정리'

'아니 이 사람이 정말로 CCTV를 달아놓은 건가. 인연 끊자고 마음 먹으니 연락이 오네' 통화버튼을 누른다.

"잘 지내냐? 내가 시킨 건 잘하고 있는 거지?"

숙제 안 하고 놀다 들킨 아이처럼 움찔한다. 그러면서도 당당하게, 그리고 노려보듯 입을 연다.

"음… 그건 잘하고 있어..요. 아니 있었어요. 그런데!!! 선배!!"

속사포가 쏟아지려는 찰나 선배가 가로막는다.

"이놈아! 네 심경의 변화 안 봐도 비디오다. 별거 아니라 생각했는데 쉽지 않지? 내가 지금 뭐 하고 있는 건가, 남들은 뛰어가는 게 보이는데 이러는 시간이 아깝다는 생각도 들고, 그냥 포기하고 싶고 왜 이런 걸 시켜서 날 번거롭게 하는 건지 이해가 안 되지?"

역시 선배는 마음속까지 꿰뚫는 CCTV다. 같은 고향 사람이라 그런가, 속마음까지 다 알고 있다.

그럼 그럴 걸 알면서 시킨 이유는 도대체 무엇이란 말인가.

"그래서 뭐 약 올리려고 전화하신 거예요?"

"아니, 선물 하나 주려고 전화했어. 아마 내일쯤 현관 앞에 뭐 하나 도착할 거다."

선물이라는 단어 하나에 설렘이 돋아난다.

"드디어 제 명의로 된 아파트 등기 하나 주시는 겁니까?"

"하하. 우현아, 너는 아직 멀었구나. 내일 선물 취소다. 끊어!"

"아아… 선배 아니에요. 어떤 선물이든 뭐라도 주세요. 근데 조금이라도 힌트 주시면 안 돼요?"

몸보신 하라고 한우선물세트 줄 것도 아닐 테고 감이 잡히질 않는다.

"너 재테크카페 글 보다가 비밀노트 얘기 들은 적 있어?"

당연히 모를 수가 없다. '재테크요약정리'라는 게시판에 압도적으로 많은 게시글이 '비밀노트' 관련 내용이었다. 다들 여러 번 읽고 요약해서 늘 지니고 다닌다며 거의 재테크 기본서 정도로 여겼고, 심지어 그 노트 글을 필사한다며 흰 종이에 옮겨다가 인증을 올리는 회원들도 한둘이 아니었다. 근데 그 노트 이야기를 선배가 왜 갑자기 지금 시점에….

"선배, 설마?"

"내 입으로 말하기 그렇지만 그 노트 내가 쓴 거다. 재테크 강의 들으러 다니고, 실제 부동산투자 경험한 내용을 내 방식으로 정리한 거야."

"아니, 선배 도대체 정체가 뭐예요? 양파도 아니고 까도 까도 뭔가가 나옵니까! 저도 그 노트 받을 수 있어요? 거기에 선배 사인까지 포함해서요."

"근데 거기 카페에 나와 있는 버전은 쓴 지가 몇 년이 지났어. 쓰고 나서 한 번도 업데이트한 적이 없거든. 솔직히 혼자 보려고 만든 건데, 그렇게나 인기 있을 줄 누가 알았겠냐?"

"아, 그럼 지금은 저 노트를 봐도 도움이 되지 않는다는 거예요? 다들 아직도 열심히 보고 있던데?"

"물론, 지금 본다고 해도 그 투자방식이 전체적인 틀에서는 바뀌지 않아서 괜찮다고 생각해. 그래도 너한테 주려고 이 선배가 큰맘 먹고 2023년 버전으로 업데이트했어. 그리고 그걸 너한테 1호 노트로 선물해주는 거야."

"아, 그럼 아까 말씀하신 그 선물이라는 게….."

퇴근하자마자 급하게 택배봉투를 뜯는다. 옷을 갈아입는 것도 잊은 채 냉장고에서 맥주 한 캔을 꺼낸다. 방바닥에 털퍼덕 앉아서 왼손에는 맥주캔, 오른손에는 비밀노트를 든다. 보석 감정하듯 이리저리 자세히 훑어본다. 앞뒤로 그냥 빨간 표지일 뿐 흔해빠진 노트와 다를 바 없다. 또다시 맥주 한 모금을 시원하게 넘기고, 긴장된 마음으로 조심스레 빨간 표지 첫 장을 넘긴다.

나홀로 상영관에 들어선 기분이다. 주위가 어두워진다. 5초간의 정적이 흐르고 어느새 밝아진 화면으로 큼지막한 글자가 멀리서 다가오기 시작한다. 우현은 '박선배의 부동산 비밀노트①'이라는 제목을 소리 내어 읽어본다. 선명하고 큰 글자가 제자리를 잡고, 드디어 영화가 상영되기 시작한다.

박선배의 부동산 비밀노트① _
현재와 미래보다 '복기'가 먼저다

이상기온으로 사계절이 사라졌나 싶다가도 어쨌든 따뜻한 봄 뒤에 찌는 여름, 시원한 가을 뒤에 얼얼한 겨울까지, 정도만 다를 뿐이지 계절은 늘 그렇게 순리대로 흘러간다. 그리고 이 모든 계절의 순환, 부동산의 순환을 아는 자만이 투자의 성공을 이끌어낸다.

일반인들에게 부동산투자에 대해 물으면 '투자로서는 부동산만 한 게 없다. 결국 우상향이다'라는 부류가 있다. 반면 '부동산이 얼마나 위험한지 당해보면 안다. 결국 부동산가격은 내려갈 수밖에 없다'는 부류도 있다. 그들에게 왜 그렇게 생각하는지 물어보면, 본인의 과거 이야기를 꺼내들곤 한다.

최근 10년 내로 부동산투자를 시작한 사람이라면 "부동산은 매력적인 투자 대상입니다"라고 말한다. 그들은 '부동산가격이 하락해도 그건 일시적인 하락이지 결국은 값이 오른다'는 인식을 가지고 있다. 왜일까? 그 이유는 단순하다. 제대로 된 부동산 빙하기를 경험해본 적이 없기 때문이다.

그 외 부동산투자 경험이 전무하거나, 했다고 해도 최근 10년 이

전에 투자한 사람이라면 "부동산투자는 위험합니다"라는 말을 한다. 왜? 그 이유 역시 단순하다. 2009년부터 시작된 수도권 폭락시장을 제대로 겪어본 사람이거나 미지의 세계에 대한 두려움 때문이다.

"아, 주절주절 일반인들 이야기 다 필요 없고, 그래서 뭐 여기가 앞으로 오른다고? 내린다고? 여기에 투자해야 하냐고? 팔아야 하냐고? 전문가님, 그것만 알려주세요. 상담료는 여기 바로 드릴게요."

부동산 전문가라면 당연히 특별한 답을 내놓지 않을까? 그런데 실상은 '그때그때 달라요' 유형이 많다. 현재 부동산시장이 부동산 폭등기에 있다면? 이들은 지금처럼 부동산은 상승할 수밖에 없다고 말한다. 그리고 그 타당한 이유도 100가지는 나열할 정도의 예측을 내놓는다. 그러나 부동산 분위기가 빙하기다 싶으면 '부동산은 당분간 하락할 수밖에 없다'며 그에 대한 타당한 근거를 100가지 들이댄다.

분명 똑같은 사람인데도 무조건 지금 사라고 했다가, 어느 날 갑자기 돌변해서 지금 같은 시기에 왜 매수했냐며 호통을 치기도 한다. 상황에 따라 요리조리 예측이 바뀌고, 주장이 변하고, 책임도 유에서 무로 변해버린다.

그래서 사람들은 신을 찾아 나서기도 한다. 업으로서 미래를 맞힌다는 운명철학가, 역술가, 관상가, 무당, 타로상담가, 그들은 어떨까? 전지전능한 신을 대신해 부동산의 미래를 제대로 예측할 수 있을까? 그리고 우리는 그 예측을 듣고 '불신지옥 믿음천국'이라는 마음가짐으로 내 피 같은 돈을 마음 편히 투자할 수 있을까?

그렇다면 미래에 대한 어떤 예측이나 분석도 하지 말고, 로또번호를 뽑듯 운에만 맡긴 채 투자를 하라는 건가? 당연히 그럴 수는 없다. 내 재산은 결국 내가 지키는 것이다. 내가 부동산에 관한 지식을 어느 정도 가지고 있어야, 입담사기꾼들의 피해자가 되지 않는다.

부동산의 지나온 과거를 한 번은 복기해볼 필요가 있다

요즘 회사원들은 주식, 코인, 부동산, 이 중 어디 하나에는 대부분 발을 담그고 있다. "나는 그런 거 관심도 없어요"라고 한다면? 돈이 없거나 산에 살거나 둘 중 하나라고 생각될 정도다. 재테크 없이 월급만으로 산다는 건 게으르고 무능력한 사람으로 취급될 정도로 전 국민적인 열풍이 불었다.

그런데 불과 10년 전만 해도 회사 분위기가 이랬을까? 그 당시에는 재테크를 하고 있는 사람이 드물었다. 별 볼 일도 없는 재테크를 하느니, 그 시간에 승진이나 이직에 도움이 되는 영어회화, 컴퓨터 공부 등에 시간을 할애하는 분위기였다. 그나마 주식은 용돈벌이로 하는 사람도 있었지만, 부동산투자를 한다는 사람은 거의 돌연변이 희귀종에 가까운 사람이었다. 그냥 바보라 칭했다.

그렇기에 대치동 은마아파트 국민평형은 그 당시 7억 원대임에도 오래되고 비싸서 아무도 매수할 이유가 없다고 했다. 그마저도 낡은 만큼 더 떨어질 거라 핏대를 세워 말렸다. 돈이 없어서가 아니라 사야 할 동기가 부족했다.

당시에 부동산은 사는(buy) 게 아니라 사는(live) 개념만이 충만했다. 이미 청약에 실패한 미분양단지들이 속출하는 건 당연했고, 대형건설사들도 마치 동대문상가가 옷 세일 하듯이 아파트를 할인해서 판매했다. 그마저도 팔리지 않았다. 그렇기에 '부동산투자는 바보들이나 하는 짓'으로 여겨졌다.

그럼에도 그 당시 '다시 못 올 기회'라며 부동산투자를 감행한 이들은 존재했다. 10여 년이 지난 오늘에서야 그 바보들은 바보가 아니라 부동산투자의 선구자였음이 드러났다. 바보들의 전성시대를 이끌어낸 그들은 무슨 확신으로 그렇게 눈앞에서 폭락하는 시장에서도 부동산투자를 감행했을까?

그들은 지금부터 시작되는 부동산 이야기를 알고 있었기에 자욱한 안개 뒤 빛을 기대하며 흐뭇하게 기다릴 수 있었다. 신의 영역 다음으로 부동산의 정해진 미래를 예측하기 가장 좋은 방법은 바로 '부동산의 지나온 길을 복기'하는 것이다. 우리는 이 지나온 길을 일생에 한 번은 되짚어나갈 필요가 있다.

"미래에 대한 최선의 예언자는 과거다"라는 조지 고든 바이런(George Gordon Byron)의 명언, "과거를 잃어버린 자는 그것을 또다시 반복하게 된다"라는 조지 산타야나(George Santayana)의 명언은 부동산에도 통한다. 과거의 길은 시장의 일거수일투족에 대한 실증적인 흔적을 간직하고 있기 때문이다. 이 흔적의 조각을 모으다 보면 우리가 앞으로 맞이하게 될 부동산의 미래를 자연스레 알아낼 수 있다.

어느 지역, 시기, 면적이든
'순환'은 투자의 해답을 알고 있다

"강남 집값도, 분당 집값도 그냥 월급쟁이 서민이 누구나 그곳에 맘
편히 내 집 마련할 수 있게 저렴했으면 좋겠어요. 그게 행복한 대한
민국 아닌가요? 그러니까 제발 집 좀 사지 마세요."

사람들은 집값이 오르지 않았으면 하는 마음에 주택매수를 중단
하라고까지 말한다. 그래야 집값이 잡힐 거라 여기기 때문이다. 단
순히 생각하면 수요가 사라지니 물건가격은 떨어진다고 이해할 수
도 있다. 그럼 이런 실제 바람처럼 누구도 집을 사지 않는다면 원하
던 결과가 도출되고, 우리는 마침내 웃을 수 있을까?

2000년대 후반 세계경제는 서브프라임이라는 위기를 겪으며 휘
청거렸다. 이 시기 대한민국의 심장부 수도권에서는 '누구도 집을 사
지 않는' 분위기가 형성되었다. 이는 사람들이 그토록 원하던 바였
고, 기대한 대로 집값은 하염없이 미끄러져 내려갔다. 이에 따라 신
축아파트 미분양은 쌓여갔다. 방마다 에어컨을 설치해주고, 명품백
을 주고, 신차를 제공하고, 반값 할인을 해도 미분양은 늘어만 갔다.

> 〔끝없는 하락〕 = 〔부동산투자 바보시대〕

지어봐야 손실만 나는 분양시장에서 건설사들은 점점 손을 떼기
시작하고 공사크레인은 움직임을 멈췄다. 여기서부터 새로운 문제

가 발생했다. 매년 발생되는 일정수의 '집에 대한 임차수요'를 충족시키지 못했다. 부모님과 함께 살던 집을 나와 새로운 가정을 꾸리는 신혼가정, 혼자 독립을 하게 되는 자취가정, 둘이 함께 살다 각자 길로 돌아서기로 하는 이혼가정, 이직으로 인한 이사, 아이 공부를 위한 학군지 이동 등 다양한 이유로 집에 대한 임차수요자들이 줄을 서기 시작했다. 그도 그럴 것이 새로 지어지는 아파트가 적어지고, 그 아파트를 사서 임차를 주는 이들 또한 사라졌기 때문이다.

달리기 시합 하듯 선착순으로 계좌에 먼저 입금한 사람이 임차할 수 있는 경쟁구도로 접어들었다. '이 집에 해가 잘 들어오는지' '이 집에 물 새는 곳은 없는지' 등 이런 걸 따질 시간도 없었다. 집도 보지 않고 돈부터 보내는 사람이 속출했다. '전세 나왔어요' 하는 말에 퇴근 후 부동산에 도착하면 '그 집은 이미 거래 완료된 지 오래'라는 말만 들을 수 있었다.

하나둘 이런 경쟁에 익숙해지고 "나온 가격보다 더 줄 테니 저한테 세를 놓아주세요"라며 콜을 외치는 임차인까지 생겨났다. 자연스레 이 경쟁은 전세든 월세든 임대차시장의 가격 상승을 불러왔다. 우리는 이 구간을 '공급 부족'이라 일컫는다.

> [공급 부족] = [전월세 상승]

그럼에도 여전히 '부동산을 돈 주고 매수하기보다 전월세 사는 게 낫다'는 인식이 팽배했다. 매수를 통한 취득세, 재산세, 종부세와 팔

때의 양도세, 부동산 추가 하락시 그 하락분까지 임대인이 떠안는 것 자체를 어리석은 짓으로 여기는 시장이 지속되었다.

특히 매년 생겨나는 신혼부부의 수요가 전세시장을 달구게 되는데, 그 시작은 그들이 가장 선호하는 소형평수에서부터 발생했다. 매매보다 너도나도 전세시장으로 몰리면서 전세가격이 매매가격에 근접하기에 이르렀다.

```
〔초기 전월세 상승〕 = 〔소형평수 시장 자극〕
```

전세가격에서 1천만 원만 더 주면 그냥 그 집이 내 것이 되는 시장이 형성되었다. 여기서 사람들은 집을 사는 게 나을지, 그럼에도 전세를 사는 게 나을지 고민의 기로에 섰다. 더군다나 워낙에 경쟁이 심한 전세시장이다 보니 몇천 세대 아파트에서 전세매물 '0'이라는 숫자를 심심찮게 보는 지경이었다.

하염없이 기다리기보다, 매매가격에 달라붙은 불안한 전세에 들어가기보다, 그냥 실거주할 집이라 생각하고 이참에 1천만 원 보태서 집을 사자는 수요가 생겨나기 시작했다. 임대차가격의 상승이 매매시장을 건드리기 시작한 것이다. 이는 2013~2015년 수도권의 전형적인 모습이었다. 실거주하기 좋은 수도권 소형아파트에서 시작된 매매수요의 증가는 부동산시장에 온기를 불러왔다.

```
〔전세매매 근접〕 = 〔매매가 상승 유발〕
```

매매가 상승을 지켜보는 투자자와 실입주자 간의 눈치게임이 벌어졌다. 손을 떼고 사라졌던 건설사들은 훈풍에 돛을 달기 위해 공사크레인을 가지고 부동산시장에 진입했다. 멈춰 있던 건설사의 장비가 가동되고 3년 이후 입주할 아파트들이 여기저기 준비체조를 시작했다. 분양하우스가 오픈되고, 브랜드 아파트가 얼마나 멋지게 탄생되는지 여기저기 상영관이 개봉되었다.

당첨만 되면 억대 프리미엄까지 형성됨을 목격하면서 실거주 생각도 없던 소위 말하는 '투자자들'이 전국 각지에서 농민봉기라도 하듯 가세했다. 그 인기는 땅값을 올리고 분양가마저 올렸다. 불과 1~2년 전만 해도 말이 안 되던 분양가격이 몇백 대 경쟁률에 완판 행렬을 이어갔다.

청약으로 답이 없는 사람들은 집값이 더 오르기 전에 기존집이라도 사두자는 마음으로 구축아파트로 몰려갔다. 그러니 낡아빠진 아파트까지도 가격이 올랐다.

3.8초대 제로백(자동차가 정지상태에서 시속 100km에 이르는 시간)을 자랑하듯 부동산시장은 마세라티급으로 급변했다. 너무 더워서 나무 아래에서 30분간 낮잠을 자고 일어났더니 하늘에서 눈이 내리는 정도의 변화였다.

〔청약경쟁 심화〕 = 〔구축아파트 가격 상승〕

집을 사지 못한 사람들은 눈앞에서 치솟는 집값을 보며 서서히 이성을 잃기 시작했다. 더 폭등하기 전에 어떻게든 사두는 게 미래를 준비하는 이성적인 행동인지, 미친 가격은 결국 정상화되기에 참고 기다리는 게 이성적인 행동인지, 좀처럼 분간이 되지 않는다.

어디까지 오를지 그 누구도 예측할 수 없는 시장에 진입했다. 끝을 모르는 열차가 '폭등폭등' 경적 소리를 내며 힘차게 질주했다. 폭주기관차의 탑승 티켓 가격은 어느덧 초기가격의 몇 배로 치솟았다.

어느 순간 위험한 불을 끄기 위해 소방수가 들어와 있었다. 소방수는 정부라는 이름으로 옐로카드를 내밀며 휘슬을 불었다. 이 기차를 한 번이라도 탑승했던 사람은 타지 못한다는 경고장을 내붙였다. 강제로 타지 못하게 하니 '저 기차에 꼭 올라타야겠다'는 욕망이 더 불씨를 지폈다.

결국 암표가 거래되기도 하고, 출입문을 뛰어넘어 어떻게든 기차에 올라타기 위한 난리부르스가 연출되었다. 도대체 왜 이렇게 미쳐 날뛰는지 날뛰는 본인조차도 알 수 없었다. 여기저기 싸움투성이판에서도 공사크레인만은 화성개척시대를 맞이한 듯 쉬지 않고 움직였다.

[이성 잃은 폭등장] = [정부 개입]

끝을 모르는 것일 뿐, 폭등이든 폭락이든 모든 것에는 반드시 '끝'이 있다. 그러다 문득 사람들은 새로운 사실을 알기 시작했다. 내가 원하는 아파트가 여기 하나만 있는 게 아니라, 새로운 아파트가 쉴 새 없이 지어지고 있다는 것을!

더군다나 렌트비가 하루가 다르게 저렴해지고 있음을 발견했다. 임대인이 큰소리치던 시장에서 '제발 들어와주세요'라고 읍소하는 시기가 도래한다. 도배장판 새로 해주는 건 기본이요, 각방마다 에어컨에 이사비까지 지원해준다는 임대인이 나타났다.

선택의 폭이 넓어지니 사람들의 조급함은 자연스레 여유로움으로 변모했다. 내일이면 또 새로운 아파트가 지어지고, 모레면 전월세 값은 싸질 텐데 조급해할 이유가 전혀 없다는 결론에 도달한다.

> 〔과잉공급 발생〕 = 〔전월세 하락〕

새로운 아파트 하나에도 전 국민들의 관심이 폭발하더니 이제는 모두가 무심해졌다. 아파트를 지어대던 건설사들도 인기 빠진 시장에서 철수하고, 아파트 공급이 중단되기 시작했다. 이미 지어진 아파트도 팔리지 않아 건설사의 적자는 심각한 수준이 되었다.

부동산시장 활황을 기대하며 쏟아지던 투자자들이 모습을 감췄다. 뒤늦게 뛰어들어 본전을 찾겠다고 남아 있던 투자자들은 발을 담근 채 빠져나가지 못했다. 단순히 '속이 후련하다'의 문제가 아니라 심각한 사회문제로까지 비화된다. '집값 떨어져서 꼴좋다'고 비웃던 이들까지도 힘들어하는 사람들을 보며 안타까워했다.

물이 다 빠진 후 밑바닥이 드러난 수영장에서 고통받는 사람은 정작 집 부자들이 아니라 나와 같은 서민들임을 깨달았다. 영끌 대출로 허덕이는 서민들은 지갑을 닫고 소비를 차단했다. 허리띠를 졸라매다 못해 목을 졸라매는 일까지 발생하기도 했다.

불을 끄는 소방수였던 정부는 어느새 옷을 갈아입고 나무꾼이 되어 불쏘시개를 찾아 헤맸다. 그 많던 부동산규제들을 실타래 풀어내듯 하나하나 풀어냈다. 부동산을 구입하는 사람에게 옐로카드 휘슬을 부는 것이 아니라 양팔을 벌려 안아주며 고맙다고 등을 토닥거려 줬다.

[매매가 하락] = [정부규제 완화]

그럼에도 부동산가격은 지하로 지하로 더 내려갔다. 돈을 조금만 더 보태도 집을 매수할 수 있었지만 사람들은 더 떨어진다는 두려움에 전세든 월세든 임대를 자처했다. 그게 누가 봐도 합리적인 판단이었고, '앞으로 부동산은 끝났다'가 대세가 되었다. '부동산투자'는 금기어가 되었고, 혹시라도 그 단어를 말하는 사람은 바보거나 사기꾼 즈음으로 여겨졌다.

[끝없는 하락] = [부동산투자 바보시대]

어느 동네를 둘러봐도 새로운 아파트가 지어지는 곳은 눈을 씻고 찾아보기 힘들었다. 그리고 매년 일정수 전월세를 원하는 이들의 수요는 쌓여갔다. 그 수요는 서서히 서로 간의 경쟁을 부추겼다.

자유경쟁시장에서의 우위를 점할 수 있는 '가격'은 상승했다. 그럼에도 매수는 하지 않는다는 추세로 인해 전세가격은 매매가격에 근접했다. 급기야 뉴스에서는 매매보다 비싼 전세가 나왔다는 이야기까지 들렸다.

```
〔공급 부족〕 = 〔전월세 상승〕
```

시장은 또다시 뫼비우스의 띠가 되어 과거 이야기로 되돌아간다.

우리가 지내는 365일 24시간의 하루하루는 늘 다르다. 절대 같은 날씨란 없다. 기온이 다르고 바람의 세기가 다르다. 때로는 이상기온으로 늦봄에 눈이 내리기도 한다. 때로는 가을 없이 바로 얼얼한 겨울이 도래하기도 한다. 그렇게 사람들이 '이제 봄가을은 없어졌다'고 해도 때가 되면 새싹이 돋고, 울긋불긋 단풍이 든다. 한 해 한해 새로운 계절이 도래하고, 그 안에서 벌어지는 하루하루는 다르지만 결국 사계절은 반복된다.

부동산시장도 마찬가지다. 마치 생명이라도 있는 듯 멈추지 않고 역동적으로 움직인다. '이제는 정말 부동산이 끝났다'고 하는 겨울을 거쳐, '조금씩 부동산 경기가 회복되나봐요' 하는 그저 따뜻한 온기를 지닌 봄이 오고, 순식간에 '부동산 불패'를 외치며 폭등하는 여름이 도래하고, 잠시 숨을 고르는 평화로운 가을을 지나, 또다시 빙하기가 접어들며 사이클을 만들어낸다.

세계 역사가 그렇듯 부동산시장의 역사도 무늬만 바뀔 뿐 그 형태는 너무나도 유사하게 반복되고 있음을 알아둘 필요가 있다. 이 모든 계절의 순환과 같은 부동산의 순환을 아는 자들, 즉 바보들의 전성시대를 이끌어낸 자들이 바로 미래보다 '과거의 복기'를 우선시해 투자의 성공을 이끌어낸 자들이다.

박선배의 부동산 비밀노트②_
입지보다 '입주'가 먼저다

임차인은 반값전세, 4년 전세, 6년 전세까지 얻을 수 있다. 투자자 입장에서는 그렇게도 무섭다는 역전세를 미리 알아낼 수도 있고, 급매물을 미리 이끌어낼 수도 있다. 누구나 강조하는 입지보다, 누구나 간과하는 '입주'를 먼저 파악할 수만 있다면 말이다.

부동산강의를 들으러 가면 귀 따갑게 듣는 말 중 하나가 있다.

"첫째도 ○○, 둘째도 ○○, 셋째도 ○○입니다!"

바로 '입지'다. 입지란 간단히 말해 세대수, 브랜드, 커뮤니티 시설까지 모든 조건이 똑같은 아파트가 포천에 있냐, 서초에 있냐에 따라 그 가격 차이가 하늘과 땅이라는 게 핵심이다. 그만큼 입지라는 요소는 너무나도 중요하다.

하지만 이걸 너무 당연하다고 생각하면 부동산투자의 틈새를 보기 어렵다는 게 문제라면 문제다. 부산 하면 해운대, 해운대 하면 센텀시티로, '부산은 몰라도 해운대센텀은 안다'라는 말이 있을 정도로 부산의 강남으로 불린다. 그럼 해운대센텀은 입지가 좋을까, 나쁠까?

"두말하면 잔소리 아이가. 회사동료들도 예전에는 부산도 지방이니 촌동네라고 무시하드만, 센텀 한 번 갔다오고는 좋다고 난리 치데. 부산 자체가 대한민국 제2의 수도 아이가. 거기서 가장 핫한 동네 센텀, 세계 최대 규모 백화점도 여기 있거든. 인근에 그 김해, 양산, 울산, 창원에서도 여기 살고 싶다는 사람 천지삐까리다. 거기다가 거실에서 광안대교, 드넓은 바다조망까지 볼 수 있으면 말 다 한 기지. 이런 곳에 집 사봐라. 그람 평생 집값 떨어질 걱정은 없을 끼다."

부산 다음으로 지방의 강자 250만 인구 대구는 또 어떤가? 대구에서도 가장 유명한 수성구는, 학군으로 대치동 부럽지 않은 곳이다. 명문대를 대한민국 최강 강남학군만큼 배출한다는 동네다. 중요한 관공서와 오피스빌딩이 들어선 주요 업무지구이기도 하다. 주거 선호도가 대구 내에서 가장 높다. 당연하게도 집값은 웬만한 서울 사람들도 넘보기 힘든 수준의 가격이 형성되어 있다. 서울에서는 대구보다 수성구가 더 유명할 정도다.

 **부산의 자존심 해운대,
대구의 명품학군 수성구도 폭락중인 시장**

"아무리 해운대센텀이라고 해도 부산지역의 자체수요가 없다 아이가. 제대로 된 대기업 하나 보이지도 않구먼. 서울에서는 발에 차이는 게 대기업인데 부산은 눈 씻고 찾아봐도 없다. 젊은 사람들이 일자리가 없어가꼬 부산을 다 이탈하는구먼. 집을 사야 하는 핵심인구는 나가뿌고, 노인인구가 가장 빠르게 증가한다드만. 바닷가? 거실에서 그거 보이면 뭐 하노? 바닷가라 염분끼 바람 밀려오면 철근구조물만 부식되삔다카데. 그라고 태풍 올 때 얼마나 위험한지는 알고 있제? 당연히 집값은 떨어질 수밖에 없는 기다. 맹심해라."

분명 부산은 제2의 수도이고, 해운대센텀은 인근 도시에서도 누구나 살고 싶어 하는 곳이라 집값 떨어질 걱정이 없다고 했는데, 이게 웬 생뚱맞은 소린가.

"하이고! 머라카노. 대구가 무슨, 부산이야 바닷가라도 있으니까 관광객이라도 많이 오제. 그라카이 서비스산업이라도 발전하지. 대구는 뭐꼬. 앞뒤옆 다 산이다. 암것도 없다카이. 명품학군? 그래봐야 취직도 대구에서 안 하고 부산으로 가든가 대부분 서울 경기도로 다 올라가삐는데 무슨 소용이고. 그라카이 집값이 하루쟁일 내리삐제."

대치동 부럽지 않다던 명품학군 수성구에서도 집값 하락 걱정을 한다. 그래, 역시 모든 취직자리가 몰리는 곳은 기승전 서울이었단 말인가.

"부동산시장의 찬바람이 서울의 중심 강남마저도 몰락시키고 있습니다. 불과 10개월 전 15억 원을 찍고 무섭게 달아오르던 은마아파트가 13억 원, 11억 원 실거래가가 점점 내려앉고 있습니다. 강남뿐 아니라 천당 아래 분당이라 일컫는 성남시 분당구 아파트들도 속수무책으로 떨어지고 있습니다."

이 기사에서도 말하듯, 서울도 여지없이 하락한다. 강남, 분당, 판교 등 한국에서 말하는 특급입지라도 마찬가지다. 흔들릴 때는 인정 사정없이 무너질 수밖에 없다.

여기서 드는 의문점이 한 가지 있다. 바로 아래 기사 내용이다.

"현재 부산을 포함한 지방 아파트 시세가 확연한 상승세를 이어 가면서, 지속적으로 하락세를 이어가는 서울, 경기, 인천 같은 수도 권지역과는 전혀 다른 양상을 보여주고 있습니다. 당연하게도 수도 권 시세를 추종하던 지방 아파트의 동조현상이 깨지면서 말 그대로 디커플링 현상이 연출되고 있습니다."

분명 같은 시기에 부산의 부동산시장은 활황이 되고, 서울 부동산 시장은 불황이 된다. 만약 전 세계가 불황이고, 대한민국 전체가 불 황이라면 서울이고 부산이고 모두가 하락그래프를 그려야 하는데 왜 반대 양상을 보일까? 더군다나 대한민국의 심장이 떨어지는 판 에 부산은 왜 오른단 말인가? 이것이 바로 부동산투자에서 입지보 다 선행되어야 하는 또 다른 무언가가 있다는 의미이다.

바로 '입주'다. 서울부동산에 갑자기 불황이 닥친 이유가 이것 때 문이고, 부산의 부동산이 활황이 된 이유도 요놈 때문이다. 쏟아지 는 입주물량의 과잉으로 인한 서울부동산 하락, 입주물량의 과소로 인한 부산부동산 상승이 같은 시기에 벌어진 이유다.

'공급이 많으면 임대가격은 떨어지고 이는 매매가를 끌어내린다, 공급이 적으면 임대가격은 오르고 이는 매매가를 상승시킨다.' 누구 나 다 알고 있는 기본명제다. 입지보다 입주가 선행되어야 할 이유 는 이뿐만이 아니다.

역전세방지, 반값전세, 4년 전세…
이걸 알아야 한다

입주물량 파악은 매수가 아닌 전세로 입주하는 상황일 때도 큰 도움을 받을 수 있다. 5분만 시간을 투자해도 급매물, 반값전세, 6년 전세까지도 만들 수 있다. 경기도 광명시에서 전세 들어갈 집을 찾는다고 가정하고, 그 인근 아파트 입주물량을 파악해보자.

<사례>

2024년 7월 A 아파트 3,000세대 입주 예정

2024년 8월 B 아파트 2,000세대 입주 예정

2024년 10월 C 아파트 3,000세대 입주 예정

이런 식으로 몇 달 사이에 수많은 아파트가 입주 예정이라고 하면 현재 전세가격보다 몇 억은 저렴한, 그럼에도 원하는 조건으로 전세를 임차할 수 있는 기회를 얻었다고 할 수 있다. 이 입주폭탄의 황금시기는 임차인 입장에서는 '갑 오브 더 갑'이 되는 시간이다.

왜 그럴까? 그 이유는 단순하다. 8,000세대 아파트가 입주를 시작해도 분양받은 사람 모두가 동시에 입주할 수는 없기 때문이다. 분양은 받았지만, 실제 본인이 들어가지 못하는 상황이 많다. 아이가 다니는 학교를 옮길 수 없어서, 회사를 옮길 수 없어서, 투자한 집을 바로 팔 수 없어서 등의 이유로 임차인을 구해야 하는 일이 발생할 수밖에 없다. 그 비율이 30%만 되어도 2,400세대의 임차인을 찾아 나서야 한다. 임차인을 구하기 힘든 시기에는 일주일에 한 세대 이 사조차 보기 힘든 때가 있는데, 2,400세대를 구해야 한다는 건 보통 일이 아니다.

그렇기에 대단지아파트 입주가 시작되기 한두 달 전 네이버부동 산에 들어가보면 깜짝 놀랄 만한 일이 목격된다. 전세매물이 100개 에서 200개로, 200개에서 1,000개로, 1,000개에서 3,000개로 늘어 나 있는 것이다.

이 순간, 실제 입주하지 않는 임대인들은 임차인을 빨리 들이기 위해 손에 땀을 쥐게 된다. 아파트 지정입주기간이 지나면 분양잔금 대출에 대한 이자가 눈덩이처럼 불어나기 때문이다. 어차피 당장 들 어가 살지 못하는 곳이기에 전세금을 낮춰서라도 임차인을 맞추는 게 이득임을 알게 된다. 느긋하게 주변 시세대로 부동산에 내놓다가 는 연락 한 통 받지 못한다. 순식간에 몇천 개로 불어난 전세매물을 보는 순간 마음은 다급해질 수밖에 없다. 인근 구축 전세가 5억 원이 니 신축 전세는 7억 원으로 내놓자 하다가 그 가격이 6억 원, 5억 원, 4억 원까지 내려가는 신세계를 경험하게 된다.

이제부터 임차인은 황제다. 다양한 조건으로 원하는 집을 임차하 는 혜택이 기다린다.

'아이 학교 때문에 4년 전세 가능한 집으로 찾아주세요. 아니 그냥 6년으로 찾아주세요.'

'전세가 3억 원 가능한 집으로 찾아주세요.'

'방 전체에 시스템에어컨 설치해주는 집으로 찾아주세요.'

처음엔 부동산 공인중개사 사무소에서도 "그런 집이 어딨어요?"라고 하겠지만, 8,000세대의 입주물량 앞에 그런 조건을 수락하는 임대인이 나타난다는 사실을 인지하게 된다.

"임차황제님! 제가 정말 고생해서 그 까다로운 조건에 맞는 집을 찾았어요!"라는 말을 곧 듣게 된다.

'동탄 투 입주폭탄으로 전세가격 고점대비 30~40% 폭락'

- 2017. 11.

'9,500세대 송파구 헬리오시티 입주시기 84타입 전세 7억 원대에서 4억 원대로 수직 하락'   - 2019. 1.

'검단신도시 12,000세대 입주폭탄으로 84타입 1억 원대 전세 출현'

- 2022. 9.

그럼, 이 상황을 투자자의 관점으로 바라본다면 어떨까? 임차인이 '갑 오브 더 갑'이라면 반대로 임대인은? 자연스레 '을 오브 더 을'이 된다.

내가 투자하는 곳이 몇 달 뒤 혹은 2년(재계약 시점) 뒤 입주폭탄이 예정되어 있다면? 피하는 게 살길이다. 투자자들이 가장 겁내는 역전세 폭탄을 맞게 될 수밖에 없기 때문이다. 기존의 임차인은 2년 뒤 재계약시 현 시세가 2년 전보다 3억 원이 떨어졌으니 그만큼 돌려주든지, 아니면 '나는 나갈 예정이니 돈을 돌려달라'고 할 것이다. 새로운 임차인은 당연히 3억 원 하락한 가격으로 전세를 원할 것이고,

이에 따라 임대인은 그 차액인 3억 원을 급하게 마련해야 한다. 만약 그 돈 마련이 불가능하다면? 그 집은 경매로 넘어가게 된다.

지금 당장 입지 좋은 곳을 내 집으로 마련할 수 있는 사람이라면? '입지'를 보고 내 집 마련을 해도 좋다. 그러나 지금 당장 내 집 마련을 할 수 있는 자금이 부족한 사람이라면? 입지보다 '입주'를 파악하는 게 투자의 우선순위이자 성공적인 부동산투자로 가는 지름길이라 할 수 있다.

박선배의 부동산 비밀노트③_
실행력보다 잠깐 '멈춤'이 먼저다

부동산이라는 범주 안에 너무나도 다양한 상품들이 있고, 2030 투자자들에게 맞는 투자법은 따로 있다. 자산인플레이션 시장을 온전히 흡수하면서도, 상대적으로 오래 버틸 수 있는 안정적인 상품이 그것이다. 투자에 앞서 LPS공략법은 필수조건이다.

'금사빠'라는 신조어가 있다. '금방 사랑에 빠진다'의 줄임말이다. 우리는 처음 사회생활을 시작하는 신입직원들이 회사와 금방 사랑에 빠지는 현상을 흔히 볼 수 있다. 신입직원은 적어도 초기 몇 달 동안 만큼은 매사에 의욕적이고 열정적이다. 단순아르바이트나 학교생활만 하다가 사회에 첫발을 내디디면서 폼 나게 사원증을 목에 걸고 월급도 받으면 어깨에 힘이 들어간다. 다달이 꽂히는 고정적인 몇백만 원의 금액만으로도 자존감이 뿜뿜 솟아난다.

이때는 열정페이 야근을 해도 좋고, 공짜로 얻어먹는 부장과의 회식자리도 즐겁다. 선배들이 왜 회사욕을 하는지도 이해가 가지 않는다. 그저 불만투성이인 선배들이 복에 겨워서 저러는구나 정도로만 여긴다. 그저 단점보다는 장점만이 돋보일 뿐이다. 이런 신입직원을 바라보는 선배는 '그래, 신입의 열정 좋지. 나도 저랬었단 말이야. 그래도 그게 그리 길지는 않을 거야' 하면서 그저 지그시 바라만 볼 뿐이다.

어느덧 시간은 흐르고, 열정 가득했던 신입직원은 서서히 새로운 눈을 뜨기 시작한다. 여기저기 먼지투성이인 회사의 이면이 보이고, 아무리 청소기를 돌려도 사라지지 않음을 깨닫는다. 눈에 끼어 있던 콩깍지가 벗겨지는 순간, 이제야 선배들의 이야기가 들리고 공감이 된다. 숨겨진 진실은 뒤늦게 발견되기 마련이니까.

부동산투자시장도 흘러가는 양상이 이와 크게 다르지 않다.

"이 땅은 이번에 전철역이 들어오는 곳과 인접한 지역인데 곧 그린벨트에서 해제될 거예요. 정보가 새어나가면 순식간에 가격이 오를 거니 일단 입금부터 해두세요."

"이 아파트의 평당 가격이 바로 옆 아파트보다 500만 원 쌉니다. 이미 토지소유주 동의 90% 이상 되니까 지금 빨리 잡아두셔야 해요. 마침 5분 전에 취소분 하나가 나왔어요. 로또 잡으신 거예요."

'부동산투자를 하는 사람들이 돈을 버는 이유가 다 이런 거구나.' TV에서만 보던 부동산 전문가를 만나고, 인기 많은 강사의 강의를 듣고, 부동산 관련 책을 보고 전에 없던 신세계가 열리는 순간 다들 첫사랑을 만나듯 설렌다. 왜 이런 대박을 이제야 알게 된 건지, 없는 돈을 어떻게 마련해서 이 대박을 내 손안에 넣을지부터 고민한다.

이 순간만큼은 어떤 누구의 충고도 귀에 들어오지 않는다. 마치 다른 사람에게 내 사랑을 뺏기기라도 할까 싶어 숨어서 전전긍긍한다. 그러고는 후다닥 쥐도 새도 모르게 계약금을 입금해버린다. 시간이 지날수록 숨겨진 진실이 드러나고 두려움이 밀려온다. "제가 샀다는 건 아니고…"라면서 뒤늦게 조언을 구해보지만, 돌아오는 대답은 "그런 건 애당초 관심조차 두지 마세요. 큰일나요"다.

용감무쌍한 실행력이 빛이 될 때도 있지만, 때로는 그 실행력이 '빚'이 되어 돌아올 수도 있다. 누구나 거치는 금사빠 시기를 안전하게 지나기 위해서는 '잠깐 멈춤'의 시간이 필요하다. 그리고 계약금 입금 전에 최소한 다음과 같은 'LPS 3단계'를 먼저 살펴봐야 한다.

> L(Low risk) - 위험이 낮은가?　P(Profit) - 수익성이 있는가?
>
> S(Sellable) - 쉽게 팔 수 있는가?

 ## L(Low risk),
위험이 낮은가?

재테크란 무엇인가? 보유한 재산을 효율적으로 늘리는 방법을 의미한다. 재테크라는 범주 안에는 부동산만 있는 것이 아니다. 어릴 적부터 이웃같이 친근한 은행의 예적금, 저축 같지만 저축 같지 않은 저축성보험, 직장인들의 주관심사인 주식·펀드·부동산, 24시간 잠 못 자게 만드는 코인까지 재테크 범주 안에는 다양한 상품들이 존재한다.

이 중에서도 은행 예적금은 리스크 없이 가장 안정적인 수익을 얻을 수 있는 유일한 방법이다. 지금 이 글을 보고 있는 시점, 예적금 금리가 5% 이상이라면 두말할 것 없이 예적금에 올인해도 좋다. 그만큼 이런 행운은 다시 오지 않을지도 모르기 때문이다. 하지만 금리가 5% 이내라면 저축을 위한 일정 부분을 제외하고 다른 대안투자를 찾아 나서는 게 현명하다. 물가상승을 대비하면 오히려 마이너스 수익이 될 수 있기 때문이다.

그렇다면 저축성보험은 어떨까? 저축성보험은 말 그대로 저축도 보험도 아닌 그 중간성격을 띠고 있다. 좋게 말하면 '저축도 되고, 보험도 가능한'이지만, 쉽게 말하면 '이도 저도 아닌 모양새'다. 실제로 한때 유행하던 변액보험은 원하는 수익률은커녕 원금만 까먹은 채 해지하는 사람이 속출하기도 했다. 그만큼 재테크라는 명목으로 접근하기에는 어울리지 않는 분야다.

다음으로 주식과 코인은 가장 빠른 시간 안에 하이리턴을 가져올 수 있는 분야다. 여기에 소액으로도 간편하게 접근할 수 있기에 젊은 사람들이 가장 선호하는 재테크 영역 중 하나에 해당한다. 높은 수익률을 위해서는 못 본 척 지나치기도 힘든 분야다. 그럼에도 하이리스크를 감당하기 힘든 실력이라면 과감하게 건너뛰거나 일부분만 경험 삼아 해보는 걸 추천한다.

마지막으로 부동산은 어떨까? 단순히 우리가 말하는 부동산도 그 안을 자세히 들여다보면 너무나도 많은 종류의 상품이 존재한다. 아파트, 단독주택, 다세대빌라, 오피스텔, 도시형생활주택, 아파트형공장, 상가, 토지, 꼬마빌딩 여기서 끝이 아니다. 주택도 신축빌라, 재개발빌라, 신축아파트, 구축아파트, 재건축아파트로 분류할 수 있다. 이 수많은 부동산 범주 안에서 어떤 상품은 주식이나 코인처럼 하이리스크 하이리턴이고, 또 다른 어떤 상품은 예적금처럼 로우리스크 로우리턴이다. 각자의 상황에 맞는 선택을 얼마든지 할 수 있다는 말이다.

그럼 2030 부동산투자자들에게 필요한 '상대적으로 안정적이면서도 어느 정도의 수익을 얻을 수 있는 상품'은 어떻게 선택해야 할까?

우리가 부동산자산에 투자하는 근본적인 이유는 자산인플레이션 시장을 온전히 흡수해 수익을 내고자 함이다. 그러기 위해서는 높은 수익보다 중요한 것이 '얼마나 오래 버틸 수 있느냐'다. 살아남는 자가 승자가 되는 전쟁터의 이치와 같다.

그래서 우리가 가장 먼저 해야 할 일은 '높은 전세가율 찾기'다. 매매가격이 떨어질 때의 마지노선은 보통 '전세가격으로의 회귀'이기 때문이다. 그렇기에 부동산투자에서 높은 전세가율은 상대적으로 안정적인 로우리스크를 찾는 가장 좋은 방법이라 할 수 있다. 이에 대해 좀 더 자세히 살펴보자.

'부동산투자의 최고봉은 땅'이라는 이야기가 있다. 그만큼 땅은 한번 튀어오르면 3대를 부자로 만들 수 있는 분야다. 땅은 가히 부동산계의 '코인'이라 할 수 있다.

이 토지(땅)의 전세가율은 어떻게 될까? 부동산에 연락해서 내 땅에 들어가 살 전세입자를 구해달라고 해보자. 아마 경찰서에서 먼저 연락이 올지도 모른다. 두더지가 아닌 이상 지어진 집도 없이 땅에만 들어가 사는 사람은 없다. 전세가격이 존재할 수 없기에 전세가율은 '0'이다. 조상님이 상속으로 물려준다면 모를까 땅투자는 높은 수익 이전에 높은 리스크가 존재한다. 오로지 내가 들인 현금 몇 억이 고스란히 묶여버린 채 3대의 시간이 흐를 수도 있기 때문이다. 그런 몇 억쯤이야 땅에 묻어둬도 사는 데 아무 지장이 없다면 하이리턴 상품인 땅에 투자해도 좋다.

그렇다면 부동산 상승기에 가장 핫한 재개발빌라, 재건축아파트는 전세가율이 어떨까? 이 분야는 지금이 부동산 상승기인지, 하락기인지에 따라 전세가율이 크게 출렁인다.

특히 재개발이나 재건축시장이 핫할수록 전세가율은 낮아진다. 이건 또 무슨 말인가? '이 오래된 아파트가 신축이 되는 순간 돈방석에 앉는다고? 그럼 현재 용적률이 낮아야 하나? 대지지분이 큰 건

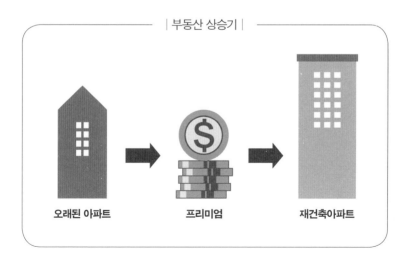

| 부동산 상승기 |

오래된 아파트 → 프리미엄 → 재건축아파트

가?' 하는 식으로 이미 많은 사람들의 입방아에 오르내리면서 전에 없던 프리미엄이 생기면 매매가격은 쭉쭉 올라간다. 반면에 전세가격은 입방아에 오르든 말든 그대로일 수밖에 없다. 그대로 있는 전세가격 대비 매매가격이 올라가면 전세가율은 내려가게 된다. 그래서 부동산 상승기에 전세가율은 급격히 낮아진다. 내가 보고 있는 시점에 전세가율이 낮아져 있다면 이미 하이리스크의 시장에 들어선 것이다.

그러다 지역 부동산시장이 차갑게 얼어붙고, '여기 아파트 재건축은 내가 눈감기 전에는 이제 힘들겠구나'로 바뀌는 순간이 온다. 플러스로 존재하던 '프리미엄'이라는 용어는 어느새 '거품'이라는 용어로 둔갑하며 매매가격을 깎는 주요 요인으로 작용하기 시작한다. 거품이 걷히고 이 오래된 재건축아파트의 하방역할을 하던 전세가격까지 떨어진다. 자연스레 전세가율은 높아진다. 내가 바라보는 시

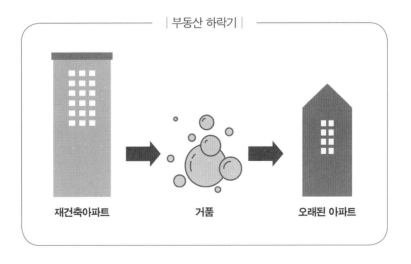

| 부동산 하락기 |

재건축아파트　　　　　거품　　　　　오래된 아파트

점이 이 순간이라면 이 재건축아파트는 상대적으로 안정적인 로우 리스크 시장에 진입했다는 말이다.

오래된 단독주택이 즐비한 재개발시장은 상황이 더하다. 오래된 아파트에 비해 현격하게 사용가치가 떨어지는 일반주택은 아무리 그곳이 한남동이라고 해도 매매가격이 20억 원일 때, 전세가격은 5천만 원도 채 하지 않는다. 그 돈을 주고도 언덕에 언덕을 올라 물 새는 집에 살고자 하는 사람은 없기 때문이다. 전세가율이 5%도 되지 않는다. 현재 20억 원을 호가하는 매매가격도 부동산 상승기가 오기 전(불과 몇 년 전)에는 5억 원이었다는 사실이 끔찍할 따름이다. 누군가는 15억 원을 얻을 수도 있지만, 누군가는 15억 원을 잃을 수도 있는 곳이 바로 이 분야다.

이번에는 우리가 흔히 보는 일반아파트(준공된 지 10~30년, 신축도 재건축도 아닌 일반아파트) 전세가율을 알아보자. 이 일반아파트는 지역에 따라 상황에 따라 다르지만 다른 어떤 분야보다도 높은 전세가율에 해당한다. 매매가격이 5억 원인 아파트가 전세가격이 4억 원인 경우를 본 적이 있는가? 심지어 전세가격이 4.5억 원, 전세가율이 90%를 육박하는 경우도 심심찮게 볼 수 있다.

L(Low risk), **위험이 낮은가?** → **전세가율이 높은가?**

신축빌라, 오피스텔(원룸) > 일반아파트 > 재개발주택(단독, 빌라, 아파트)

> 토지(전세x)

아무리 매매로의 매력이 없더라도 사람이 들어가 거주할 수 있는 그 단순한 사용가치가 있기에 특별한 경우(초고금리, 경제위기, 인접지역 아파트 대량입주)를 제외하고 한번 정해진 전세가격이 쉽게 내려가기는 힘든 법이다.

P(Profit), 수익성이 있는가?

여기서 의문이 생긴다. 그럼 전세가율이 높으면 무조건 좋다는 이야기인가?

신축빌라는 분양가와 맞먹는 전세가격이 형성되는 경우가 종종 발생한다. 원룸오피스텔은 매매가격에서 500만 원 뺀 가격에 전세가를 형성한 곳도 많다. 도심이 아니라 시골로 갈수록 전세가율은 더 높기 마련이다. 인근에 다른 아파트도 없이 덩그러니 혼자 떨어진 '나혼자 아파트'도 전세가율은 높다. 거기에 절대가격이 낮고 투입되는 비용이 낮으니 10년, 20년도 무작정 버틸 수 있다. 사두고 오랫동안 가지고만 있으면 무조건 승자가 된다는 말일까?

그럼, 이런 곳들의 전세가비율이 왜 높은지를 이해할 필요가 있다. 그건 바로 전세로는 찾는 사람이 있어도 매매로는 찾는 사람이 적기 때문이다. 결국 전세가격은 매매가격에 근접해 전세가율 자체는 높다 하더라도 아파트가격은 미동조차 없을 수 있다는 이야기다.

> P(Profit), 수익성이 있는가?
>
> 토지 > 재개발주택, 재건축아파트 > 일반아파트 > 신축빌라, 오피스텔(원룸) > 시골주택

같은 투자금액을 내고도 인근 지역이 1억 원 오를 때 이런 곳은 1천만 원밖에 오르지 않을 수 있다는 거다. 아니, 오히려 세금 내면 적자가 날지도 모르는 곳이다.

아무리 로우리스크이고 오래 보유할 가능성이 높다고 하더라도 물가 상승 이상의 수익성을 담보할 수 없다면 투자할 이유도 사라지는 법이다.

 ## S(Sellable),
쉽게 팔 수 있는가?

'부동산에 있어서는 매수보다 중요한 게 매도'라는 말이 있다. 매수하는 거야 내가 돈만 있으면 마음대로 살 수가 있다. 계약하겠다고 했지만 계약서에 도장은 찍지 않은 상태에서 어떤 이유로 집을 구매하고 싶지 않아졌다면? '에이, 그냥 안 살란다' 하고 아무런 미련 없이 사지 않으면 그만이다. 누구도 뭐라 하지 않는다.

그런데 매수를 하고 나면? 내가 한 짓이라곤 종이쪼가리에 도장한 번 찍었을 뿐이고 계좌에서 이체 한 번 한 것밖에 없는데, 이제부

터는 '임대인'이라는 딱지가 붙게 되고 모든 상황은 도장 찍기 전과 완전히 달라진다. 이제는 자유가 아니라 강제시장에 참여한 상태가 되고 만다. "내가 잠깐 미쳐서 도장 잘못 찍은 거예요. 다시 물러주세요"라며 울고불고 사정해도 소용없다.

임차인이 "아랫집에서 물이 샌다고 연락 왔어요. 보일러가 작동하지 않아요. 수도관이 동파됐어요"라며 하소연하는 경우, 즉 매수 이후 발생하는 모든 일(중대하자담보 제외)에 대한 책임은 전적으로 집주인 본인이 져야 한다.

아무리 로우리스크라 해도, 아무리 수익성이 높다 해도, 새로운 임차인을 구하기 힘들거나, 팔고 싶어도 찾는 사람이 적은 집이라면 문제가 상상 이상으로 커질 수 있다. 이사 나간다는 임차인이 새로운 임차인 구할 때까지, 집이 매도될 때까지 사정 봐주면서 언제까지고 그 집에서 기다리고 있지 않기 때문이다. 당장에 소송이 들어오고 은행에서 압류가 들어오게 된다. 실제 실거주로 들어가 사는 경우에도 매도하기 어려운 집은 문제가 된다.

우리는 흔히 '복잡한 도심을 떠나 조용한 전원주택에서 한 번쯤은 살아보고 싶다' 하는 소망 하나는 가지고 있다. 맑은 공기와 눈을 편하게 해주는 초록, 하늘의 높고 푸름, 꽃향기와 피톤치드의 향연, 그 속에서 자유롭게 뛰어노는 아이들 등 인생사 더 바랄 게 없다. 문득 찌들어 지내는 도심의 아파트생활이 구역질 나고, 더 나은 삶을 위해 전원주택으로의 이사를 결심한다. 당장 아파트를 팔고, 그 돈으로 멋들어진 전원주택을 매수하러 간다.

이쯤에서 이성적으로 한 번은 생각해봐야 한다. 왜 군이 전원주택을 매수해서 거주하려 하는가? 부동산은 매매, 전세, 월세, 이 3가지 중에서 한 가지를 선택할 권리가 있다. 내가 현재 살고 있는 아파트를 전세나 월세 주고, 전원주택에서 전세나 월세로 거주할 수가 있다는 거다.

단순히 놀러 가서 2박 3일 지내는 게 아니라, 여기서 출퇴근을 하고 오랜 기간 산다고 하면 보는 시야가 달라지게 된다. 야근이라도 하고 늦게 귀가하는 밤에는 길은 어두컴컴한 데다 도시에서 골목골목마다 24시간 밤을 밝혀주는 편의점도 하나 없다. 좋아하던 고요함도 무서운 적막함으로 바뀔지 모른다. 가장 중요한 건 매도하려고 할 때에 찾아온다. 1년을 지내보니 안 되겠다 싶어 부동산에 전원주택을 내놓는다. 그러나 몇 년이 지나도 집 보러 오는 이 하나 없을지도 모른다.

땅도 마찬가지다. 내가 가진 땅이 '자그마치 1,000평에 10억 원'이라고 자랑해도 팔려야 돈이 된다. 실제 땅을 사면 대대손손 물려줘야만 할 수도 있다. 부동산은 주식처럼 내가 팔고 싶을 때 당장 내다 팔아서 현금으로 확보할 수 있는 상품이 아니다. 그렇기에 매수를 하기 전에 이 집을 내가 팔고자 할 때 잘 팔 수 있을지까지도 염두에 둬야 한다.

그렇다면 쉽게 팔 수 있는 집은 어떤 집일까? 이는 역으로 집을 매수하려는 그들 대다수가 선호하는 유형의 형태가 될 것이다. 향후 집을 직접 매수하게 될 확률이 높은 신혼부부에게 물어보면 답이 나온다. 땅을 사고 싶은지, 빌라를 사고 싶은지, 단독주택을 사고 싶은지, 아파트를 사고 싶은지. 답은 이미 정해져 있다. 땅보다는 단독주택이고, 단독주택보다는 빌라이고, 빌라보다는 아파트다. 단순히 투자 목적이 아니라 실제 거주하고 싶은 욕망이 큰 순서로 잘 팔릴 수밖에 없다.

S(Sellable), **쉽게 팔 수 있는가?**

일반아파트 > 빌라, 오피스텔 > 단독주택 > 외곽전원주택 > 토지

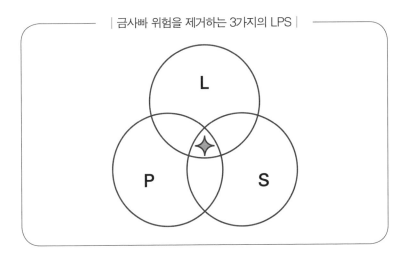

| 금사빠 위험을 제거하는 3가지의 LPS |

이 3개의 원이 공존할 수 있는 지점에서의 선택이 필요하다.

L(Low risk), 위험이 낮은가?

P(Profit), 수익성이 있는가?

S(Sellable), 쉽게 팔 수 있는가?

이왕이면 전세가율이 안정적인가?

이왕이면 적정한 수익을 얻을 수 있는가?

이왕이면 실거주가치가 높아 쉽게 팔 수 있는가?

이 질문의 답을 얻은 후 투자를 해야 금사빠의 유혹에서 벗어날 수 있다.

박선배의 부동산 비밀노트④_
돈보다 '밀당'이 먼저다

경험이 부족한 젊은 사람들은 부동산거래를 백화점 쇼핑하듯 한다. 전혀 깎을 마음이 없다. 반면, 경험이 많은 이들은 재래시장 나물 사듯 거래를 한다. 그리고 실제 몇 달을 일해야 얻을 수 있는 월급을 밀당을 통해 얻어내고야 만다.

알람이 울린다. 사이트에 접속한다. 온라인몰에서 드라이빙슈즈를 예약한다. 수제신발이라 주문하는 순간부터 제작에 들어간다. 4주나 기다려야 한다. 그럼에도 그 인기에 비해 너무 저렴해 보인다. 이왕 신는 거 색깔별로 주문해본다. 3컬레를 한꺼번에 산다.

한 달이 흐르고 드디어 실물을 영접한다. 후다닥 박스를 열어 꺼내본다. 카키색이 겨자색으로, 브라운색이 카레색으로, 네이비색이 노티나는 베레모색으로 둔갑해 있다. 화면에서 보았던 그 컬러가 절대 아니다.

마음을 진정시킨다. '아니지. 신발은 편안함이지, 색이 무슨 상관이야?' 발을 스윽 밀어넣고 한 걸음 내딛어본다. 발이 묵직하다. 묵직한 발은 바닥에서 쉽게 떨어지지 않는다. 생각보다 너무 무겁기

짝이 없다. 몇 걸음 만에 뒤꿈치가 붉게 달아오른다. 곧이어 뒷 목덜미까지 화딱지로 뒤덮인다.

잠시 고민을 하다가 빠른 결단을 내린다. 사진을 찍는다. 당근마켓에 올린다. 4주를 기다린 시간을 생각해서 켤레당 5만 원에, 산 가격 그대로 올린다. 3일이 지나도록 연락 한 통이 없다. 고민하다 1,000원을 깎는다. 4만 9,000원이다. 이번에도 연락 한 통 없다. 1,000원을 깎고, 거기다 더 1,000원을 깎고, 또다시 깎다 한 달이 지나 정말 뼈를 깎는 심정으로 켤레당 1만 원을 깎는다. 총 3켤레, 결국 3만 원이 마이너스된다. 가슴이 저린다.

그 와중에 추가로 더 에누리해달라는 알림만 올 뿐이다. 일단 고민해보겠다고 하고 일주일이 지난다. 그 외 다른 이는 아무런 연락이 없다. 자존심 상하지만 에누리를 요청한 사람에게 연락한다. 켤레당 1만 원도 많이 깎아주는 거니 이 가격에 사라고 말해본다. 하지만 어림없다. 학생이라 돈이 부족하다고 호소한다. 그리고 어차피 한 번이라도 발을 밀어넣은 거면 중고란다. 그냥 켤레당 3만 5,000원에 팔라고 한다.

이제는 더 이상 물러날 곳도 없다. 비장한 마음으로 말도 안 되는 에누리를 받아들이고 팔아버린다. 한 달 동안 새로 글을 수정하고, 새로 사진을 찍어 올리며 안간힘을 썼음에도 무려 4만 5,000원이나 손해를 보고 말았다. 몇천 원이라도 더 받으려고 공들인 시간이 얼마인가. 투자한 내 돈과 내 시간을 생각하면 너무나도 억울하고 원통하다.

부동산은 정찰제가 아니기에
말 한마디로 수백, 수천만 원도 깎는다

중고거래를 이용하는 사람이라면 매수자는 몇천 원이라도 깎으려고, 매도자는 몇천 원이라도 더 받으려고 노력한다. 몇천 원, 몇만 원이 어딘가. 그 돈이면 커피가 몇 잔이며, 김밥이 몇 줄인가. 피 같은 내 5,000원, 내 5만 원 아닌가. 시간과 공을 들여 노력해야지, 땅을 파도 나오지 않는 게 돈이다.

사람의 심리란 참으로 묘하다. 1만 원짜리를 파는 시장에서는 1,000원을 더 깎아주냐 마냐에 따라 쉽게 팔리고 전혀 안 팔리고가 정해진다. 물론 그 1,000원도 소중히 여겨야 더 큰 돈도 얻을 수 있는 법이긴 하다. 그런데 이상한 건, 몇천 원은 아끼면서 말 한마디로 몇백만 원, 몇천만 원까지도 얻을 수 있는 상황에서는 머뭇거리거나 입을 꾹 다물고 있다는 거다. 그 상황이 바로 부동산거래가 이뤄지는 현장이다.

부동산 거래가격은 누가 결정하는 걸까? 정부에서 지정해줄까? 아니면 공인중개사가 중간에 멋대로 결정짓는 걸까? 알다시피 부동산가격은 팔고 싶은 매도자와 사고 싶은 매수자와의 협의에 의해 자유롭게 이뤄지는 시장이다. 누군가가 정해주는 정찰제 가격이 아니라는 말이다. 이 상황에서 밀고 당기기에 따라 계약금 쏘기 5분 전에도 몇백만 원의 금액이 내 주머니로 왔다 나갔다 한다. 매도자는 조금이라도 더 받고 싶고, 매수자는 덜 주고 싶은 게 당연한 이치다.

🏠 부동산투자는 결국 사람 간의 거래다

어떻게 하면 그 협상 단계에서 좀 더 유리한 고지를 점할 수 있을까?

먼저, 협상에 임하는 우리의 강점이 무엇인지를 생각해보자. 우리는 누구인가? 대한민국의 미래를 이끌어갈 2030 젊은 세대다. 또한 신혼부부일 수도 있고, 갓난쟁이 아이의 부모일 수도 있다. 이게 중요 포인트다.

매도자의 나이가 50대 이상이라면? 거기에 인상까지 좋다면? 젊은 매수자를 마치 자식같이 생각하는 분들이 꽤나 많다. 그런 매수자가 조금이라도 부모의 마음을 흔들어놓으면 안 깎아주기도 민망한 상황이 연출된다.

여기에 매도자와 대면하기 전부터 이 거래를 위해 함께했던 분을 최대한 활용하면 금상첨화다. 그분이 바로 부동산 중개사다. 미리 이분을 내 편으로 만들어놓는 게 가격협상에 큰 도움이 된다. 양쪽으로 완벽한 균형을 유지한 시소 상황에서 힘없는 어린아이 하나만 한쪽에 앉혀도 시소는 순식간에 그쪽으로 기울어지는 논리와도 같다. 팽팽한 가격협상의 줄다리기에서 살짝만 한쪽 줄에 힘을 더해주는 것이다.

"집이 너무 예뻐서 매수하고 싶은데 돈이 조금 부족해요. 지방 작은 읍에서 상경해서 처음으로 내 집 마련하려고 아껴가면서 열심히 저축했거든요."

이때 옆에서 사장님이 한마디 거든다.

"젊은 사람이 난생처음 내 집 마련한다네요. 기특해라. 임대인분께서 복돈이다 생각하시고 300만 원 정도 인심 쓰세요. 좋은 일 하신 만큼 그 복 가족들이 다 돌려받으실 거예요."

매도자는 거절하다가는 급 싸하게 될 분위기를 떠올리며 "그래요. 까짓 것 그러지요. 이쁘게 잘 사세요"라고 말한다.

'누가 그렇게 쉽게 몇백만 원을 깎아줘?'라고 하겠지만, 실제 부동산 현장에서는 다반사로 일어나는 경우다. 중고거래에서 몇천 원 아끼려는 노고에 비하면 툭 던진 말 한마디에 천 냥을 얻을 수 있는 황금 같은 기회 아닌가. 애초에 안 깎아준다 한들 손해 볼 것도 없으니 한번 시도해보자.

부동산투자는
레이싱게임이 아니다

'5년 전에 투자한 친구 녀석은 벌써 집값이 10억 원이나 올랐다는데… 부동산 단톡방에서는 뭔가 호재다 싶으면 빛보다 빠르게 진입해서 몇 억은 벌었다고 하는데… 나는 이제 시작해서 어느 세월에 남들처럼 5억 원, 10억 원을 벌 수 있다는 거지?'

몇 년 동안 이어지는 상승장을 바라보면서 더 많이 투자하고, 더 높은 리스크를 감수한 사람이 큰 수익을 올렸다는 이야기는 익숙하게 들어왔다. 그로 인해 뒤늦게 투자에 뛰어든 사람일수록 경쟁심리에 휘둘리는 경향이 있다. 레이싱 경기가 시작되고 남들은 이미 앞서가고 있으니 나는 이제라도 힘껏 액셀을 밟을 수밖에 없다는 조급함이 생기는 것이다.

어찌 보면 인간의 당연한 감정일 수도 있다. 그러나 이 당연함이 얼마나 위험한지, 이런 감정들이 지배했던 2000년대 후반 수도권 모 지역의 이야기를 들어보자.

'재개발이 될 만한 오래되고 낡은 집은 돈이 된다'라는 인식이 서울에서 시작해 경기도, 경기도 외곽, 인천까지 수도권 전체로 번진다. 그야말로 파죽지세다. 반지하 빌라 매매가격 2천만 원, 전세 1,500만 원으로, 채당 500만 원이면 투자가 가능하다. 심플하게 1억 원에 20채, 1억 5천만 원이면 30채 투자다.

TV에 나오는 부동산 전문가도 아니고, 그저 옆집에 사는 일반인들이 과감하게 수십 채를 사들인다. 1년도 안 된 시기에 시세는 1.5억 원까지 상승한다. 20채, 30채에 해당하는 20억~30억 원의 상상하지도 못할 수익이 발생한다. 물론 매도하지는 않았으니 눈앞에 아른거리는 수치상으로만 존재하는 수익이다.

늦게 진입한 투자자일수록 더 많은 대출로 더 많은 투자금을 활용해서 되도록 빨리, 되도록 여러 채를 동시에 매입한다. '지금 시세가 1.5억 원이라도 금방 3억 원까지 오를 거'라는 이야기가 기정사실쯤으로 여겨진다. 매물 자체가 씨가 마르고, 매물이 나왔다고 하면 몇천만 원을 더 올려서라도 매수하고야 만다. 비싸게 주고 산 것 아닌가 하는 불안감도 잠시, 시세는 그로부터도 5천만 원이 더 올라 2억 원을 향하고 있다. 당연히 그 가격에도 못 사서 난리 치는 다른 투자자들을 지켜보며 안심과 동시에 남모른 희열감마저 느낀다.

그렇게 1~2년의 시간이 흐른다. 좀 더 오르면 팔아야지, 도대체 언제까지 올라가나 하던 불장에서 살짝은 썰렁한 느낌이 감돈다. 잠시 쉬어가고 다시 타오르겠지 했는데, 시간이 지날수록 싸늘함마저 느껴진다. 언론에서는 부동산 빙하기, 부동산 하락기, 부동산 폭락기라는 용어들이 번져간다.

덕지덕지 프리미엄으로 활기차던 반지하 빌라의 명성은 온데간데없다. 세입자 연락으로 찾아간 반지하에서는 천장까지 올라간 집값이, 아니 물이 주르륵 수직낙하중이다. 장마기간이 지나가면서 세입자들로부터 걸려오는 전화로 정신이 혼미할 지경이다. 위에서는 물이 새고, 아래에서는 물이 차오르고, 여기저기 뜯겨지고 고장나고, 당장 나갈 테니 전세금을 빼달라고 아우성이다.

결국 반지하 빌라의 가격은 다시 사용가치만큼의 금액인 2천만 원으로 회귀했고 1.5억 원에 구입했던 집값은 채당 1.3억 원의 손실이 발생한다. 10채 13억 원, 20채 26억 원… 다시는 부동산시장으로 진입할 수 없는, 평생을 보통의 인생궤도로 진입할 수 없는… 지옥의 수렁으로 스며들었다. 그 당시 많은 이들은 이러한 부동산사태를 견디지 못한 채 세상을 등졌다.

부동산이든 코인이든 어떤 투자든 내가 가진 자산을 토대로 상황에 맞는 속도를 내야 한다. 단순히 남들과의 비교경쟁이 아니라, 내

안의 자신과 밀당을 해야 한다는 말이다. '난 망했어. 아무것도 할 수 없어'라며 포기하는 마음이 들 때면 뒤를 밀어 앞으로 나아가게 하고, '인생은 한방이야 가즈아' 하는 마음이 들 때면 뒤에서 당겨 속도를 느리게 만들어줘야 한다. 그런 자기와의 밀당을 통해야만 후회하지 않는 재테크 성공을 이끌어낼 수 있다.

집을 사야 하는
황금 타이밍은 언제인가?

최근 10년 사이 부동산시장에서도 집값 하락과 집값 상승은 늘 반복되어왔다. 특히나 정부가 부동산에 대한 규제를 내놓을 때마다 단기적으로 부동산가격은 보합하거나 하락하기도 했다. 부동산 공인중개사사무소에 가보면 파리 한 마리 없는 썰렁한 분위기가 연출되었다. 그러다 순식간에 분위기가 바뀌는 순간, 매물은 사라지고 가격은 급등했다. 몇 개월 사이에 벌어지는 일임에도 부동산시장에서는 확연한 온도차를 느낄 수 있었다.

부동산 급등기, 즉 매도자 우위 시장에서는 보통 이런 일이 벌어진다. 매도인의 마음은 하루에 열두 번도 더 바뀐다. 가격을 깎아달라고 전화하면 무슨 소리냐며 대꾸도 하지 않는다. 내놓은 부동산이 많을수록, 문의 전화가 많이 올수록 비례해서 가격을 올린다. 아침 가격과 저녁 가격조차도 달라진다. 아니, 단 몇 분 사이에도 가격이 올라가 있는 일이 예사다. 거기에 집주인은 집도 제대로 보여주지 않는다.

부동산시장에서도 미술 경매입찰장이 들어선다. 매수자끼리 경쟁이 붙어 자체적으로 가격을 올린다. 서로 사겠다고 난리다. '계약할 마음이 있다면 집부터 보는 게 아니라, 계약금 먼저 보내야 한다'는 이야기가 전혀 낯설지가 않다. 매수자의 입장에서는 쫓기듯이, 뭔가에 홀리듯이 계약을 하는 경우가 많다.

부동산 빙하기, 즉 매수자 우위 시장에서는 보통 이런 일이 벌어진다. 매수인의 마음은 여유가 넘치다 못해 매수욕구마저 잠잠해진다. 가격을 깎아달라고 전화하면 중개인은 얼마까지 원하는지를 물어보고, 최대한 그 가격에 맞춰준다며 친절히도 응대해준다. 그리고 임대인과 전화 후 실제 그 가격까지 깎아준다. 그럼에도 매수인은 마음이 왔다리 갔다리 한다.

집 내부를 살펴보러 찾아가는 경우, 거기에 임대인이 실거주하고 있다면 과장해서 1박 2일 집을 보는 것마냥 구석구석 볼 수도 있다. 그곳에서 흠이라도 잡는다면 거기서 플러스 에누리까지 가능하다. 부동산 공인중개사사무소 여기저기 연락해서 부동산가격을 더 깎아내릴 수도 있다. 매수자는 거북이처럼 천천히, 그럼에도 목표하는 가격으로 계획적인 매수가 얼마든지 가능하다.

그럼에도 사람들은 매수자 우위 시장에서 집을 사지 않는다. 이때 그들의 발목을 잡는 것은 단순한 '두려움' 때문이다. '부동산은 사는(live) 것만 하면 되는데 굳이 사야(buy) 할 이유가 있나? 지금 싼 건 다 이유가 있을 거잖아.'

몇 년 동안 '부동산은 돈이 된다'라는 인식이 강할 때는 그런 두려움이 왜 생길까 하지만, 실제 부동산이 하락하는 순간이 오면 사람들은 우르르 뒤로 물러나기 바쁘다. 그렇기에 가격이 저렴한 시기에는 매도자만이 넘쳐난다. 반대로 매수자는 눈 씻고 찾아보기도 힘들다. 오죽하면 380만 호가 존재하는 서울주택시장에서 한 달 거래가 1,000건 아래로 떨어지는 현상이 발생하겠는가.

물론, 무턱대고 부동산이 하락하는 시장이 매수 타이밍이라는 게 아니다. 단기적으로는 부동산시장이 불리한 상황에서 중장기적으로는 유리한 상황으로 바뀔 수 있는 시기야말로 우리가 노려야 하는 황금 타이밍이라 할 수 있다.

시장에서 우리는 잠시 숨 고르는 시기, 잠시 하락하는 순간을 잡아 자산을 상대적으로 저렴하게 구입한 부자들의 이야기를 수없이 들어왔다. 그러면서 '그런 시절이 다시 돌아오면 정말 투자를 기똥차게 잘할 수 있을 텐데' 하는 아쉬움을 토로한다.

앞으로도 이런 후회를 무한 반복하고 싶은가? 그게 아니라면 전체를 보는 시선에서, 객관적인 시선에서 현재의 시장을 판단하고 투자 타이밍을 잡아낼 수 있어야 한다.

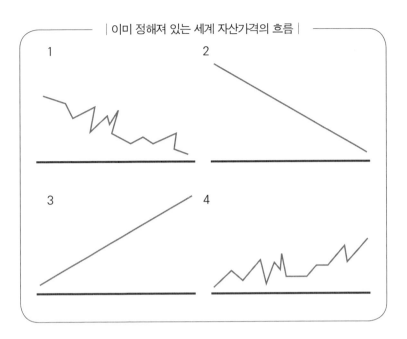

| 이미 정해져 있는 세계 자산가격의 흐름 |

1

2

3

4

이 그림의 4가지 그래프 중 세계적인 자산가격은 어떻게 흘러왔을까? 경제를 모르는 사람이 봐도 네 번째 그래프처럼 형성되는 게 합당하다고 볼 것이다. 부동산시장도 단순히 직선형으로 하락하거나 직선형으로 상승하지 않는다. 아무리 장기적으로 상승한다 해도 그 중간중간 하락의 순간이 있다. 산이 높으면 골의 깊음도 존재한다.

앞선 이야기들의 결론으로 우리는 잠시 숨 고르는 순간, 잠시 하락하는 순간을 잡아 자산을 상대적으로 저렴하게 구입하는 게 가장 현명한 옵션임을 알 수 있다. 다시 말해 단기(금리, 규제, 코로나19 등으로 인한) 하락, 중기(부동산 공급물량 감소) 상승의 시장을 잡아야 한다는 것이다.

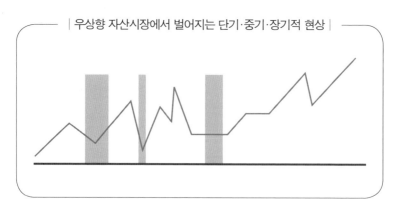

| 우상향 자산시장에서 벌어지는 단기·중기·장기적 현상 |

장기적: 인플레이션 상승은 변치 않는 고정(정부의 물가목표가 2~3% 상승)

중기적: 부동산 공급물량(유동적)

단기적: 금리, 규제, 코로나19

알 수 없는 변수: IMF위기, 서프프라임위기(어떤 전문가도 알 수 없는 미지의 세계)

정부가 규제를 한다, 금리가 상승한다, 부동산시장이 얼어붙는다, 중기적으로 부동산시장에서는 호재로 볼 수도 있다. 무슨 말인가? 규제가 강하고, 금리가 상승해서 심리가 불안해져 사람들이 집을 구입하지 않고 청약도 미달된다면 건설사가 아파트를 새로 지으려고 할까?

건설사는 이윤을 추구하는 기업이다. 당연히 시기를 늦추거나 발을 뺀다. 그러면 중장기적으로 공급이 줄어든다. 공급이 줄면? 그 뒤 상황은 알다시피 전월세 상승이 일어나게 되고, 이는 매매가를 자극하는 원동력이 된다. 매매가 상승하면 또다시 건설사들은 더 많은 집을 지어내기 바쁠 테고, 그러면 공급 과다로 전월세 하락과 매매가 하락이 일어난다.

어차피 장기적으로 인플레이션 시장이 예견되어 있다면 우리는 적정한 가격에 내 집을 살 수 있는 그 타이밍만 잘 잡으면 될 뿐이다. 단기적인 시선에서 벗어나 중기·장기적인 안목을 길러야 하는 이유다.

큰맘 먹고 삼칠외국어 학원을 등록한다. 올해는 영어회화 능력을 향상시켜 승진에 성공하리라 다짐한다. '어게인 취준생'의 마음으로 개강 첫날을 맞이한다. 새벽 4시 30분, 알람소리에 눈을 뜬다. 무의식적으로 휴대폰을 확인한다. 역시나 모두가 잠들어 있다. 평상시 100개를 넘어가는 단톡방마저도 고요하다. 대기업 CEO 정도는 되어야 가능한 기상시간이다. 올해 승진은 따놓은 당상이다. 새벽 5시 33분 신림역, 첫차의 문이 열린다. 당연히 아무도 없어야 한다. 텅 빈 좌석에 다리 뻗고 누워도 그 누구도 보지 않을 시간이다. 그래야 맞다. 그런데… 이게 무슨 일인가? 아니 사람이 보인다. 그것도 하나둘이 아니다. 심지어 누워야 마땅할 시간인데, 앉을 자리조차 보이지 않는다. '빨리 새벽을 맞이하면, 남들은 여전히 꿈속을 헤맬 것이라 생각하지만, 언제나처럼 세상의 시계는 빠르고, 세상은 쉬지 않고 움직인다.'

'부'의
승리가
눈앞에 있다

모든 투자의 가장 중요한 원칙,
쌀 때 사서 비쌀 때 판다

**저는 오늘 가장 중요한 명제이자 누구나 알고 있는 이야기, 그럼에도 지나고 나서야 깨
닫고 후회한다는 '모든 투자는 쌀 때 사고, 비쌀 때 판다'에 대해 말씀드리고 싶습니다.
격의 없이 하고 싶은 이야기를 서슴없이 해주셔야 합니다.**

이 부동산카페 오프라인 스터디모임에 들어오려고 노력한 시간만
생각하면 서울대를 들어가고도 남을 듯싶다. 게시글만 300개를 올
렸다. 댓글은 5,000개를 달았다. 선배가 얼굴만 보면 "게시글은 올리
고 있냐" "댓글은 지금 몇 개째 달고 있냐" 애인보다 더 많은 연락으
로 비몽사몽 열혈투지를 불태웠다. 마침내 그 힘들다는 스터디모임
에 최정예 멤버로 입성했다.

대망의 첫날, 문자를 다시 확인해본다. '교대역 3번 출구 서호빌딩
5층 오후 2시.' 도대체 어떤 곳이길래 그 많은 사람들이 이곳에 오기
위해 열광하는지 살다 살다 이런 경험은 처음이다.

'신입회원 OT 우현 님, 장덕 님, 이슬처럼 님, 호빵빵 님, 동글이
님 환영합니다.'

고생한 만큼, 환영한다는 소리 없는 인사에도 뿌듯한 감정이 솟구친다.

"오늘 오신 분들은 정말 운이 좋으신 겁니다. 카페 주인장 님이 직접 특강을 준비해주셨어요."

옆집 아저씨같이 후줄근한 사람 하나가 들어온다. 눈이 작고 얼굴이 길쭉하다. 얇고 둥근 검은 안경테를 끼고 있다. 딱 봐도 돈 없어 보이는 상이다. 생긴 것만 봐서는 부동산투자의 '부' 자도 모르게 보인다. 저런 사람이 책도 내고 다년간의 부동산경험이 있다니 일단 재수가 없다. 말로만 듣던 다주택 투기꾼인가보다.

간단한 소개가 이어진다. 흙수저 지방 출신, 평범한 월급쟁이란다. 나의 과거와 다를 바 없다. 다만 현재가 하늘과 땅 차이라는 게 다를 뿐.

"안녕하세요. 카페 주인장 카스파입니다."

여유와 자만이 적절한 비율로 배합된 저 미소가 말로만 듣던 '부의 미소'인가. 입을 열기 전에는 그야말로 없어 보였는데, 입을 열어 한마디를 던지니 후광이 내리친다.

"정말 어려운 과정을 거쳐서 들어오신 분들이네요. 속으로 많이 욕하셨겠지만, 부동산투자도 단순히 돈을 벌자는 게 아니기 때문에 이런 열정과 노력들이 필요하다고 생각했습니다. 그리고 그런 사람들이 모여야 서로 간의 긍정적인 시너지를 만들어낼 것이고, 이 모임을 더 소중히 이어갈 수 있을 거라 믿었습니다. 물론 지금도 그 생각은 변함이 없습니다. 저희 모임은 단순히 누군가 강의하고, 그걸 받아 적고 공부하는 그런 수능스터디가 아닙니다."

수능보다 더 힘들게 만들어놓고 수능스터디가 아니라니 어이가 없다.

"학생이 아니라 이제는 다들 사회인 아니십니까?"

투자는 적어도 30~40년은 함께해야 할 최장거리 마라톤

그걸 아는 사람이 사회인들에게 이렇게 어려운 구조를 만들었단 말인가. 변명치고는 성의가 없다.

"그만큼 서로 간의 생각을 공유하고 투자에 있어 걸림돌이 되는 선입견들은 제거하면서 함께 부를 나눌 수 있는 모임이 되고자 하는 게 주 목적입니다. 그렇기 때문에 가장 중요한 건 여러분들이 현재 가지고 있는 생각들을 가감 없이 공유해주셔야 합니다. 앞에 나온 발언자가 이야기를 할 때 그냥 듣고만 계시는 게 아니라, 중간중간 끼어드셔서 질문도 해주시고, 자신의 의견을 말해주셔야 합니다. 본인이 궁금해하는 부분, 본인이 의아하게 생각하는 부분을 꺼내면서 토론하는 순간 투자의 세계에 좀 더 안정적으로 진입할 수 있습니다. 이런 과정을 지속적으로 거치는 동안 여러분에겐 점점 더 올바른 투자마인드가 정착하게 될 겁니다. 투자는 단거리 달리기가 아닙니다. 앞으로 적어도 30~40년은 함께해야 할 최장거리 마라톤입니다."

안 그래도 부동산 관련 뉴스 요약하기, 부동산 투자방법 후기 쓰기, 그리고 재테크 칼럼이나 카페회원들 실제 투자일지, 부동산 임장후기, 투자실패담 등 끝없는 글들을 읽고 성의 있게 댓글쓰기를 하는 과정에서 묻고 싶고, 따지고 싶고, 하고 싶은 말들이 너무나도 많았다.

"저는 오늘 가장 중요한 명제이자 누구나 알고 있는 이야기, 그럼에도 지나고 나서야 깨닫고 후회한다는 '모든 투자는 쌀 때 사고, 비쌀 때 판다'에 대해 말씀드리고 싶습니다. 오늘은 저 혼자 말하려고 마련한 자리가 아닙니다. 격의 없이 하고 싶은 이야기를 서슴없이 해주서야 합니다. 그래야 이 특강이 재밌게 진행될 겁니다."

부동산판을 흔드는 정부 정책, 새로운 기회가 온다

정부는 정책을 만든다. 과하면 풀고, 느슨하면 조인다. 부동산시장은 누군가에게는 가난의 대물림을 일으키는 악당이 되고, 누군가에게는 부의 추월차선으로 갈아탈 기회를 주는 투자처가 된다.

"집을 구입하는 건 투기일까요, 투자일까요? 우현 님은 어떻게 생각하세요?"

갑작스런 질문에 당황하면서 머릿속 생각을 던져낸다.

"내가 하면 투자고, 남이 하면 투기 아닐까요?"

옆에 있던 호빵빵 님은 다른 의견을 내세운다.

"하하~ 그럼 제가 집을 구입하면 남이니까 투기가 되는 건가요? 이해가 되지 않아요. 왜 집을 투기라는 거죠? 투기라는 생각을 하는 사람은 평생 집을 구입하지 않는다는 건가요?"

카스파 님은 고개를 끄덕이며 이야기를 꺼낸다.

"부동산이 투자냐 투기냐는 간단히 말해서 '그때그때 달라요'가 정답인 것 같습니다. 같은 상황을 두고 국가를 운영하는 정부에서도 전혀 다른 시선으로 바라봅니다. 그리고 이 단순한 시선 차이 하나가 엄청난 파급력을 이끌어냅니다."

'엄청난'이라는 단어에 모두의 시선이 집중된다.

"먼저 '투기'라 규정하고 부동산시장을 바라보는 정부는 어떤 시선을 가지고 있을까요? 본인이 거주하는 한 채 그 이상 집을 매수하는 건 투기입니다. 그 투기로 인해 집값은 급등하게 되고, 이에 많은 서민들이 그 피해자가 됩니다. 당연히 그로 인한 수익은 국가에 귀속되어야 하고, 그 귀속된 수익은 다시 국민들을 위해 사용되어야 합니다. 그러니 군이 집을 매수하려 하지 말고 전세나 월세에 거주하거나, 정부에서 제공하는 공공주택에 거주하기를 유도합니다. 부동산규제를 강하게 밀어붙이면서 보유세, 종부세, 양도세, 취득세 등 각종 세금이 몇 배로 늘어납니다. 전혀 논리적인 모순이 보이지 않습니다. 정부의 시선대로 대다수 국민은 부동산을 투기꾼들의 놀이터쯤으로 받아들이게 됩니다."

어디선가 많이 들어본 이야기다.

"반대로 이번에는 '투자'라 규정하고 부동산시장을 바라보는 정부는 어떤 시선을 가지고 있을까요? 본인이 거주하는 한 채 그 이상의 집이라도 그건 투자입니다. 그 투자로 인해 건설사는 수익이 나는 건축을 시도합니다. 슬럼화되어 각종 범죄가 일어나는 곳을 재개발합니다. 벽에 금이 가고, 물이 새고, 주차공간이 부족하고, 심지어 건물이 붕괴할 정도의 위험성을 가진 아파트를 재건축합니다. 많은 새 집들이 지어지고, 이 집들을 투자해주는 임대인들은 세입자들에게 임차를 내줍니다. 물론, 이런 새 집들이 많아질수록 전세나 월세 가격은 낮아지고 그로 인해 임차인들이 혜택을 보게 됩니다. 그러니 정부에서는 이런 임대인들에게 각종 인센티브를 주면서 오래도록 임대인이 될 수 있게 다독여줍니다. 이번에도 논리적인 모순은 보이지 않습니다."

 ### 정부는 집값 하락을 원할까? 집값 상승을 원할까?

"아니, 집값 올라 혜택 보고, 정부에서 인센티브 줘서 혜택 보고, 이건 정부사람들이 다들 유주택자거나 다주택자라 본인 집값이 급등하기를 원해서 그런 꼼수를 부리는 것 아닌가요?"

우현이 잠시 고민하다 따지듯 한마디 던진다.

"네네, 우현 님 발언 좋습니다. 다른 분들도 중간중간 의견 내비쳐주셔야 합니다. 자, 우현 님 한 가지 질문을 드려보겠습니다. 대통령이 되려고, 국회의원이 되려고, 시장이 되려고 선거에 나가는 정치인들의 주된 목표는 무엇일까요?"

"그야 당선되는 게 목표 아닐까요?"

"네, 정치인의 목적은 당연하게도 선거에서의 승리, 즉 당선입니다. 아무리 좋은 정책도 선거에서 패배한다면 써먹을 수가 없습니다. 그저 쓰레기통으로 들어가는 종이쪼가리에 불과해지는 겁니다.

그런데 만약 집값이 폭등한다면 그 정치인, 그 정당은 다가오는 선거에서 이길 수 있을까요? 어떤 정부도 집값이 폭등하는 건 원하지 않습니다. 집값 폭등은 서민의 주거안정을 위협하게 되고, 그로 인한 결과로 다음 선거에서 필패하는 것이 역사 속에서 증명되어왔기 때문입니다."

우현은 그게 당연하다고 생각한다. 나같이 부모 도움 없는 사람도 안정된 삶을 살게 모든 집값을 하락시켜주는 게 옳은 것 아닌가. 다시금 생각을 입 밖으로 내본다.

"집값을 하락시키는 정부가 좋은 것 아닌가요? 저는 지속적으로 집값을 하락시켜서 정말 돈 없는 서민도, 저 같은 흙수저도 맘 편하게 집을 구입하게 해주는 정부를 원한다구요. 그게 그렇게 어려운 거예요? 솔직히 여기 모인 사람들이 자꾸 부동산투자 하고 집값을 들쑤셔서 아파트값이 폭등하는 일이 벌어지는 것 아닌가요?"

다른 사람들도 있다는 걸 의식하지도 못한 채 흥분해서 계속 말을 이어간다. 그럼에도 카스파 님은 묵직하고 점잖은 말투로 조곤조곤 응대해준다.

"혹시 2010년에서 2013년 정도까지 유행했던 부동산 단어 중에 '하우스푸어' 이야기 들어보셨습니까? 그 좋다던, 누구나 살고 싶어 한다던 강남 아파트까지도 속절없이 하락하던 시절이 있었습니다. 브랜드 건설사에서 지은 아파트들도 청약미달은 물론, 이미 입주가 시작되고 몇 달, 몇 년이 지나도 매수하겠다는 사람이 없었습니다. 건설사에서는 10~20% 분양가 할인도 모자라 50%까지 깎아서 헐값에 팔기도 했습니다."

50대로 보이는 이슬처럼 님이 그때 일이 떠오르는 듯 회상하는 말투로 이어받는다.

"제가 그 피해자였어요. 제가 분양받았던 집은 10억 원이었는데, 건설사에서 반값할인으로 5억 원에 팔아버리니 순식간에 제 집 시세는 5억 원이 되어버렸어요. 눈앞에서 5억 원이라는 돈을 잃어버리게 된 건데 제정신으로 살 수 있었겠어요? 그때 다른 아파트단지에서는 할인받아 들어온 사람들을 입구에서 차로 막고, 심지어는 자살소동까지 벌어지기도 했어요. 제가 매달 내야 하는 은행 원리금은 10억 원을 기준으로 내고 있는데, 지금 집 시세는 5억 원이니 말도 안 되는 상황인 거죠. 물론 제가 한 선택으로 벌어진 일이지만 너무 억울했어요. 결국 은행 원리금도 제대로 갚지 못했어요. 그 덕에 집안도 파탄이 났죠. 그때 생각하면 지금도 너무 힘든 순간…."

말이 채 끝나기도 전에 동글이 님이 연이어 발언한다.

"저는 그때 집값 폭락으로 인한 깡통전세 피해자였어요. 집주인 대출이 껴 있던 집에 낮은 전세가에 혹해서 들어갔는데 결국 그 집이 경매로 넘어갔어요. 아무리 싸게 집을 내놔도 살려는 사람은 없고, 집주인이 대출이자를 계속 연체하면서 일이 터져버렸어요. 당연히 제 전세금은 100% 돌려받을 줄 알았는데, 낮은 가격에 낙찰되면서 5천만 원은 끝내 돌려받지 못했어요. 취직해서 그나마 모은 돈 몽땅 잃어버린 셈이었죠. 집주인은 집도, 사업도 다 파산경매로 넘어가서 어디다 하소연할 수도 없었고, 정말 지옥 같은 시간이었어요."

지금도 잊을 수 없는 그때의 공포가 떠오르는 듯 두 사람의 눈시울이 이내 붉어진다. 집값이 지속적으로 하락하는 게 투기꾼들만이 아니라 일반 서민들에게도 피해를 줄 수 있음을 눈앞에서 목격하는 기분이다. 우현은 자신도 모르게 누군가를 향한 미안한 감정이 일렁인다. 물론 잠시 동안만.

"지금이야 집값이 이렇게 오르니까 '제발 폭락해라. 능력도 안 되는 너희가 집을 산 게 문제지, 폭락해봐야 정신 차리지' 하겠지만, 실제 집값이 폭등하는 시장만큼 무서운 게 집값이 폭락하는 시장입니다. 집값이 폭락하면 대출받아 어렵게 집 장만한 서민들도, 전세를 들어갔던 임차인도, 건설업에 종사하던 근로자들도, 결국 대한민국 경제가 전반적으로 패닉상태에 빠지게 됩니다.

정부는 이를 모르지 않습니다. 그래서 정부는 집값이 폭락하는 것도, 폭등하는 것도 둘 다 원하지 않는다는 겁니다. 경제가 성장하기를 원하는 만큼 부동산가격도 인플레이션 시장에 맞게 안정적으로 조금씩은 오르는 시장을 정부는 '집값 안정' '주거 안정'이라 판단합니다. 그럼에도 어떨 때는 투자로, 어떨 때는 투기로 바라보며 상황에 따라 채찍과 당근을 번갈아 사용할 뿐입니다."

집값이 올라도 걱정이고, 내려도 한숨이고 도대체 어떤 게 나를 위해, 우리를 위해 좋단 말인가? 결국 어느 정도는 시장성장에 맞게 오르는 게 '안정적'이라는 건가.

너(기업)와 나(개인), 그대(정부)를 알아야
백전백승이다

"말씀하신 내용을 뒤집어서 생각해보니 문득 이런 아이디어가 떠올라요. 집값이 오르지 않으면 사람들이 경쟁도 하지 않겠죠? 그럼 일부러 집을 구입하지도 않을 거잖아요. 지금 강남에 20억 원짜리 집을 정부에서 그냥 '1억 원'으로 시원하게 동결시키면 어떨까요? 그러면 각종 세금부담 때문에라도 위험하게 영끌해서 내 집 마련도 하지 않겠죠. 결국 경쟁은 사라질 테고, 그럼 누구나 강남에 살 수 있지 않을까요? 제가 강남에 들어가 살고 싶어 이런 말 하는 건 절대 아닙니다만."

다들 우현의 얼굴을 이상한 눈빛으로 훑어본다. 솔직히 던져놓고 나니 뭔가 이상하다는 생각이 들긴 한다. 다시 주워담고 싶지만, 이미 뱉은 말은 역시나 순식간에 달아나버린다.

"그럼 누구나 살기 좋다고 하는 강남인데 서울 인구 천만 대다수가 1억 원으로 강남에 살려고 하면 어떻게 할까요? 강남구 인구가 50만 명 정도라면 나머지 950만 명도 '나도 한번 살아보자'라고 할 텐데 그럼 누구부터 들어가는 게 공평한 겁니까? 가격은 1억 원으로 한정 지어놓았으니 다른 방법으로 경쟁을 뚫어야 할 텐데, 가위바위보를 할 수도 없고, 안타까운 사연을 가진 순으로 할 수도 없고, 정부가 맘에 드는 순으로 할 수도 없지 않습니까? 혹시 우현 님은 다른 좋은 아이디어가 있을까요?"

"아, 그거야… 죄송해요. 저도 말을 던져놓고 나니 너무 제 위주로 생각했네요."

우현의 당황한 듯한 반응이 귀여운지 다들 웃음을 터뜨린다. 긴장으로 조여 있던 분위기가 조금은 느슨해진다.

"다들 본인이 처한 상황이 제일 우선입니다. 그건 어쩔 수 없습니다. 아무튼 그래서 한국이라는 나라가 택하고 있는 자본주의는 그 경쟁이 결국 가격에 의해 좌우됩니다. 그게 자본주의사회에서는 가장 정당한 방법이라 생각하는 겁니다."

우현 쪽을 쳐다보며 괜찮다는 듯 미소를 지어 보인다.

"살아가면서 우리는 내 생각만 강요하다가는 타인과 제대로 어울릴 수가 없습니다. 나에게는 A라는 상황이 옳은 일이지만 너에게는 A라는 상황이 그른 일이 될 수가 있으니까요. 어떤 일이든 득과 실이 존재합니다. 부동산에서도 마찬가지입니다. 내가 '실'이 되지 않기 위해 상대방의 입장을 알고 그 사람의 행동이 어떻게 나올지 미리 예상하고, 미리 대처하는 것만이 최선의 비법이라 할 수 있습니다."

무슨 말을 하려는 건지 알 수 없다는 표정으로 일제히 카스파 님의 입만 쳐다본다.

"너무 갑작스럽게 철학 분야로 넘어간 겁니까? 하하, 제가 하고자 하는 말은…."

궁금증을 일부러 더 유발하려는 듯 갑자기 물을 한잔 들이켜며 시간을 끈다.

"다들 무서운 집중력을 보여주시는군요. 이 분위기 좋습니다. 이어가겠습니다. 제가 하고자 하는 말은 마치 심리학을 공부하듯 부동산에서도 서로의 마음을 아는 것이 필요하다는 겁니다."

부동산에서 갑자기 심리학으로 넘어온 이 상황이 신기한 듯 더 의아해하는 모습들이다.

"부동산시장을 형성하는 대표적인 세 존재가 있다는 걸 아십니까? 먼저 부동산을 거래하는 당사자인 '개인'으로 지금 우리 같은 사람들입니다. 두 번째로 그 부동산을 제공해주는 '건설사'가 있습니다. 마지막으로 세 번째 이 부동산시장을 조여주고 풀어주는 역할을 하는 '정부'가 있습니다.

이들 각각은 처한 입장과 상황이 다를 수밖에 없습니다. 단순히 개인의 입장에서 바라보고 돈만 벌려는 악덕기업, 세금만 축내는 못된 정부, 이런 식으로 판단할 게 아니라 왜 그런 행동을 하는지 알고 있어야 한다는 겁니다. 적어도 부동산 재테크를 공부하고자 하는 사람이라면 말이죠."

그제야 왜 심리학을 걸고 들어온 건지 알겠다는 듯 다들 고개를 끄덕이며 노트에 기록한다.

"먼저, 정부는 어떤 생각을 가지고 있을까요? 자본주의 국가에서 정부의 첫 번째 역할은 국민의 안정과 경제성장입니다. 국민의 안정을 위해서는 무엇보다 중요한 것이 주거 안정입니다. 만약 물가상승률이 마이너스가 되고, 집값이 떨어져 헐값에 국민 모두가 집을 장만하는 날이 오면 그것이 주거 안정이 된 걸까요? 물가상승률이 0%나 마이너스가 되는 것은 오히려 경제성장을 해쳐 국가 전반의 경제를 위협할 수 있습니다.

그러다 보니 앞서 말한 바와 같이 정부는 국가와 국민의 안정을 위해 부동산가격의 등락을 최소화하는 것을 목표로 할 수밖에 없다는 겁니다. 가격이 많이 오른다 싶으면 그것을 미리 파악해 규제를 가하고, 가격이 많이 내렸다 싶으면 인센티브를 주어 가격 하락을 방어하는 식이라는 겁니다. 아무리 부동산을 투자로 보는 정부도 집값이 급등하는 상황에는 규제를 조여주고, 아무리 부동산을 투기로 보는 정부도 집값이 폭락하는 상황에서는 규제를 풀어줍니다."

다들 여기에는 아무런 반박이 없는 듯 어떤 이의도 제기하지 않는다. 그럼에도 우현은 정부가 서민의 주거 안정을 원하고 있다는 게 전혀 믿기지 않는 듯 한숨을 쉬며 노트에 '정부=주거 안정의 임무'라고 적어본다.

"이번에는 기업 건설사의 입장을 보겠습니다. 기업은 쉽게 말해서 장사꾼입니다. 장사꾼의 궁극적인 목표는 이윤을 창출하는 것입니다. 해가 뜰 때 우산을 싼값에 사서 비가 오면 비싼 값에 손님에게 파는 겁니다. 마찬가지로 건설사는 땅값이 쌀 때 미리 사서, 부동산 호황기에 건물이라는 형태로 개인에게 팔게 됩니다. 특히나 한국에서는 선분양이라는 제도가 있어, 기업은 입주가 진행되는 몇 년 뒤 상황에 부담을 가질 필요가 없습니다. 어차피 호황일 때 미리 계약자들의 도장을 다 받아뒀으니, 부동산값이 떨어지든 말든 기업이 걱정할 일은 아니라는 겁니다. 장사꾼이 돈을 벌 수 있을 때 벌어둬야 하는 건 당연한 겁니다. 그래야 불황기가 왔을 때 견딜 수 있습니다. 그러지 않으면 회사는 망하고 그 회사 직원들은 일자리를 잃게 될 것이고, 가족들도 고통을 겪게 됩니다. 그러니 장사꾼이 이윤을 추구한다? 그건 기업이 자기 본연의 임무에 충실하다는 겁니다."

정부와 마찬가지로 불신의 대상인 건설사도 사실은 이윤을 추구하는 자기 본연의 임무에 충실하다는 것이다. 그들의 입장에서 생각하면 그게 당연하다 여겨지면서도 왠지 모를 씁쓸함은 어쩔 수가 없다. 우현은 이번에도 한숨을 쉬며 노트에 '기업 건설사=이윤 추구의 임무'라고 적어본다.

"이제 마지막으로 볼 입장은 바로 우리 개인입니다. 여러분 개인의 입장에서는 이 부동산시장이 어떤가요? 누군가에게는 부의 추월차선으로 갈아탈 기회를 주는 투자처이고, 누군가에게는 가난의 대물림을 일으키는 악당과 같은 존재로 느껴지는 곳입니다. 이건 본인이 평소에 생각하는 가치관에 따라 바뀔 수도 있습니다. 또한 본인이 현재 무주택자인지, 1주택자인지, 다주택자인지에 따라서도 그 생각은 수시로 바뀔 수 있을 겁니다.

부동산을 대하는 우리들의 심리는 '내가 집을 매수하기 전이냐 후냐'에 따라서 극명하게 달라집니다. 단순히 화장실을 들어갈 때와 나올 때도 마음이 완전히 달라진다고 하지 않습니까. 그런데 내 피 같은 몇억 원의 돈이 들어가는 중대한 일에서 전과 후가 어찌 같은 마음일 수 있겠습니까. 당연한 겁니다."

가슴에 손을 얹고 우현은 생각해본다. 나라는 사람이 집을 사서 유주택자가 되었다면 내 집이 지속적으로 하락길 원할까? 그건 생각만 해도 끔찍하다. 은행에서 빚을 내서 집을 어렵게 마련했는데 내가 사자마자 집값이 끝없이 추락한다면 그건 인생 전체가 폭망하는 것과 동일하다.

부모 잘 만나 가만히 앉아서도 돈이 넘치는 이들의 경우 집값이 폭락해도 솔직히 그들의 손실은 미미한 것일 수 있다. 그러나 물려받은 것 없는 흙수저에게 집값 폭락은 가진 재산 전체가 사라지는 것을 의미한다. 그렇기에 내가 집을 사는 그 시점부터 절대 부동산은 하락이 아니라 상승곡선을 달려야 한다. 그래야 남들처럼 평범하게라도 살아갈 의지가 생길 것이다.

'부자가 되길 원하는 게 아니다. 그저 대한민국의 평범한 가정을 꾸려가는 국민 중 하나이길 바라고 바랄 뿐이다.' 우현은 달님에게 빌듯 그저 속으로 되뇌고 또 되뇌어본다.

정부가 지속적으로 부동산규제를 완화할 수밖에 없는 이유

"자, 정리해볼까요? 앞에서 말씀드린 것처럼 우리는 정부의 목적을 미리 알아채고, 기업의 입장을 이해하고, 개인의 가치관을 이에 맞게 적용시켜야 부동산투자가 한결 수월해지게 됩니다."

토시 하나 빠지지 않고 다 기록하겠다는 듯 노트북을 신들린 사람처럼 두들기던 호빵빵 님이 입을 연다.

"그런데 '어떤 정부도 집값 폭등이나 집값 폭락을 원치 않는다'가 개인인 우리들에게 어떤 시사점을 준다는 건가요?"

"만약 지금의 부동산시장이 규제가 과도하다면? 그 규제는 언제까지나 강하게 적용되는 것이 아니라 집값이 폭락할 신호가 보인다면 언제든 다시 풀려나갈 수 있다는 겁니다. 지금 현재 주택을 여러 채 소유한 사람에 대한 규제가 과해서 다른 부작용을 일으킨다? 그럼 그 규제는 점차적으로 완화될 수 있다는 겁니다."

전혀 이해할 수 없다는 표정으로 응수하는 호빵빵 님을 보고 카스파 님은 예를 들어본다.

"5년 전 똘똘한 한 채 가격으로 지방 아파트 5채를 샀다고 한다면 지금은 똘똘한 강남 아파트 한 채가 지방 아파트 10채 이상을 합한 가격과 비슷하게 되었습니다. 과도한 다주택자에 대한 규제가 가져온 결과가 현실에서는 양극화로 이어져버렸기 때문입니다."

우현은 그 이야기에 입을 다물지 못한다. 어떻게 강남에 집 한 채 마련하는 게 지방 집값 10채와 맞먹을 수 있단 말인가. 부모 잘 만나 강남에 집 한 채가 있었다면, 지금 당장에라도 강남집을 팔아 지방으로 내려갈 텐데. 그리고 내가 실거주할 집 한 채를 제외하고 나머지 9채에서 월세를 받아 '욜로' 인생을 살고 있을 텐데. 그렇게 여유로운 인생을 살 마음의 준비가 다 세팅되어 있는데, 그 한 채, 별거 아닌 그 강남 아파트 한 채가 없다는 게, 그 아까운 기회를 놓쳤다는 게 분하고 분하다. 그러면서 왜 다주택자 규제가 이런 현상을 만들어냈는지 궁금증이 생긴다.

"다주택자를 계속 규제하게 되면 자연스레 다주택자는 자신이 소유하는 집 중 소위 말하는 '덜 똘똘한 집들'을 정리할 수밖에 없는 상황이 벌어집니다."

"근데 똘똘하다는 말은 좀… 자제해주시면 안 될까요? 언론에서도 계속 그런 이야기를 하는데 아이들 보기 창피해요. 어른들이 어디서 이상한 용어를 만들어내서, 똘똘하다는 집에 안 사는 사람들은 무식한 집에 산다는 건지… 다른 용어를 사용해주시면 감사하겠습니다."

초딩 아이 둘을 키운다는 동글이 님이 불편한 기색을 참지 않고 드러낸다. 언제부터 이런 용어들이 만들어지고 생겨난 걸까. 어린아이들이 어디에도 없는 초성 줄임말을 쓴다며 비하하더니 정작 어른들은 집을 가지고 똘똘하니 덜 똘똘하니, 비상식적인 유행어를 퍼뜨리고 있다.

"솔직히 저도 이런 말 쓰고 싶지 않은데, 이미 널리 퍼진 용어라 이해하기 쉬울 것 같아 쓰게 되었습니다. 조심하겠습니다."

얼굴을 붉히며 미안해하는 카스파 님을 보니 동글이 님은 오히려 더 미안해진다.

"아니… 아니에요. 카스파 님이 만들어낸 용어도 아니고, 제가 갑자기 예민해져서 그만… 요 입이 문제네요. 제가 오히려 분위기 깨뜨린 것 같아 죄송해요. 이어서 말씀해주세요."

"아, 네네… 다주택자들이 여러 채 소유로 인해 생기는 과도한 세금이 부담되어 자연스레 집을 정리하게 됩니다. 10채 중에 9채를 팔고 그 돈을 현금으로 보유하는 게 아니라 9채 팔고 남은 돈을 합해 똘똘한, 아니 대도심지의 더 비싼 주택을 산다는 겁니다. 그래서 수도권 외곽지역 아파트가 몇억 원 하락하는 순간에도 대도심지역 아파트는 몇억 원이 올랐다는 상반된 기사들을 종종 볼 수 있게 되는 겁니다."

"그럼 월세가격이 미친 듯이 오르는 걸 정부 또한 알고 있을 텐데, 여기에 따른 규제 완화도 나올 수 있다는 걸까요?"

그나마 저렴하게 느껴진 월세마저도 미친 듯 오르고 있다. 우현이 상경한 이래로 미친 전셋값 이야기를 듣고, 이어서 미친 집값 이야기를 듣고, 이제는 급기야 미친 월셋값 이야기까지 듣고 있다. 집을 가지지 못한 자는 그냥 미쳐버리지 않고는 버틸 수 없는 도시로 변해가고 있는 것이다.

"그래서 정부는 분양가상한제 규제도 완화할 거라 생각합니다."

"아니죠! 그건 안 되는 거죠! 분양가를 올리지 못하게 막는 규제는 있어야 좋은 거죠! 저희같이 아직 무주택자인 사람들이 다가가지 못하게 분양가를 더 올리면 뭐 어쩌라는 거예요? 정부가 서민의 주거 안정을 바란다는 말은 몽땅 거짓말이네요!"

떨쳐지지 않는 정부에 대한 불신에 '역시나 또 집값을 올리는 정책만 펼쳐대고 있구면' 하는 화딱지가 솟구친다.

"이거 한번 생각해보겠습니다. 만약 전세나 월세로 나오는 매물이 줄어들면 어떻게 된다고 했죠? 이제 다들 아시겠지만, 이런 전월세 공급이 줄게 되면 그에 따라 경쟁이 늘어나고 결국 가격이 상승하게 됩니다. 그럼 이 임대료의 상승은 누구에게 피해를 줄까요? 그 집을 가지고 있는 임대인인가요? 그 집에 임차인으로 들어가 살아야 하는 서민들인가요? 결국 집 구입할 형편이 안 되는 사람들이 더 큰 피해를 보게 된다는 겁니다.”

“그런데 분양가상한제가 폐지되면 분양가격이 오른다는 건데, 그게 임차로 살아가는 서민들에게 뭐가 이득이 된다는 건지 이해가 가지 않네요?”

가만히 듣고 있던 이슬처럼 님이 손을 들어 꼬집듯 의문을 제기한다.

“분양가상한제가 폐지되면 당장 분양가격은 오를 겁니다. 그런데 분양가격이 오르지 않는다면 어떻게 될까요? 최근에 원자재 인상으로 대형아파트가 공사진행 중에 갑자기 중단된 사태를 보셨습니까? 연이어 건설사들이 ‘추가공사비를 주지 않으면 여기서 손을 떼겠다’ 이런 입장까지 보이고 있습니다. 이대로 진행하다가는 건설사가 이윤은커녕 적자를 면할 수 없다고 판단했기 때문입니다. 알다시피 인건비도 상승하고 아파트라는 건축물에 들어가는 모든 가격이 급격하게 상승중입니다.”

“공사가 중단되면 비싼 아파트가 사라지니 거기 들어가는 부자들 부러워할 일도 없고 속이 다 시원할 것 같은데요… 앗, 죄송합니다.”

사이다처럼 톡 쏘듯 내뱉는 이슬처럼 님 덕에 응어리져 퍼지지 않던 열기가 숨 쉴 틈을 내어준다. 그 와중에 카페 주인장 혼자 심각하다는 표정이다.

"공사가 중단이 된다? 그럼 1만 세대가 입주하려고 했던 일이 연기되고 그 연기되는 시간만큼 입주아파트가 적어지는 겁니다. 아파트가 남아돌아야 전세가격이 떨어질 테고, 투자하려는 수요도 적어집니다. 눈앞에 벌어지는 단기간의 상승은 어쩔 수 없이 감안해야 합니다."

왜 단기간이라도 상승을 해야 한다는 건지 그조차도 받아들일 수 없다. 언론에서 말하는 그 흔해빠진 '상승'이라는 단어 하나에도 얼마나 많은 사람들이 예민해질 수 있는지, 얼마나 그들의 맥박이 빨라질 수 있는지, 당사자가 아닌 이상 진심으로 그 마음을 헤아릴 수 없다. 매일매일 후회와 한탄 섞인 비애에도 그 누구도 응답해주지 않는다. 그렇다고 세상에 대고 외칠 대본 하나 직접 만들어낼 수도 없다.

답답한 마음은 문장으로 옮길 수 없고, 어떤 말도 공기 중으로 뱉어낼 수 없다. 거대한 벽 앞에 여지없이 무릎은 접히고 만다. 그게 벗어날 수 없는 지고지순한 지금의 현실이다.

"분양가상한제 폐지는 중단되거나 미뤄졌던 아파트분양을 빠르게 진행시키는 효과를 가져올 겁니다. 재건축·재개발 조합 측에서는 분양을 더 서두르게 됩니다. '혹시라도 많은 아파트가 쏟아져서 우리 아파트 인기가 떨어져 미분양될까' 하는 염려도 사실상 공존하기 때문입니다. 이렇게 미뤄왔던 아파트 공급들이 우후죽순 늘어나면 어떻게 되겠습니까? 결국에는 뒤로 갈수록 그 아파트 분양성적은 저조해지고, 나중에는 미분양으로 이어질 수도 있습니다. 혹시라도 미분양이 생기면 그 피해는 고스란히 조합원들에게 추가분담금 형태로 나오게 됩니다. 그래서 분양가상한제가 폐지되면 수도권에서도 부산이나 대구처럼 여기저기서 재개발·재건축이 쏟아질 가능성이 높아집니다. 장기적인 주거 안정을 위해서라도 정부는 분양가상한제라는 규제를 폐지하려고 들 겁니다."

도대체 어떻게 저 사람은 이런 부동산 혼돈 시장에서도 저렇게 장기적인 시선으로 바라볼 수 있단 말인가. 정말 가진 게 많을수록 여유가 생기는 건지, 아니면 부동산을 오래 공부하다 보니 시야가 넓어진 건지. 저런 이야기를 들어도 여전히 단기적인 시선에만 몰두하는 우현과는 도무지 간극이 좁혀지지 않는다. 그저 분양가격이 지금보다 더 오른다는 이야기에만 온 신경이 집중될 뿐이다. 공급 증가 후 미분양으로 인한 가격 하락까지 염두에 둘 마음의 여유가 없다.

"이뿐 아니라 정부는 자금적인 측면에서의 대출규제도 완화시킬 거라 생각합니다. 조금만 생각해도 이 대출규제는 부자보다 오히려 집을 매수하려는 서민들에게 걸림돌 역할을 해왔지 않습니까?"

"네, 맞아요. 저 같은 젊은 사람이 제일 피해자라고 생각해요. 부모님이 보태줄 여력은 없지, 사회생활 시작한 지도 오래되지 않아 저축한 돈은 적지. 이런 상황에서 대출마저도 받을 수 없으면 결국 집을 못 사게 막는 꼴인 거죠."

"네, 맞습니다. 물론 전체적인 집값을 잡고 가계대출안정화 명목으로 대출규제를 하고 있지만, 오히려 순수하게 내 집 마련하려는 사람들, 특히나 젊은 사람들이 진입장벽에 막혀 가장 피해를 보고 있는 것 또한 사실입니다."

최근 대출문제로 은행을 들락날락거렸다는 이슬처럼 님이 휴대폰을 책상에 내려놓고 말을 꺼낸다.

"불과 몇 년 전만 해도 마음만 먹으면 아파트가격의 70%, 아니 심지어 신용대출 포함하면 90%까지도 대출받아 집을 매수할 수 있었어요. 어차피 집을 구입할 때 한 달 내는 원리금을 파악해서 본인이 감당 가능한 범위에서 계획을 세우는 거잖아요. 그리고 은행도 그냥 선심 쓰듯 아무에게나 그 돈을 주는 게 아니라 빌려가는 사람에 대한 온갖 서류를 요청하고, 신용조회도 해보고 이 사람이 연체할 확률이 어느 정도 될지를 분별해서 빌려주죠. 연체가 지속되어서 결국 그 아파트가 경매로 넘어가고, 빌려준 원금도 받지 못하는 상황이 발생하면 은행도 손해를 볼 수 있기 때문인 거죠. 은행을 만만하게 보지 마세요. 빚을 갚지 못하는 사람에게는 양의 탈을 벗고 돌변하는 게 은행이에요."

방 안의 열기가 후끈해짐을 방출하려는 듯 누구랄 것 없이 모두들 하품을 해대고 있다. 그 소리와 입 모양은 앞에 선 사람을 향해 쉬었다 하자는 교신을 끊임없이 보내고 있다.

"생각보다 다들 집중을 잘해주셔서 쉬지 않고 달렸습니다. 정리하자면, 지금까지 봐왔던 부동산에 대한 정책이 규제일관이었다면, 앞으로의 정책은 상대적으로 규제완화가 진행될 거라는 이야기였습니다. 집값이 많이 떨어질수록, 악성미분양이 증가할수록, 모든 부동산 규제완화는 더 빨리 진행될 거라고 예상합니다. 자자, 다들 잠 깨시고 20분 정도 쉬었다가 다음 시간으로 넘어가겠습니다. 이번 시간이 거시적으로 부동산시장을 바라봤다면, 다음 시간부터는 정말 내가 원하는, 손에 잡히는 부동산투자에 대해 말씀드려보겠습니다."

우현은 잠도 깰 겸 아이스커피 한 잔을 들고 베란다로 향한다. 잠시 스트레칭을 하고 있는데, 웬 그림자 하나가 옆으로 치고 들어온다. 카스파 님이다.

"우현 님이시죠? 카페게시판에 쓴 글들 보니 상경하시고 많이 고생하셨겠습니다. 저도 고향이 광주라 그 맘 누구보다 잘 알고 있습니다. 이미 서울에서 자리 잡은 부모 아래 태어난 사람에 비해 뭐든 느리고 힘들었습니다. 그래도 그나마 경제적인 안정이 찾아오니 전보다는 삶이 조금은 여유가 생기더군요."

이때다 싶어 우현은 부동산카페에 대한 의구심을 조심스레 물어본다.

"이런 질문을 해도 될까 싶은데… 강의시간에 여쭤보기는 그렇고…."

뭐든 물어보라는 식으로 커피잔을 들어 응답해준다.

"혹시 이런 부동산카페는 어떻게 만들게 되신 거예요? 카페 둘러보면 컨설팅비 받아서 운영하는 것도 아니고 대부분이 무료나눔이라 좀 신기했거든요."

카스파 님은 커피 한 모금을 들이켜면서 입을 연다.

"어찌 보면 이런 카페를 만든 이유도 타지에서 온 사람들이 이 삭막한 서울에서 서로가 의지할 수 있는 커뮤니티를 만들고 싶어서였습니다. 그래서 처음에는 부동산카페가 아닌 '상경러들의 모임'이라는 걸 만들었습니다."

"아, 그 카페 저도 서울에 오자마자 가입했던 기억이 있는데, 새로 올라오는 글도 없어서 망했나보다 했었는데 그게 카스파 님이 만드신 거였네요. 이거 진짜 인연인데요? 아니, 운명인가요? 저랑 카스파 님이 뭔가 앞으로 완전 진짜 친해지라는 하늘의 계시 아니에요? 그쵸?"

살짝 꼬리를 들어 반갑게 흔들어봤지만, 무표정으로 응수하며 모든 무안함을 토스한다.

"상경러 카페를 몇 달 운영해보니 타지에서 올라온 남녀가 만나 수다 떨고 술 마시고 그 사이에서 커플이 만들어졌다가 헤어지면서 서로 헐뜯고 욕하고 카페가 의도치 않은 방향으로 흘렀습니다."

착잡한 표정으로 커피잔을 어루만지며 그때를 회상하듯 시선을 내리깐다.

"결국 제가 만들어놓고 제가 보기 싫어 방치하는 지경까지 이르렀습니다. 그러다 그냥 혼자 조용히 블로그에 글이나 쓰자는 마음으로 매일 블로그에 하루 독서, 하루 신문, 하루 재테크 이런 식으로 글을 올렸습니다. 어느 순간 이웃들이 늘어나고 자연스레 오프라인에서 만나서 경제이야기하고 토론하고 함께 스터디하자는 분위기가 형성되었습니다. 만나보니 다들 저처럼 소위 말하는 인생루저라는 생각, 흙수저라는 생각, 이번 생은 망했다는 생각 따위를 어깨에 짊어지고 사는 사람들이었습니다. 그리고 그런 생각을 이제라도 좀 바꾸고 싶다는 마음을 가진 분들이었지요.

저는 그분들을 있는 힘껏 돕고 싶었습니다. 일주일에 한 번 작은 규모로 만나 스터디하고 후기를 카페에다 올리고, 지인들이 하나둘 늘어나고 입소문이 나면서 지금처럼 규모가 커졌습니다. 언론에서야 부동산공부 하는 사람을 가리켜 주택 여러 채 있는 사람이니 부자니 금수저니 손가락질하지만 실제 그런 사람은 아마 1%도 안 될 겁니다. 잠자기도 아까운 주말 황금시간에 왜 다들 이렇게 모여서 학창시절 배우지도 않던 경제공부를 하려고 하겠습니까. 우현 님이 여기 오프라인 모임에 참석하려고 한 노력을 생각해보시면 아시잖아요. 이미 부자라면 이런 사서 하는 개고생을 뭐 하러 하겠습니까? 말이 안 되는 거죠."

우현은 이런 개고생을 본인이 왜 하게 되었는가를 떠올려본다. 여기 들어오기 위해 노력한 시간, 그 고생을 생각하면 이 분위기가 싫어도 빠져나갈 수도 없다. 본전 생각이라고 해야 하나. 이 자리에 들어오기 위해 또 다른 수천 명의 카페멤버들이 지금 이 시간에도 게시글을 올리고 댓글을 쓰고 있는데 내 발로 걸어찰 수는 없는 법이다. 이게 바로 개미지옥이 아닐까. 알면서도 나가고 싶지가 않다. 뭐라도 입에 물고 나가야겠다는 의지가 강렬해진다.

"쉬고 계시는데 제가 말이 조금 길었습니다. 조금 더 쉬다 들어오세요. 저는 다른 분들도 잠시 뵈러 먼저 들어가보겠습니다."

카스파 님이 들어가고 갑자기 머릿속에 떠오른 선배에게 무작정 전화를 걸어본다. 통화연결음이 한 번 울리자마자 기다렸다는 듯 전화를 받는다. 그런 선배에게 아이처럼 투정 섞인 어투로 랩을 선사한다.

"많이 고생한 거 알아. 근데 생각해봐. 거기 들어가는 게 그렇게 쉬웠다면 너도 소중히 생각하지 않을 거야. 네가 어렵게 들어간 만큼 지속적으로 거기서 뭔가 얻어내려고 노력하게 될 거야. 다른 멤버들과 이야기하면서 네가 가지고 있던 부동산 재테크에 대한 편견들도 해소될 거야. 투자가 얼마나 무서운지 알게 될 거고, 동시에 투자가 우리, 특히나 직장인들의 인생에 얼마나 중요한지도 깨닫게 될 거야."

"그거야 저도 코인 해봐서 알고는 있죠. 직장인들이 투자 없이 살아가기 힘들다는 건 너무 잘 알죠."

"넌 앞으로 결혼도 하고, 아이도 낳아 학교·학원도 보내고 돈 들어갈 일이 산더미잖아. 네가 조금 더 아이들하고 좋은 시간 보내고, 아내와도 즐거운 시간 보내려면 그 전에 돈학교를 먼저 졸업해야 할 거야. 그래야 가족과 보내는 시간을 돈을 위해 허비하지는 않을 거라구. 나야 되돌리기 너무 늦었지만, 너는 이제 시작이잖아."

선배의 이미 늦었다는 말에 왠지 모를 당혹감이 느껴진다. 그럼에도 너무나도 당연하다 여겼기에 무심히 묻고 만다.

"에이, 선배는 가족들과 그런 행복한 시간 보내고 있잖아요? 아니에요? 뭐가 늦었다는 거죠?"

선배는 결심한 듯 진지한 톤으로 입을 뗀다.

"너도 언젠가 알게 될 거야. 내 입으로 집에 안 좋은 일 먼저 말하기도 우스운 것 같아서 지금껏 이야기도 못 했었네. 회사동료들은 다들 내가 가정생활에 누구보다 살뜰한 사람이라 생각했을 거야. 멀리서 보면 희극, 가까이서 보면 비극이라는 말이 나 같은 사람을 두고 하는 말이지. 내게는 이제 가정, 가족이라는 개념은 사라진 것 같아. 아내와 이혼하고 아이들은 정해진 기간에만 한 번씩 보는 게 다야."

갑작스런 선배의 고백에 우현은 몇 초 동안 입이 얼어붙는다.

"선배, 정말 죄송해요. 제가 잘 알지도 못하면서…."

"아니야. 네가 죄송할 게 뭐 있어? 내 오만이 저지른 대가를 톡톡히 돌려받은 건데 뭐…."

"이런 상황에서는 제가 무슨 말씀을 드려야 할지… 힘… 내세… 아니 그냥 제가 죄송…."

"야야, 그만 죄송해해라. 더 이상 말하면 내가 죄송할 판이다. 너무 안쓰럽게만 보지 마. 내 인생 정말 바닥까지 갔다가 이제 안정적으로 자리 잡아가고 있어. 내 가정도 다시 원위치로 돌려놓을 거야. 내 인생에서 무엇보다 소중한 게 내 아이, 내 아내, 내 가정이란 걸 뼈저리게 깨달았거든. 지금은 때를 기다리고 있을 뿐이야."

누구보다 행복한 가정생활을 꾸리고 있다 생각했었고, 선배는 오히려 이런 부동산이야기보다, 어떻게 하면 가족과 함께 행복한 삶을 살 수 있는지 그게 더 물어보고 싶은 존재였다. 정말 세상일, 사람일은 한 치 앞도 모른다는 게 이런 걸 두고 하는 말인가. 더는 무슨 위로를 해야 할지, 어떤 말을 이어나가야 할지 뒤통수를 강하게 얻어맞은 듯 할 말을 잃는다.

1기신도시의 독수리 5형제,
더 이상 막을 수 없는 기회가 온다

도심 속 여기저기 낡은 집들이 넘쳐난다. 실거주 가치가 사라진 곳에 더 이상 막을 수 없는 도심재생사업이 들어선다. 그리고 100만 대군 1기신도시는 다가올 전쟁을 맞이한다. 더불어 1990년대생 아파트들마저 합세한다. 그렇게 그들이 움직인다.

"대한민국에는 1,900만 호 정도의 주택이 있습니다. 그중 50% 정도가 임대주택입니다. 그럼 이 임대주택 중 나라에서 제공하는 공공임대는 어느 정도 될까요?"

"80%요."

"아닙니다."

"60%요."

"아닙니다."

카스파 님의 부정 반응에 다들 릴레이하듯 숫자를 내려 부른다.

"그래도 반은 되겠죠. 50%요."

"하하~ 그것도 아닙니다. 공공임대는 전체 임대시장의 10% 수준인 120만 호 정도라고 합니다."

"정부에서 제공하는 주택이 고작 10%밖에 안 된다고요? 이건 정말 충격적인데요? 그럼 나머지 90%의 집주인이 결국 주변에 사는 일반국민들이라는 거예요?"

어이없다는 표정을 지으며 이슬처럼 님은 말끝을 흐린다. 호빵빵 님도 놀란 듯 입을 다물지도 못한 채 헤벌쭉 벌리고 있다. 그 와중에 우현은 또 다른 충격에서 여전히 빠져나오지 못하는 중이다. 초점을 잃은 그의 눈이 응시하는 하얀 벽에는 '선배의 이혼'이라는 글자만 선명하게 보일 뿐이다.

"옛날이야 한국이 개발도상국이니, 필리핀보다 빈국이니 그런 라떼시절도 있었지만 지금은 세계적으로도 경제순위가 몇 위인데요! 정부가 가진 돈으로 임대시장을 최소 50%라도 끌어올릴 수 있지 않나요?"

호빵빵 님은 그 낮은 수치를 믿고 싶지 않은 듯 언성이 높아진다.

"선진국으로 가는 지금은 가능하지 않을까 생각할 수도 있을 겁니다. 문제는 그러기에는 천문학적인 돈이 들어간다는 겁니다. 이미 그 공공의 LH공사(한국토지주택공사) 적자가 눈덩이처럼 불어나고 있다는데 이 적자는 누가 감당해야 할까요? 오로지 공공의 적자는 곧 국민의 세금으로 메꿔야 합니다."

국민세금이라는 이야기에 호빵빵 님은 망연자실한 표정이다. 결국 세금이라는 뇌관을 건드려서는 해결될 수 없음이 정해진 수순으로 여겨지기 때문이다.

"당연히 정부는 어느 정도 선에서 이 적자의 늪에서 빠져나오기만을 바라고 있을 겁니다. 그러기 위해 필요한 게 정부의 돈, 즉 나라 세금을 투여하지 않고도 임대시장이 알아서 잘 돌아가게 하는 겁니다."

그제야 희망이 보이는 듯 고개를 들어 귀를 쫑긋한다.

"바로 공공이 아닌 민간에서 알아서 공급을 해줘야 한다는 겁니다. 그리고 그 방법은 바로 재건축·재개발을 통해서 가능하게 됩니다. 특히나 서울, 부산, 대구 같은 오래된 도시는 도심재생사업이 필요할 만큼 낙후된 곳이 너무나 많습니다. 그대로 방치했다가는 슬럼화되면서 사건·사고가 일어나는 위험지역으로 바뀔 수도 있습니다."

"맞아요. 너무 오래된 주택가는 애들이 살기 위험해요. 저희 부모님이 거주하는 동네에서도 3년 전에 여자아이가 빈집에 끌려가 끔찍한 사건이 벌어지기도 했어요. 주변에 빈집이 워낙 많다 보니 지나가는 사람도 없고, 지금 당장이라도 또 무서운 일이 벌어질 것 같은 분위기예요. 저녁만 되면 중고등학생 애들 여럿이 빈집에 들어가서 담배 피우고, 심지어 거기서 본드, 가스를 들이마신다는 이야기도 들었어요. 정말 문제예요."

호빵빵 님이 두드리던 자판에서 손을 떼고 톡톡 튀는 목소리로 말한다.

"그런 곳을 깨끗하게 바꾸는 일은 국민세금이 아니라 새 집을 원하는 사람들 돈으로 이뤄져야 합니다. 그런데 살고 있는 원주민 입장에서 재개발·재건축을 한다고 해서 그 수억 원의 건축비를 부담할 수 있을까요? 그들도 대부분이 월급쟁이이고, 은퇴 후 연금생활

자이고, 자영업자이고 그저 빠듯하게 살아가는 소시민이라는 겁니다. '몇억 원을 내야 재건축이 가능합니다' 하면 누가 턱하고 낼 수 있겠습니까. 그렇지 않나요, 우현 님?"

여전히 벽만 멍하니 바라보던 우현은 자신의 이름이 호명되는 소리에 깜짝 놀란다.

"몇억이 무슨 말이죠? 제게 지금 그런 돈이 어딨어요? 월급 250만 원 받아서 최소한의 지출만 하고 모아도 한 달에 100만 원이에요. 1억 원 모으는 시간만 해도 9년이 걸려요. 3억 원이면 27년이겠네요."

집값이 10억 원을 넘어가는 말 같지도 않은 시장에서 2억~3억 원은 이제 대수롭지 않게 느껴진다. 그럼에도 내가 가진 현금을 모아서 마련하기에는 가당치도 않은 이야기다.

"이게 현실입니다. 거기다가 재건축을 하는 3~4년 동안 다른 집을 전전하며 고생을 해야 하는 건 덤으로 따라옵니다. 그냥 불편을 감수하더라도 어쩔 수 없이 조금씩 고쳐서 살아야지 합니다. 아마도 동의율이 낮아서 첫 단계의 진행조차 되질 않을 겁니다. 공공의 돈으로도 힘들고, 본인의 돈으로도 힘들고, 이래저래 막히는 겁니다.

그러는 사이 살고 있는 집의 외벽 균열은 점점 더 늘어나고, 심지어는 이 건물이 늙어서 부서지는 위험진단까지 받게 될 겁니다. '설마 건물이 부서질까' 하는 생각이 들 수도 있지만, 그런 안전불감증으로 실제 아파트 한 동이 무너지기라도 하면 어떨까요? 그리고 그런 위험요인을 지닌, 같은 시기에 지어진 오래된 아파트들이 수십만 채에 이른다면? 그런 두려움을 안고 그곳에서 아이 키우면서 정상적으로 생활할 수 있을까요?"

휴대폰으로 검색을 하던 장덕 님이 뭔가 찾았다며 이야기한다.

"실제로 1970년대 서울시에 시민아파트라는 곳이 붕괴된 사건이 있었어요. 건축중에 붕괴된 것도 아니고 입주해서 사람이 살고 있는 중에 한 동 전체가 붕괴되었어요."

다들 머릿속으로 아파트 한 동이 무너진다는 아찔한 상상을 해본다.

"70년대도 아니고 그로부터 50년이 지난 지금 그런 말도 안 되는 일이 발생한다면? 이건 정말 끔찍하고 소름 끼치는 인재가 아닐까요? 그런 일이 발생하기 전에 정부가 미리 나서서 관리에 들어가야 맞는 거예요!"

건축업에 종사한다던 장덕 님이 노후건물이 부서질 수 있다는 이야기에 발끈해 보인다.

"그래요. 부서질 대로, 무너질 대로 내버려두다 전국 어느 아파트 한 동이라도 무너지고, 거기서 수백 명의 사상자가 발생한다면? 국가위기를 챙겨야 할 정부의 입장에선 초유의 비상사태가 벌어지게 되는 겁니다. 정부는 최대한 국민혈세를 건드리지 않고, 기업의 이윤을 해하지 않고, 개인은 고생한 만큼의 이득을 얻을 수 있는 조건까지 이 삼박자가 맞아떨어지는 시장이 필요합니다."

가성비 최고의 지역인
독수리 5형제가 온다

자신의 호명 한 번에 제정신으로 돌아온 우현이 한 말씀 올린다.

"근데 그게 말이 안 되는 게 기업은 건축을 해서 수익을 내야 하고, 정부는 세금을 투여하지 않아야 하고, 개인은 자산가격 상승까지 얻어야 하는데 무에서 유를 어떻게 창조한다는 건가요? 그 돈은 하늘에서 떨어지는 건가요? 말이 안 되지 않아요? 그렇게 쉽게 될 거면 지금 이 순간에 서울에 수십 년 지난 낡아빠진 아파트들이 왜 그대로 있는 거죠?"

"그래서 그게 가능한 시기는 정해져 있습니다. 바로 부동산의 상승과 인기가 지속적으로 이뤄지는 시기입니다. 분양이 완판되는 순간 재건축·재개발 조합원들은 적은 돈으로, 심지어 시세 차익의 추가수익을 거두면서 새 아파트를 얻을 수 있게 됩니다. 결사반대를 외치면서 부서질 대로 부서진 주택에서 버티던 사람들도 집값이 오르니 오른 가격에 팔게 되고, 건설사는 자신들의 이윤을 창출할 수 있는 시장에 뛰어들게 되고, 정부는 이참에 슬럼화 걱정 대신 그곳에 도로, 공원, 학교, 편의시설까지 깔끔하게 들어서게끔 보조만 맞춰주면 되는 겁니다."

"집값이 하락하는 시기에는 왜 진행되는 게 어려운 건지도 설명해주세요."

"집값 하락 시기에 사람들이 아파트 분양에 관심이 있을까요? 말도 안 되는 저렴한 가격에 분양하지 않는 이상 다들 관심조차 없게 됩니다. 많은 시간과 비용을 들여 재건축·재개발이 이뤄졌음에도 미분양이 발생한다면? 그 피해는 결국 조합과 건설사에 돌아갑니다. 당연하게도 부동산 분위기가 좋지 않다면 모두들 손을 떼게 됩니다. 이럴 때는 재개발·재건축 기본동의율 자체도 나오지 않습니다. 아무리 비싼 지역 아파트에 거주하는 사람이라도 수억 원의 건축비를 부담하기란 쉽지 않기 때문입니다. 이런 이유로 도심재생사업은 부동산 상승기가 가장 적합한 시기가 되는 겁니다."

집값이 올라줘야 도심재정비가 제대로 이뤄질 수 있다니 숨길 수 없는 쓸쓸함이 묻어난다.

"공급이 많으면 집값이 떨어진다고 하는데, 수도권 외곽으로 3기 신도시가 들어서게 되면 도심재생사업성은 현저하게 떨어지는 것 아닌가요?"

분위기에 아랑곳하지 않고 장덕 님은 작은 노트에 기록된 글을 보며 인터뷰하듯 질문을 한다.

"스마트하십니다. 재건축·재개발은 기존에 사람들이 살고 있고, 이미 만들어져 있는 동네이기 때문에 살고 있는 사람을 정해진 시간 내에 이주시켜야 하고, 이미 형성된 동네 곳곳을 부수고 언덕을 파내서 새로운 부지를 완성시켜야 하기에 말처럼 쉬운 일이 아닙니다. 차라리 도심 외곽 쪽에 사람이 살지 않는 땅을 흡수해, 그곳에다 새롭게 신도시를 완성시키는 게 훨씬 심플한 일입니다."

"그럼 그렇게 쉬운 길이 있는데 왜 굳이 도심 내부에 재개발·재건축을 하려고 하는 거죠?"

건축업 부심을 뽐내듯 장덕 님은 어깨를 으쓱하며 질문을 이어간다.

"여러 가지 이유가 있겠지만, 제 개인적인 생각으로는 일본의 전철을 밟지 않으려고 하는 게 주된 이유라 여겨집니다. 일본은 부동산 활황기에 도쿄 도심지보다 외곽에 엄청나게 신도시를 지어 공급했습니다. 처음에는 쾌적한 신도시를 보고 다들 살기 좋다고 하면서 몰려갔습니다. 덩달아 가격도 날개를 달았습니다. 그러다 일본정부에서는 젊은이들의 출퇴근시간을 낭비하지 않게 도심 내부에 편리한 인프라를 종합세트로 배치한 콤팩트시티를 만들어내는 정책을 펼칩니다. 회사 앞으로 대규모로 집들이 들어서게 된 겁니다. 젊은 사람들은 굳이 물 좋고 공기 좋은 외곽보다 그저 출퇴근하기 편한 도심 내부가 역시나 살기 좋다는 생각으로 다시 내부로 몰려듭니다. 이미 지어놓은 엄청난 외곽신도시는 이제 여러분들이 TV에서 본 것처럼 인근에 편의시설도 전무한 유령도시가 되어버린 겁니다."

숨도 제대로 쉬지 않고 랩하듯 이야기를 쏟아낸 카스파 님은 크게 심호흡을 한다.

"아, 그럼 그래서 한국은 애초부터 도심 내부를 재개발·재건축 하고 싶어 한다는 거죠?"

우현은 뭔가 깨달은 듯 당차게 질문한다. 확답을 얻기 위한 수순이다.

"알다시피 이전 정부가 이끄는 시기는 집값 폭등이 눈앞의 숙제였기에 외곽신도시 건설을 우선순위로 뒀습니다. 이에 반해 지금 정부는 도심 내부의 슬럼화 방지를 위해 도심재생사업을 더 나은 선택이라고 보는 듯합니다."

"무슨 말씀인지는 알겠어요. 그럼 이런 시기에 도심 내부? 용산, 한남동, 강남 이런 곳을 투자하라는 걸 추천하시는 거죠? '지금 당장 가즈아' 하는 겁니까?"

우현의 투자 조급증은 여전히 건재하다.

"그런 곳이야 부자들이나 투자하겠지요. 설마 제가 여기서 그런 큰돈이 들어가는 곳에 투자하라고 권하겠습니까? 큰돈이 들어가는 건 그만큼 큰 위험도 들어올 수 있다는 겁니다. 항상 조심하셔야 합니다. 우현 님!"

카스파 님은 서늘한 대답을 내놓는다.

"그럼 어차피 저희들이랑 상관없는 이야기를 지금까지 해주신 거예요?"

지지 않고 우현도 대꾸한다.

"그래서 앞으로 가장 주목해야 할 지역은 서울의 비싼 동네가 아니라, 실제 매매가격이나 투자금이 적지만 미래의 가치가 뛰어난 곳, 바로 독수리 5형제 지역이라 말씀드리고 싶은 겁니다."

드디어 듣고 싶은 말이 나오는 순간이다. 우현은 갈망의 눈빛을 보낸다.

"5형제면 다섯 지역을 말하는 것 같은데 어디를 말하는 거죠? 그 이야기부터 먼저 해주시지, 너무 빙 둘러 오셨네요."

그 말에 다른 사람들도 동의한다는 듯 우현을 향해 미소 짓는다.

"바로 1기신도시 지역입니다. 다들 알고 계시죠?"

우현은 돌고 돌아 선배가 말한 또 그놈의 1기신도시에 대한 이야기가 나오니 허탈한 생각마저 든다. 그럼에도 도대체 그 지역이 얼마나 대단하길래, 이 사람은 또 어떤 근거로 저렇게 말하는지가 궁금해진다.

"이런 지역의 최대 장점은 실제 회사와 접근성만 괜찮다면, 지금 당장 실거주하기도 좋다는 겁니다. 실거주도 하면서 앞으로 개발될 호재까지도 누릴 수 있는 그야말로 일거양득, 가성비 최고의 지역이라 할 수 있습니다."

1기신도시라는 말에 호빵빵 님이 왠지 모를 허세 들어간 목소리로 말한다.

"제가 1기신도시 중에서도 으뜸이라 할 수 있는 산본신도시에 거주합니다만…"

그럼에도 미동도 없는 사람들의 반응을 보며 잽싸게 말을 이어간다. 그야말로 무안할 틈도 주지 않는 재빠른 입놀림이 펼쳐진다.

"살기는 당연히 좋아요. 90년대 당시에 이런 계획적인 도시건설을 했다는 게 믿기지 않을 정도예요. 아이들이 걸어서 초등학교, 중학교에 갈 수 있고, 학교 마치고 인근 학원가도 갈 수 있어요. 부모들은 서울로 출퇴근하기 편하게 지하철 4호선도 있구요. 역 주변으로 시청, 공원, 우체국, 대형마트, 관공서, 맛집, 술집, 영화관까지 정말 없는 게 없어요. 단연 최고라 자부해요. 새 아파트로 변신만 해준다면 어떤 지역도 부러울 게 없는 곳이에요."

생생한 설명에 대단하다는 듯 동글이 님은 아낌없이 손뼉을 치며 "부러워요"라는 말까지 보태준다.

"제가 너무 제가 사는 지역 자랑만 했나보네요. 누가 보면 여기에 제가 투자해놓은 집이라도 있는 줄 알겠어요. 저는 그냥 산본신도시에 거주하는 세입자일 뿐이고 투자 홍보는 아니니 오해하지 말아주세요."

그 말에 웃음보가 터졌다가 이내 '세입자일 뿐'이라는 이야기에 다들 씁쓸하게 입을 다문다.

"네, 호빵빵 님 말씀처럼 산본은 정말 살기 좋은 동네입니다. 비단 이 산본신도시뿐 아니라 다른 1기신도시 분당은 당연히 아실 테고 나머지 평촌, 중동, 일산도 실제 거주하는 입주민들 이야기를 들어보면 집이 오래된 것 말고는 너무 만족하며 살고 있다고 합니다. 현재 이 5곳의 재건축, 리모델링 사업은 입주민들의 당연한 염원입니다. 특히나 정부에서도 이 지역을 절대 무시할 수 없습니다. 규모가 엄청나기 때문입니다. 현재 살고 있는 사람만 자그마치 100만 명이라는 겁니다."

100만 대군이라는 엄청난 숫자에 다들 입도 가리지 못하고 입을 벌린다.

"거기서 나오는 표가 선거의 당락을 좌지우지할 정도로 민심의 힘이 정말 큰 것 같아요. 뉴스에서도 '1기신도시 재건축연합 결성' '정부에 재건축사업 촉구' 이런 이야기가 흘러나오더라구요. 신문기사에서도 마찬가지로 이런 내용을 계속 부각시켜주는 분위기구요.

애기 친구네가 집주인인데 재건축연합회 한다고 저보고도 가입하라고 하더라구요. 세 살고 있는 사람한테 말이죠."

"아니, 세입자라고 차별하는 것도 아닌데, 호빵빵 님도 거기에 가입하시면 되잖아요. 우리 당당하게 살아요."

밑도 끝도 없이 던지는 우현의 말에 호빵빵 님이 조심스럽게 입을 뗀다.

"재건축하게 되면 저희가 추가분담금 낼 것도 아니고, 새 집 된다고 기존 세입자가 그대로 들어가 살 것도 아니고… 그러니까 제가 그 사업회에 가입할 건 아니긴 하지요. 아무튼 저희 가족 모두 이곳이 너무 살기 좋아서 꼭 여기에 내 집을 마련하자고 희망회로만 돌리고 있어요. 다 같이 좋은 곳에 내 집 마련해요. 여기 스터디모임 정말 서울대 들어갈 만큼 고생해서 온 건데 몇 년 안에는 다들 좋은 소식이 있지 않을까요?"

이런 곳에 모여서 다들 투기꾼 되는 연습만 하는 줄 알았는데 괜히 가슴 뭉클해지는 순간이다. 그래, 생각해보면 돈 많은 부자가 뭐하러 이런 곳에 올까. 그리고 뭐 하러 이런 곳에 오려고 말도 안 되는 시간 들여가며 개고생을 할까. 그들이야 은행 VVIP로 전문가들이 꼬마빌딩이나 핫플상가로 모셔다주겠지. 그들이 이런 서민들의 고생을 알아주기나 할까.

창밖으로 어느새 주황색 옷으로 갈아입은 해가 퇴근을 재촉한다. 12시간 동안 부지런히 본분을 다하고 휴식을 취하러 서쪽으로 서쪽으로 이동한다. 대지를 비추던 빛은 설핏해지고 석양의 농도는 짙어진다. 누군가에게 속박되지 않고, 어떤 시간에도 노예가 되지 않으며, 돈에 있어서도 구속받고 싶지 않다. 그저 나의 방식으로, 그저 나답게 살고 싶을 뿐이다. 그리고 그 당연한 한 조각의 삶을 위해, 오늘도 통제받는 삶을 스스로가 선택하고야 만다. 인생은 아이러니함의 연속이다.

 ## 90년대생 아파트가 주도하는 시대가 온다

주위의 어둠과 동시에 강의실 형광등 불빛이 켜진다. 카스파 님은 잠시 휴식시간을 가지자고 한다. 그때 장덕 님이 갑작스레 한마디 한다. 다들 이제 그만 좀 쉬자고 눈치를 주지만 아랑곳하지 않는다. 엎드려 자다가 꼭 쉬는 시간 종이 울리면 손을 들고 질문을 하는 사람이 존재한다는데, 무슨 심보란 말인가.

"근데 그 시기에 대단지 규모로 지어진 곳이 꼭 1기신도시만 있는 게 아니잖아요. 제가 살고 있는 화정신도시도 1기신도시와 비슷한 시기에 지어졌어요. 지금 19평짜리 방 2칸에 아이 둘과 아내까지 좁디 좁게 지내고 있어요. 빨리 새 아파트라도 되길 기다리는 중인데 여기는 너무 조용해요. 1기신도시가 아니라는 이유 하나로 도심재생사업이니 하는 것에서도 완전 배제시키고, 뭐 이건 쪽수 모자란다고 무시하는 거 아닙니까?"

마치 카스파 님이 국토부장관이라도 되는 양 억울함을 토로한다.

"전혀 속상해하실 필요 없습니다. 대표적으로 1기신도시라는 거지 90년대 지어진 택지지구 아파트는 마찬가지로 다 도심재생사업이 차차 진행될 거라고 확신합니다. 1기신도시 재생사업이 활성화되는 순간 그 뒤를 이을 90년대생 아파트들도 줄줄이 이야기가 나올 겁니다."

이제야 억울한 기분이 조금 사라지는 표정으로 말한다.

"1기신도시를 제외하고도 90년대생 아파트가 또 있을까요? 그런 곳들이 많아야 목소리 내기도 좋을 텐데 말이죠. '모든 힘은 쪽수에서 나온다'라는 말도 있잖아요."

"네, 엄청나게 많습니다. 그 당시 200만 호 프로젝트로 추진되었었고, 그 대표격인 1기신도시는 30만 호 규모였습니다. 그러니까 그 나머지 또한 전국으로 흩어져서 다 존재한다는 겁니다."

"혹시 어딘지 몇 군데라도 알 수 있을까요?"

카스파 님은 작심한 듯 화이트보드판으로 다가가 펜을 꺼낸다. 그리고 숨겨둔 악필로 한 자 한 자 또박또박 적어내려간다.

"고양시 덕양구(화정, 행신), 경기도 구리시, 인천연수지구, 대전 둔산신도시, 부산 좌동신도시, 부산화명지구, 창원 상남동 등도 다 90년대생입니다. 단순히 한 동짜리 아파트를 듬성듬성 지은 게 아니라 1기신도시처럼 계획적으로 지어진 곳들입니다. 대한민국 인구 50% 이상이 거주하는 곳이 수도권이다 보니 1기신도시만 부각되는 것뿐입니다."

갑작스레 수백만의 동지가 생긴 장덕 님은 들뜬 기분으로 아이처럼 활짝 웃어 보인다.

"와, 그렇게나 많은 곳들에서 1기신도시처럼 리모델링이나 재건축사업이 진행될 수도 있다는 거네요?"

"맞습니다. 여기 사는 주민들이라고 오래된 아파트에 계속 거주하고 싶겠습니까. 1기신도시에서 재건축이니 리모델링이니 하는 사업이 성공적으로 진행되는 걸 보면 이곳 주민들도 1기신도시 주민들처럼 연합을 구성해서 힘을 뭉칠 거라 생각합니다."

투자지역이 1기신도시뿐 아니라 더 많다는 이야기에 우현은 한껏 달뜬 기분이다. 그러다 문득 낡아빠져 녹물 나오는 아파트가 새 아파트는커녕 사업진행이 더뎌 오도 가도 못하면 어떡하나 거부감이 밀려온다.

"근데 솔직히 리모델링이나 재건축 같은 사업이 1~2년 안에 후다닥 되는 것도 아니잖아요. 추진하자는 말이 나오고도 20년째 공사진행조차 못 한 서울에 그 유명 아파트도 있잖아요. 40대에 들어가서 60대까지 안 될 수도 있다는 건데 그 기대만 안고 살기엔 너무 어리석은 판단 아닌가요?"

"틀린 말은 아닙니다. 내가 이 집을 사서 꼭 새 아파트가 될 때까지 그 목표 하나 보고 매수하거나 실거주하면 정말 화병 나서 뒷목 잡을지도 모릅니다. 남들이 투자한 집은 100% 다 성공하고 금방 진행된 것 같아 보이는데, 막상 내가 투자하면 지지부진 엉망진창처럼 보이기 마련입니다. 남의 자식은 저렇게나 잘 큰 것 같아 보이는데 내 자식은 이다지도 더뎌 보이는 그런 마음과 같은 겁니다.

이쯤에서 한번 여쭤보겠습니다. 지금 오래된 구축 신도시에 살고 계시는 장덕 님은 그 집이 새 집으로 변하는 모습을 직접 눈으로 꼭 보셔야 하나요? 왜 1기신도시처럼 빠르게 사업이 진행되길 바라시는 거죠?"

갑자기 화살이 왜 본인에게 돌아오는 건지 토끼눈을 하다 금세 눈을 내리며 생각에 잠긴다.

"물론 새 아파트에 살면 좋겠죠. 근데 곰곰이 생각해보면 꼭 그렇지만은 않아요. 시간도 오래 걸리고, 이주도 해야 하고, 그만큼 제가 겪어야 할 고생이 버거울 것 같기도 해요. 그 아파트의 비포애프터를 내 가슴속에 간직해서 역사의 산증인이 되고 싶은 것도 당연히 아니구요. 단지 비슷한 연식 아파트가 재생사업으로 수혜를 받는다는데, 그래서 아파트 자산가치도 상승한다는데 우리 아파트만 쏙 빼면 솔직히 그게 억울한 게 큰 거죠."

지금까지 몰라왔던 본인의 속마음을 들킨 듯 얼굴이 화끈거린다.

"네, 사실 재건축이나 리모델링 같은 사업이슈는 '이왕이면 다홍치마' 정도의 양념과도 같은 요소라 생각하시는 게 좋습니다. 어차피 매도할 시기가 되었는데 이런 호재가 붙어준다면 투자자들에게 매도하기도 쉽고, 가격 상승의 과실까지도 따 먹을 수 있겠구나 하는 정도로만 말입니다. 내 눈으로 새 아파트가 되는 걸 꼭 보고 말테다 하는 마음으로 접근하다가는 스트레스성 탈모를 경험할지도 모르거든요."

장덕 님의 휴식방해 질문 하나로 30분은 홀라당 지나간다. 그사이 각자 알아서 화장실만 다녀온 채로 이야기는 끊기지 않고 이어진다. 혼자서 글만 접하고 영상만 보다가 오프라인으로 함께하며 관심사를 논하다 보니 다들 흥이 난 모양새다.

이곳에 오기 전 그들의 구체적 무늬는 여전히 알 수 없음에도, 선명하게 각인된 가난의 이니셜만큼은 숨길 수가 없어 보인다. 분명 같은 시간, 또 다른 누군가는 '이 바보들아, 날 때부터 가난은 벗어날 수가 없는 법이야. 그래봐야 성공할 수 없다고, 너희들은 날 때부터 실패야. 그 시간에 잠이나 더 자'라며 손가락질하고 잔인한 비웃음을 날리고 있을지도 모른다. 그럼에도 여기 있는 이들은 각자의 안정된 삶을 향해, 각자의 성공을 위해 한 걸음 한 걸음 전진하려 한다. 성공의 방정식은 획일적일 수 없기 때문이다. 그건 무제한으로 개별적이고, 무한대로 섬세한 것이다. 개개인의 시간파편들을 콜라주하며 만들어낸 것이 한 사람의 고귀한 인간극장이 되듯이.

전국 실수요자들에게
최적의 내 집 마련 기회가 온다

'모든 투자의 핵심은 쌀 때 사고, 비쌀 때 판다'다. 그러나 이 단순하면서도 합리적인 판단에 모두들 뒤로 물러서고 있다. 부동산시장이 뜨겁다면? 그때는 한 템포 쉬어야 한다. 반대로 부동산시장이 차갑다면? 그때가 최적의 타이밍을 준비해야 할 시기다.

"제가 얼마 전까지만 해도 경기도 신도시에 집을 구입하려고 주말마다 아파트를 보러 다니다가 갑자기 포기하기로 했어요. 최근에 인천, 대구, 부산 아니 전국적으로 집값이 폭락한다는 기사들이 쏟아지니까 갑자기 부동산이 두려워지더라구요. 사실 오늘 이 자리도 와봐야 뭐 하나 싶었어요. 어차피 이제 집 안 사는 걸로 가족과 결론을 지었는데…. 솔직히 지금까지 이 오프라인 모임 들어오려고 몇 달간 노력했던 내 자신이 애처로워서 왔다는 게 진심에 더 가까울 것 같아요."

타이밍을 엿보던 동글이 님이 스터디 올 때부터 가장 궁금했다는 이야기를 이제야 꺼내놓는다.

"그러셨군요. 혹시 집은 투자 목적으로 구입하려고 하셨던 건가요?"

"아니요. 초등학생 애가 둘이 있는데 지금까지 월세와 전세만 전전하고 있었거든요. 그러다 미친 듯이 집값 오르는 것 보고 이래서는 안 되겠다 싶어서 집을 사려고 했었어요. 근데 언론에서 앞으로 집값은 절대 오를 수 없다고 하니까 다시 생각이 바뀌게 되더라구요. 어차피 전세가격도 내려가고 있는데 군이 취득세, 재산세, 종부세까지 내면서 집을 사는 게 비합리적이라는 판단이 서더라구요. 3천만 원만 깎아주면 무조건 저 집 사야겠다 했었는데 그 집이 3천이 아니라 4천, 5천 쭉쭉 빠지니까 오히려 사기 싫어지는 건 왜일까요? 솔직히 저도 제 맘을 잘 모르겠어요."

부동산시장이 주식장세처럼 급등과 급락을 반복하는 혼조스러운 상황이 그녀의 삶에도 투영되어 혼란스럽게 보인다.

 ## 전세가 폭락은
실수요자들에게 또 다른 기회다

"안 그래도 그 이야기를 하고 싶었습니다. 요즘 수많은 언론지에서 'A지역의 전세가가 폭락하고 있다. 덩달아 매매가격도 폭락하고 있다. 영끌한 집주인들 어쩌나' 이런 유의 기사들이 쏟아지고 있습니다. 아마 이 지역 매수대기자들도 집 사려고 했다가 이런 기사를 보고는 '역시 이곳은 집을 구입해서 사는 게 아니라 전월세로 평생 살기 좋은 곳이지. 관심을 꺼야겠군' 하고 생각을 바꿀 거예요. 물론 선불리 접근할 필요는 없지만, 지금 같은 시기가 관심을 끄는 게 아니라 오히려 관심을 가져야 할 시기라고 생각합니다."

집값이 떨어지고 있는데 관심을 가져야 한다는 게 어불성설처럼 들린다.

"집은 비쌀 때 사야 할까요? 쌀 때 사야 할까요?"

우현이 타이밍을 놓칠세라 후다닥 대답한다.

"아, 그야 당연히 쌀 때 사면 좋죠."

"그렇죠. 쌀 때 집을 사야 하는데, 무주택자들은 집이 비쌀 때 관심을 가지려 합니다. '폭락은 실수요자들에게 또 다른 기회를 제공한다' 이런 이야기 들어보셨나요?"

다들 처음 들어본다는 표정으로 멀뚱히 쳐다본다.

"전월세가격이 상승하면 매매가격이 상승한다? 반대로 전월세가격이 하락하면? 당연히 '매매가격은 하락한다'겠죠. 그럼 우리는 매매가격이 상승할 때 부동산을 구입하는 게 쉬울까요? 매매가격이 하락하는 시장에서 구입하는 게 쉬울까요?"

"매매가격이 상승할 때는 정말 오늘 가격 다르고 내일 가격 달랐어요."

동글이 님이 경험에서 우러나오는 답을 던진다.

"불과 1~2년 전 상황인데도 다들 잊으셨을 겁니다. 매매가격이 상승하고 분위기가 달아오르면 가격은 순식간에 급등하고, 내가 사고자 하는 집은 일주일 만에 수천만 원이 오르기도 합니다. 이 시기에 집을 보러 가면 집을 산다고 말하는 순간 집주인은 '안 팔아요' 하면

서 가격을 올려버립니다. 한 집을 여러 명이서 보게 되고 매수대기를
하면서 경쟁이 붙어 서로 몇천만 원을 더 내면서도 사려고 합니다.
집 구석구석 여기가 작니 크니, 향이 남향이니 서향이니 따질 여유도
없습니다. 당장 계약을 하지 않으면 영영 집을 사지 못한다는 불안
감이 목을 조여오는 분위기에서는 어쩔 수가 없는 겁니다."

"그야 그렇긴 한데 하락 시기도 불안하지 않나요? 오늘보다 내일
더 떨어질 수도 있고, 이럴 때일수록 가장 저렴할 때 사야 피 같은
내 돈을 아낄 수 있지 않을까 싶긴…"

바닥은 누구도 알 수 없다는 걸 알기에 말끝을 흐린다.

"바닥이 언제인지는 지나고 나서야 안다고 하죠."

조용히 '네' 하는 소리와 함께 다음 이야기를 기다린다.

내 집은 모름지기
쌀 때 사고, 비쌀 때 팔아야 한다

"부동산 하락시기, 얼음장에서는 반대상황이 펼쳐집니다. 집주인이
올리는 게 아니라, 매수하는 사람이 이런저런 이야기만 해도 가격을
순식간에 몇천만 원씩 깎을 수도 있습니다. 추가 인테리어 할 곳이
있는지 없는지, 빛이 잘 들어오는지 안 들어오는지 마음 편하게 천
천히 고민해도 여유가 넘쳐납니다. 부동산에서도 매수인을 잡으려
고 안달입니다. 얼마나 더 깎아달라 해볼까요? 그야말로 매수자 갑

인 시대로 돌변합니다. 그렇기에 부동산이 하락하는 시기에는 실수 요자들에게는 또 다른 기회의 시장이라 하는 겁니다.

그러니까 내 집 마련을 하려는 사람들은 '집값이 상승한다, 급등한다'라고 할 때는 조금 멀리 떨어져서 관망하고, '집값이 하락한다, 폭락한다'라고 할 때 오히려 역으로 조금 가까이서 관심을 가져봐야 합니다. 눈앞에 공급이 쏟아지고 전월세가 하락하고 이런 지역에 내가 실거주하려고 찜해둔 아파트가 있다면 하늘이 내린 기회라고 생각하시면 됩니다."

그러고는 마치 구호를 외치듯 주먹을 쥐고 허공에 힘을 주며 말한다.

"모든 투자는 뭐라고요? 쌀 때 사고, 비쌀 때 판다."

본인이 묻고 본인이 대답한다.

"생각해보면 우리들이 살아온 경로 자체가 경쟁을 유도하는 사회였다고 생각합니다. 초등학생 시절 달리기를 해도 몇 등 안에 들어오는 아이들에게만 도장을 찍어줬죠. 그래서 나머지 아이들은 등수 안에 들지 못하면 뛰다가 중도에 포기해버렸죠. 이런 방식으로 인해 끝까지 뛰어봐야 결승선은 이미 게임이 다 끝난 분위기라 의미가 없다는 인식이 생겼다고 생각합니다. 당연히 학교 성적은 오죽하겠습니까. 그런 경험이 사회에 나와서도 마찬가지가 되어버린 거죠. 집값이 폭등하는 상황에서도 늦을세라 '영끌해서 뛰어드는 게 멋지다'는 분위기가 만들어졌습니다."

문득 우현은 술에 취한 선배가 중얼거리듯이 했던 이야기가 떠오른다.

"우현아, 난 요즘 천천히 달리는 연습을 하고 있어. 지금까지 살아온 내 인생을 돌이켜보면 1등을 위해 빨리 달려야만 한다고 생각했어. 그러지 않으면 관중석에서 누군가가 술병을 던지고 더 빨리 달리라고 야유를 퍼부을 것 같았거든. 근데 어느 순간 채찍에 휘둘린 내 둔부가 아프고, 흙바닥을 치달린 내 발이 붓고 있다는 걸 알았어. 1등을 해서 웃는 게 경주마인 내 자신인 건지, 주변의 관중이었는지 혼란스러운 거지. 그리고 깨달았어. 1등을 해야지만 웃을 수 있는 인생이 아니라는 걸.

그렇다고 주로를 벗어나서 포기하겠다는 건 아니야. 단지 이제라도 내가 태어날 때부터 가진 나의 보폭과 속도를 감안해서 조금씩 조금씩 달려나가겠다는 거야. 아마도 나는 행복한 미소를 지으며 결승선에 들어설 거야. 허겁지겁 지쳐서 들어가는 게 아니라. 그러기 위해서 지금은 천천히 달리는 거지. 인생은 단거리가 아니라 42.195km를 달리는 마라톤이잖아."

그때는 이 선배가 취해서 무슨 말을 지껄이는지 이해할 수 없었고, 의중을 파악할 생각도 없었다. 그러다 오늘에야 조금은 이해가 되는 듯 자기도 모르는 수긍의 끄덕임을 시전한다.

미친 고금리시대를 맞아
수익형부동산에 기회가 온다

수익형부동산 투자, 매수시점은 언제가 좋을까? 투자의 핵심은 '호황이냐, 불황이냐' 보다 '현재 고금리냐, 저금리냐'를 따지는 것이다. 그리고 미친 고금리시대에 상가수익이 폭락하고 있다면? 오히려 지금이야말로 수익형부동산에 관심을 가질 때다.

"혹시 요즘처럼 미친 고금리시기에도 아파트 외에 또 다른 기회의 시장이 열리는 곳이 있을까요? 대출이자가 워낙 비싸다 보니 다른 투자처가 전혀 보이지 않아요. 지금은 어떤 걸 염두에 둬야 좋을지 모르겠어요."

남편 은퇴자금이 일시불로 들어올 텐데, 그 돈으로 아파트 외 다른 투자를 염두에 두고 있다는 이슬처럼 님이 이야기를 꺼낸다.

"요즘 같은 고금리시기에 가장 타격을 많이 받는 곳이 어디일까요? 금리가 상승하는 만큼 영향을 많이 미치는 곳이겠죠. 수익형부동산이라고도 들어보셨나요?"

그 정도는 당연히 안다는 듯 자신 있는 말투로 입을 연다.

"네네, 당연히 알죠. 보통 원룸, 오피스텔, 상가 정도를 칭하잖아요. 은행에서 대출받고 그 이자를 들어오는 월세로 충당해서 남은 만큼의 수익분을 취한다고 해서 수익형부동산이라고 한다죠. 안 그래도 남편 은퇴자금으로 이번에 아파트상가를 분양받을까 고민하고 있었거든요. 월급 대신 노후연금으로 말이죠."

"지금 그런 분야가 가장 타격을 많이 받게 될 거예요."

본인도 모르는 '헉' 하는 소리와 함께 놀란 눈을 치켜뜬다.

"아, 정말요? 상가분양 설명회에서는 요즘 같은 경기불황에는 상가투자가 가장 유리하다고, 그 말을 듣고는 늦지 않게 빨리 사인해야겠다 생각중이었는데 조금 당황스럽네요."

그러면서도 여전히 미련이 남은 표정으로 질문을 한다.

"아파트는 대략적으로 거래되는 시세를 알기 쉽잖아요. 근데 상가 같은 경우는 어떤 걸로 가격이 정해질까요? 아무리 같은 빌딩이라도 1층, 2층, 3층… 그 층에 따라 가격 차이가 아파트에 비해 너무 심한 것 같아요."

"맞아요. 아파트는 주변 아파트 시세나 최근 팔린 같은 단지 내 아파트가격을 보고 어느 정도는 가늠이 됩니다. 그래서 매도할 때 그냥 부동산 몇 군데 전화해보거나 최근 실거래가를 보면 내가 팔고자 하는 동이나 층에 따라 가격을 금방 알 수가 있습니다. 반면 상가 시세는 2가지를 봐야 합니다. 첫 번째는 상가의 월임차료이고, 두 번째는 은행이율입니다. 이 둘을 활용해 얻을 수 있는 상가의 수익률이 바로 상가 시세를 가늠하는 기준이 됩니다."

금리가 상승하면
수익형부동산이 저렴해진다

전혀 이해 가지 않는 눈빛으로 "들어도 잘 모르겠어요"라며 머리를 긁적인다.

"예를 들어보겠습니다. 만약 2년 전, 저금리시기에 상가를 샀다고 해보겠습니다. 은행이율 2% 시절에는 상가수익률이 4~5% 정도 되었습니다. 사람들은 보통 은행이자보다는 더 수익이 나야 상가투자를 합니다. 그게 아니면 맘 편하게 은행에 넣어두면 되는데 뭐 하러 리스크를 감안하고 투자를 하겠습니까. 그래서 보통 은행이율보다 수익률이 2~3% 이상 높으면 상가를 매수할 투자성이 생긴다고 보고 있습니다."

매수할 당시 은행이율이 2%, 상가수익률은 4%,

임대보증금 1억 원, 월세 200만 원

상가수익률(%) = (월세×12개월)/(매매가-임대보증금)×100

= 대략 매매가격은 7억 원

이전에 썼던 글을 전부 싹싹 지우고 검은 글씨로 화이트보드판을 채운다.

"그런데 매도할 시점에 은행이율이 4%로 올랐다면? 매도가격은 어떻게 될까요?"

10초간의 정적 속에 누가 먼저 답해주길 서로 미루고 있다. 왜 이 걸 우리에게 물어보지, 어차피 답해줄 거면 제발 민망하게 쳐다보지 말고 정답을 말해주길 바라는 눈치다.

"아, 답변을 기다린 건 아니고, 제가 생각 좀 하고 있었어요."

카스파 님이 불편한 상황을 눈치챈 듯 오래지 않아 시선을 정리해 간다.

"은행이율이 4%, 상가기대수익률은 그보다 2% 높은 6%가 되어야겠죠. 이 수익률에 맞춰야 거래가 성사될 겁니다. 지금 제가 쓴 이 수식을 보면, 상가수익률이 올라가려면 월세를 올리든지, 매매가격을 낮추든지 둘 중 하나가 성립해야 합니다."

"음… 제가 자영업을 하는 입장에서 아무리 임대인이라도 주인 맘대로 월세를 올려달란다고 요즘 세상에 누가 바보처럼 당하고 있죠? 안 그래도 경기 나빠 장사도 안 되는데, 기존 월세도 부담인 자영업자한테 거기서 더 올려달라구요? 당장 면상에다 과일 다 집어던지고 나가버리죠. 아마 그 자리에 제가 빠져나가면 다음 들어올 사람 찾기도 힘들 거예요. 제 가게 근처에도 빈 상가가 얼마나 많은데요."

실제 상황처럼 몰입된 동글이 님이 흥분한 채 떨리듯 말한다.

"아이고, 죄송합니다. 실제로 그런 일이 벌어지면 안 되죠. 어쨌든 임대인 입장에서도 무작정 월세를 올릴 수가 없습니다. 상가임대차보호법도 있고, 요즘 같은 불황기에 공실인 상태로 몇 년을 맞을 수도 있다는 걸 모를 리가 없습니다. 한 달 월세가 200만 원이라면 몇 달만 지나도 1천만 원 이상이 허공에 날아가는데 그런 모험은 하기 힘든 게 현실입니다. 그리고 새로 임차인을 맞추려고 해도 그 상권이 장사가 잘되는 '핫플' 정도는 되어줘야 돈을 더 올려주고라도 들어올 겁니다. 결국 일반적인 상황에서 월세를 올리는 건 불가능하다는 겁니다. 남은 옵션은 단 하나입니다. 매매가격을 내리는 겁니다. 아쉬운 사람이 몸을 움직이게 되는 겁니다. 울며 겨자 먹기 식으로 매매가를 낮춰서 상가수익률을 맞춰야 합니다."

상가기대수익률 6% = (200만 원×12개월)/(매매가-1억 원)×100

"대략 매도가격은 5억 원이 됩니다. 그럼 얼마 손해가 난 겁니까? 첫 매수가격이 7억 원이었으니 자연스레 2억 원 손해가 발생하게 된 셈입니다. 근데 은행이율이 6%라면? 기대수익률이 8%, 이번에는 매도가격은 4억 원이 됩니다. 손해는 3억 원입니다. 이런 식으로 은행이율이 올라갈수록 수익형부동산은 타격이 심각해질 수밖에 없다는 겁니다."

이슬처럼 님이 상가투자를 하려고 했던 본인을 자책하듯 고개를 떨군다. 그리고 남편에게 '오늘 계약하려던 상가는 완전 보류. 절대 보류!'라고 다급하게 톡을 보낸다.

"남편한테도 지금 말했어요. 상가투자, 금리 상승기에는 절대 안 하는 걸로 결론을 냈습니다."

본인의 빠른 결단력에 만족스런 표정으로 말한다.

"중요한 건 이제부터 제가 드릴 말씀입니다. 우리가 이 시점에서 생각해야 할 것은 무엇일까? '금리 인상기에는 절대로 수익형부동산을 하면 안 되겠구나' 하면 기회를 놓치는 겁니다."

이건 갑자기 무슨 뚱딴지 같은 소리인가 이슬처럼 님은 또다시 당황하며 심장이 쿵쾅거리고 민망해진다. 지금까지 위험하다는 말만 한 사람이 이게 기회라니.

"부동산은 뭐라구요? 쌀 때 사고, 비쌀 때 파는 게 기본 명제입니다. 그럼 수익형부동산이 쌀 때는 언제일까요? 방금 보신 대로 금리가 인상될수록 매매가격은 떨어지게 되는 게 기본적인 구조입니다."

한 템포 쉬고 다음 말을 이어가려는 찰나, 우현이 나선다.

"그러니 저금리라 너도나도 수익형부동산이 좋다고 하는 시기보다, 금리 인상으로 너도나도 수익이 나지 않는다고 할 때 관심을 가지고 접근해야 합니다. 한국의 기준금리 상승에 따라 상가의 매도가격은 하락하게 될 것이고, 그 시점에 상가를 매수하는 것이 조금 더 현명한 방법이 될 테니까요. 이게 바로 카스파 님이 지속적으로 말씀하시는 부동산투자의 가장 중요한 명제, '모든 투자는 쌀 때 사고, 비쌀 때 판다' 이거 맞죠?"

정리의 달인다운 우현의 요약으로 이야기는 마무리가 된다.

누구나 선호하는 '신축'보다
여전히 안 찾는 '구축'에 기회가 온다

신차보다 비싼 중고차? 신상백보다 비싼 낡은 샤넬백? 실제 현실에서 종종 일어나는 이야기다. 단지 내 수영장, 사우나, 피트니스센터, 스크린골프장, 식물원 방불케 하는 조경 시설을 갖춘 신축아파트가 있는데도 이 시기가 도래하면 구축이 신축을 밀어낸다.

"질문 하나 해볼게요. 걸어서 5분도 안 되는 거리, 주변 대형마트, 공원, 학교, 학원가 이용 등 모든 인프라가 동일하고 심지어 동일평수에다 비슷한 세대수, 단지 차이라면 신식과 구식이라는 거? 그거 하나에 어느 정도의 가격 차이가 적당하다고 생각하시나요?"

"어쨌든 부동산가격을 좌우하는 게 그 땅이 가지고 있는 가치이니 크게 잡아도 2억 원 이상 차이 나지는 않을 것 같은데요."

별거 아니라는 듯 시크한 표정으로 장덕 님이 대답한다. 그리고 이에 대한 응답으로 카스파 님이 PPT 화면에 아파트 시세를 올린다.

> 김포의 한 신축아파트 34평 가격 11억 원, 바로 옆 아파트 동일
> 평형 가격 5억 원
> 일산의 한 신축아파트 34평 가격 16억 원, 바로 옆 아파트 동일
> 평형 가격 8억 원
> 부천의 한 신축아파트 34평 가격 13억 원, 바로 옆 아파트 동일
> 평형 가격 7억 원

"이 가격 차이가 보이시나요? 호가 기준이 아니라 실제 거래된 실거래가 기준이에요. 가격 차이가 무려 8억 원까지도 벌어졌습니다. 이게 바로 신축아파트의 위력입니다. 정말 대단하지 않나요?"

"맞아요. 이번에 신축 대단지로 입주했는데, 아파트가 무슨 화개장터예요. 없는 거 빼고 다 있어요. 수영장, 사우나, 피트니스센터, 농구장, 탁구장, 배드민턴장, 스크린골프장도 있어요. 거기다가 식물원 방불케 하는 조경시설, 워터파크를 연상시키는 물놀이장, 산 속 계곡을 본떠 만든 간이폭포장까지 진짜 신세계예요. 그래서 다들 '신축 신축' 노래를 부르나봐요.

이런 곳에 한 번 살고 나니까 오래된 아파트로 다시 돌아가기는 힘들 것 같아요. 다만 제 집이 아니라 언제 쫓겨날지 모르는 신세라는 게 슬픈 현실이긴 하지만요."

이슬처럼 님은 난생처음 롯데월드에 놀러 간 아이처럼 하나하나 상세히도 설명한다.

"그럼 그 전에는 구축아파트에 거주하셨어요?"

"네, 저는 그 전에는 인근 오래된 아파트에 세를 살았어요. 근데 주변 신축 대단지아파트 입주 때 전세가격이 너무 저렴하더라구요. 이게 웬 횡재인가 하고 후다닥 이사 갔어요. 비슷한 전세가격으로 신축아파트 커뮤니티 한번 누려보자고 절친이 꼬셔서 왔는데 친구 잘 뒀다 싶었어요. 어쨌든 대만족하면서 살고 있답니다."

"전에 살던 아파트는 어땠어요?"

그 전 아파트를 떠올리는 것조차 답답하다는 표정으로 입을 연다.

"신축아파트에서는 차들이 지하로만 다니는데 구축아파트에서는 마치 1층이 차도인 것처럼 여기저기 활보해서 애들이랑 부딪칠까봐 무서웠어요.

그리고 주차공간이 부족해서 그런지 주차선이 아닌데도 중간중간 다 주차되어 있어서 지저분했구요. 폭우가 쏟아지는 날 양손 가득 짐 들고 있을 때는 정말이지 야외에서 샤워하고 들어가겠구나 생각 할 정도였어요. 아이들 뛰어놀 만한 놀이터가 있다 해도 너무 작고, 유행 지난 놀이기구라 아이들도 좋아라 하지 않았어요. 저녁에 담배 피우는 중고등학생들만 거기를 애정했을 정도예요."

"그럼 이슬처럼 님은 같은 위치에 모든 인프라가 비슷해도 오래된 아파트와 새 아파트 가격 차이가 6억 원 정도 나는 건 당연하다고 여길 수 있겠네요?"

한참을 골똘히 생각해도 모르겠다는 표정으로 이슬처럼 님은 입을 뗀다.

"음… 제 소유의 집이 아니라 이런 생각이 드는지는 모르겠지만요. 솔직히 6억 원이라는 손에 잡히지도 않을 그런 돈을 추가로 더 지불할 능력도 없어요. 저에게 실제로 신축과 구축 둘 중 하나를 선택해야 하는 순간이 온다면 그냥 오래된 아파트 들어가서 몇천만 원 특올수리하고 거주할 것 같아요. 물론 불편한 점도 있지만, 저렇게나 가격 차이가 심하게 나는 건 이해가 가질 않아요."

'단순히 살고 싶다'와 '돈을 추가로 지불해서라도 살고 싶다'라는 선택지 앞에서 전혀 다른 결론에 도달한다.

"혹시 현재 전세가는 두 곳 다 알고 계세요?"

"네, 얼마 전에 확인해봤어요. 신축아파트도 처음 입주장일 때보다는 올랐어요. 그래도 구축하고 신축하고 매매가격 차이는 7억 원인데, 전세가격 차이는 여전히 2억 원도 채 나지 않았어요."

뭔가 의문스럽기만 한 표정이다.

"신축아파트가 컨디션이 이렇게나 좋으면 매매가격이 상승하는 만큼 전세가격도 비쌀 것 같은데 왜 상대적으로 저렴한 거죠?"

"전세가격은 실제 사용에 가치를 부여하고 책정된 금액이라고 해요. 아무리 신축이라도 전세가가 그 지역의 시세보다 더 높게 형성되진 않아요. 반면에 매매가격은 실제 사용가치에 플러스알파(+α) 개념으로 프리미엄이 붙게 됩니다.

예를 들어 '앞으로 이 지역에 급행 지하철 9호선이 들어온다. 그래서 호재 프리미엄으로 공식발표 당일 순식간에 3억 원이 뛰었다. 그러다 1년 뒤 계획이 공식 취소되면서 호재 프리미엄이 사라지고 3억 원이 다시 하락했다'와 같은 현상이라 생각할 수 있습니다. 즉 신축이라서 붙은 신축 프리미엄은 신축이라는 메리트가 사라지면 이 또한 사라질 수 있는 프리미엄이라는 겁니다."

"음… 맞는 말씀인데 저도 능력만 된다면 낡은 곳보다야 뭐든 새것이라는 거 자체가 좋은 건 당연하지 않나요? 그 당연함에 대한 프리미엄이 존재할 텐데 어떻게 사라질 수 있다는 거죠?"

얼음이 다 녹아 물인지 커피인지 알 수 없을 음료를 입으로 들이켜며 카스파 님이 말한다.

"그럼 구축아파트의 장점은 없다고 생각하시나요? 신축아파트의 프리미엄은 부동산 하락기에는 거품으로 내려앉을 수가 있습니다."

신들린 신축의 가격이 빠지다니, 다들 기대는 하지만 믿을 수는 없다는 표정이다.

2020년 신축 A아파트 매매 20억 원

2020년 구축 B아파트 매매 10억 원

2025년 신축 A아파트 매매 12억 원

2025년 구축 B아파트 매매 6억 원

"이런 식으로 신축 프리미엄이 사라지면 구축아파트가 4억 원 떨어질 때 신축아파트는 8억 원이 떨어질 수도 있다는 겁니다."

"근데 왜 신축이 8억 원 떨어질 때 구축은 4억 원만 떨어진다는 건지 여전히 이해가 가질 않아요."

2020년 신축 A아파트 매매 20억 원, 전세 7억 원

 - 전세가율 35%

2020년 구축 B아파트 매매 10억 원, 전세 6억 원

 - 전세가율 60%(신축에 비해 높은 전세가율)

2020년 구축 B아파트 매매 10억 원, 전세 6억 원

 - 전세가율 60%(신축에 비해 높은 전세가율)

2025년 신축 A아파트 매매 12억 원, 전세 7억 원(서서히 구축화

되어가는 신축)

2025년 구축 B아파트 매매 6억 원, 전세 4억 원

"제가 적은 것처럼 그건 하방을 받쳐주는 전세가격, 즉 구축아파트의 높은 전세가율과 더불어, 결국 시간이 지날수록 신축도 구축화가 되어가기 때문입니다. 신축아파트가 지속적으로 들어서는 대구나 부산을 가면 5년만 넘어가도 준신축 혹은 구축아파트로 분류됩니다. 입주한 지 3년 이내 정도만 신축명함을 내밀 수 있을 정도니까요."

"그래서 그런지 최근에 경기도 쪽 부동산에 전화했었는데 그런 분위기가 느껴졌어요. 대한민국 중심 서울에서도 5억 원 이상 떨어

지는 매물들이 나오는데, 경기도택지지구 구축아파트는 시세가 떨어져도 1억~2억 원 수준이었어요. 시세가 오를 때는 더 많이 올라서 기쁠 텐데, 시세가 떨어질 때는 그만큼 배로 떨어지는 수준이니 매수했을 때 꼭지였다고 생각하면 아찔하더라구요."

최근 공부 차원에서 시세 전화를 돌렸던 날을 떠올리며 우현은 전문가 포스로 일장연설한다.

"네, 그래서 지금 시기가 신축 프리미엄이 과다하다면 굳이 더 큰 위험을 감수하기보다는 상대적으로 인기가 덜한, 그래서 덜 오른 구축아파트를 매수하는 게 수익률이 더 좋을 수 있다는 겁니다. 심지어 입지가 상대적으로 우월한 구축아파트라면 입지가 떨어지는 신축가격을 역전할 수도 있습니다!"

우현을 제외한 나머지 멤버는 이 정도면 거짓말이다 싶어 따지듯 묻는다.

"설마 그런 경우가 생길 수 있다구요? 그게 어떻게 가능하죠? 아무리 그래도 사람들은 누구나 새 아파트에 살고 싶어할 텐데요?"

"뭐… 이런 이야기가 들어맞을지는 모르겠지만 빠른 이해를 위해서 말씀드려볼게요. 샤넬가방이 낡아졌다고 인지도가 떨어지는 B급 브랜드 반질반질 새 가방보다 가격이 떨어질까요?"

비장의 무기 샤넬 발언 하나로 장내 소란스러운 분위기는 순식간에 대열정리를 끝마친다. 모두들 고개를 크게 끄덕이며 '맞아맞아'를 연발한다.

신차보다 비싼 중고차,
중고차도 때가 되면 가치가 상승한다

"여기 한번 보세요. 신차가격 4,500만 원, 중고차가격 4,700만 원."

샤넬 발언 효과로 자신감을 얻은 카스파 님은 급기야 카딜러로 바뀐다.

"어떤 차를 살까요?"

"그야 당연히 바보가 아닌 이상 신차를 사야죠. 신차와 중고차 가격이 같다고 해도 말이 되지 않는 상황이잖아요. 그런데 누가 타다가 중고로 내놓은 중고차 가격이 더 비싸다니? 말도 안 되는데요?"

샤넬은 명품특수로 인정해주지만, 차는 무리수가 아닌가 하는 표정들이다.

"2022년 반도체 수급문제로 신차 출고가 1년 이상 늦어지면서 중고차 가격이 더 비싼 상황이 실제 일어났습니다. 다들 벌써 잊으셨나요? 신차를 받으려면 1년 이상을 기다려야 한다는 이슈로 사람들이 그 기간을 기다리느니 중고로 나와 있는 차를 구입했습니다. 그것도 신차 출시가격보다 돈을 좀 더 얹어주고 말이죠."

장덕 님은 어느새 휴대폰을 열어 확인 작업에 들어간다. 그리고 다른 멤버들에게도 마치 조개 속 진주를 보여주듯 조심스레 열어 공유해준다.

"누군가는 새 차가 더 중요할 수도 있지만, 누군가에게는 1년 이상의 기간은 돈으로도 치환되지 않는 소중한 시간이었던 겁니다. 그런데 여기서 만약, 신차와 중고차 둘 다 계약하는 순간 바로 받는다면 어떨까요? 일부러 중고차를 더 비싸게 혹은 같은 가격으로라도 사고자 하는 사람이 있을까요? 아마도 99.99%는 없을 겁니다."

이 와중에 장덕 님은 본인이 타고 다니는 차량 시세를 열심히 검색중이다. 30대 이상 남자가 유튜브만 켰다 하면 그 광고가 나온다는 자동차시세검색 사이트다. 이 소중한 시간에 딴짓을 하는 사람이 있는 걸 아는지 모르는지 이야기를 이어간다.

"이 문제를 부동산으로 가져와 적용해보겠습니다. 내가 살고자 하는 A지역의 구축아파트 수는 이미 정해져 있습니다. 거기에 들어서는 신축아파트의 수도 정해져 있습니다.

누군가는 원하는 신축아파트에 들어가 살 수 있겠지만, 그러지 못

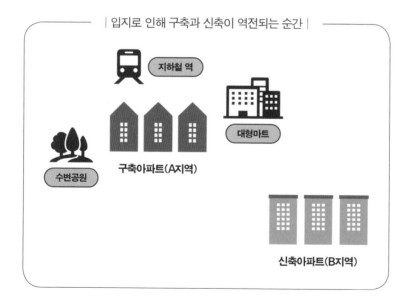

| 입지로 인해 구축과 신축이 역전되는 순간 |

지하철 역

대형마트

수변공원

구축아파트(A지역)

신축아파트(B지역)

하는 사람은 어쩔 수 없이 구축아파트에 거주할 수밖에 없습니다. 이때 A지역에서 30분 떨어진 B지역에 신축아파트가 들어서게 됩니다. A지역 구축에 살고 있는 사람 중 일부는 30분이 멀어져도 새 아파트라는 이유로 B지역으로 들어가게 될 겁니다.

그로부터 10년이라는 세월이 흐릅니다. 자연스레 10년 전 새 집이었던 B지역 신축아파트는 외벽 페인트가 낡아버린 구축아파트가 됩니다. A지역에 있던 구축아파트는 이제 20년이 지난 더 오래된 구축아파트가 됩니다. 장덕 님은 어떤 아파트에 살고 싶은가요?"

장덕 님이 딴짓하다가 들킨 학생처럼 얼굴이 붉어진 채 우물쭈물하자 그 옆에서 우현이 카스파 님의 설명을 간단히 전해준다.

"10년이 지난 구축, 20년이 지난 구축 둘 다 구축아파트 아닌가요? 완전히 새 것이라면 모를까 10년이나 20년이나 매한가지라 느껴집니다. 잠시 딴짓해서 죄송합니다. 문득 투자를 위해 제 차량을 팔고 싶다는 생각이 들어서요."

카스파 님은 장덕 님 사과에 괜찮다는 웃음으로 대답하며 이야기를 이어간다.

"장덕 님 말씀처럼 어차피 둘 다 구축인데 차라리 20년이 지났지만 좀 더 역에서 가깝고, 좀 더 마트에서 가깝고, 좀 더 공원에서 가까운, 말 그대로 입지가 좋은 아파트를 구입하는 사람이 더 많게 됩니다. 그냥 내부를 본인 스타일대로 올수리 리모델링을 해버리는 겁니다. B지역이 A지역보다 더 좋은 건 새 것이라는 점 하나였는데 그 이유가 사라지는 순간 가격은 서서히 뒤바뀔 수 있다는 겁니다. 그만

큰 좋은 가방, 좋은 차량, 좋은 입지는 희소해서 가치가 있는 겁니다. 자, 그럼 이번에도 정리의 달인 우현 님이 한번 말씀해주실까요?"

우현이 정리하는 동안 다들 기지개를 켜며 졸음을 몰아낸다.

"현재 수도권 부동산시장은 새 아파트를 원하는 사람들에 비해 입주할 수 있는 신축아파트의 수는 여전히 부족합니다. 그래서 신축 아파트는 수도권 어디에 지어지기만 해도 소위 입지가 더 좋은 곳보다도 더 비싼 가격을 형성하고 있습니다. 하지만 우리가 염두에 둬야 할 건 '새 아파트라서 비싸다'는 걸 당연하게 생각해서는 안 된다는 겁니다. 시간이 흐르고 그 신축이 구축으로 변모하는 순간부터는 서울과의 접근성, 입지가 더 좋은 곳이 신축을 앞서는 시기가 찾아올 것이기 때문입니다. 이번에도 역시나 결론은 '모든 투자는 쌀 때 사고, 비쌀 때 판다'로 귀결됩니다. 카스파 님, 이 정도면 90점짜리 정리가 되었을까요?"

족집게 강사가 온 듯 멤버들은 우현의 정리력에 감탄한 나머지 물개박수로 응대해준다. 우현의 으쓱한 어깨는 하늘 높은지 모르고 솟아오른다.

20평대와 30평대보다
40평 이상 중대형에 기회가 온다

갈수록 줄어드는 혼인건수, 급격히 낮아지는 출산율, 대한민국의 거스를 수 없는 핵가족화 현상은 소형평형 대세를 만들었다. 그리고 이로 인해 오히려 부각되는 중대형평형의 희세(희소성에 의한 대세) 현상이 찾아오고 있다.

장덕 님이 휴대폰의 인터넷기사를 보여주며 궁금증을 해소하고 싶어 한다.

"늘 궁금해하던 내용이 이겁니다. '1인가구가 증가하면서 중대형 수요자는 사라지고, 중소형 수요자만 남아 있다. 그렇기에 중대형아파트는 애물단지가 된 지 오래다. 중대형아파트가 오를 거라 생각하는 사람은 정말 바보다. 30평 이상은 중대형이다. 투자를 하려거든 초소형 10평대가 유망하다.' 이 기사가 10년 전에 나온 내용이에요. 그 당시 저도 친구 따라 부동산강의를 몇 번 들으러 간 적이 있어요. 그리고 그때 전문가들이 입에 달고 살던 말이 있었어요. 아파트에 투자할 거면 10평대나 20평 초반까지만 하고 그보다 큰 평수는 쳐다도 보지 말라고요. 꼬마빌딩이 대세가 아니라 그때는 소위 꼬마아파트로 불리는 소형아파트가 대세였어요. 대형평수는 관리비만 비싸고, 원하는 수요층이 얇다는 거죠. 당연히 집값은 오르지 않는다는 논리였어요. 그래서 제가 살고 있는 19평이랑 30평대랑 2천만 원밖에 차이 나지 않았는데도 초소형의 투자성이 높다는 이야기에 갈아타지도 않았어요. 그때는 실제 제가 살고 있는 19평의 인기가 엄청났거든요."

그러고는 휴대폰에 저장된 다른 인터넷기사를 보여주며 말한다.

"그런데 몇 년 전부터는 서서히 분위기가 바뀌는 게 느껴져요. 여기 기사 내용에서도 '중대형아파트 가격이 소형에 비해 큰 폭으로 올랐다. 하지만 이건 삶의 여유가 넘치는 강남 아파트라 가능한 일이다. 강남이 아니면 중대형투자는 여전히 유효하지 않다'라고 이야기하고 있어요."

이때 동글이 님이 대뜸 끼어든다.

"근데 요즘은 강남 아니라도 중대형평수가 중소형보다 더 오르는 것 같은데요?"

장덕 님이 동글이 님의 답변을 받아 바로 말을 이어간다.

"그래서 그건 왜 그런가 또 인터넷기사를 찾아보면 강남 이외 중대형이 오르는 이유는 최근 코로나19로 인한 특수상황이라고 했어요. 고로 이 전염병이 사라지면 다시 원상태로 복귀할 수밖에 없다는 이야기예요. 그러니 강남 이외 지역 중대형평형에 투자 목적으로 접근하면 위험하다고 하더라구요. 제가 소형에 살고 있다 보니 저렇게 중대형이 오르는 걸 보면 이런 가격 차이로 평생 소형에만 살아야 하는 것 아닌가 걱정돼요. 한편으로 중대형은 여전히 아니라는 전문가 이야기를 들으면 '역시 그렇지. 잠깐만인 거지?' 하고 안도하기도 하구요. 혹시 어떻게 생각하세요?"

가만히 듣고만 있던 카스파 님이 물을 한 모금 홀짝이며 생각을 정리해본다.

"그 인터넷기사는 선견지명이 아닌 전형적인 후견지명의 형태라고 봅니다. 이미 나온 결과에 짜맞추기식 이론일 뿐입니다. 혹시 요즘 1인가구가 줄어들고 있다는 이야기를 들어보셨습니까?"

초소형 핵가족화 시대에 1인가구가 감소하고 있다니 모두 금시초문이라는 표정이다.

"네, 여러분들의 표정처럼 말도 안 되는 소리입니다. 지금 현재도 1인가구는 증가하고 있습니다. 당연히 중소형평수가 대세라는 이야기는 현재진행형인 상황입니다. 그럼에도 저는 이렇게 말하고 싶습니다. 20, 30평 아파트보다 오히려 40평대 이상 중대형아파트가 부동산에서 더 매력적이라고요."

30평대도 아니고 40평대 이상이 대세가 될 수 있단 말인가. 아무리 주변을 둘러봐도 대부분이 혼자 살거나, 결혼해서 둘이 살거나, 아이를 가진다 해도 셋이 살거나다. 결국 이런 사람들이 원하는 최대 평수는 크다 해도 30평대인데 누가 40평대 이상을 찾는단 말인가. 아무도 찾지 않는 평형을 매력적이라고 하는 건 본인이 투자한 아파트가 있다 보니 토스하려고 속이는 말로밖에 들리지 않는다.

"왜 그렇게 생각하시는 거죠? 코로나19 같은 전염병이 계속 생길 거라 중대형이 좋다는 건가요? 지금은 코로나19도 그저 독감 수준으로 마스크 착용 의무도 해제된 판에 또 다른 전염병이 도는 상상을 하시는 건 아니죠?"

20평이 채 되지 않는 아파트에 거주하는 장덕 님은 중대형을 옹호하는 듯한 카스파 님의 이야기가 귀에 거슬린다.

"코로나19 사태로 재택근무를 하면서 집에만 있다 보니 더 넓은 공간을 원하기 때문이라는 말이 있는데, 이는 왜 대형평수가 오르고 있냐에 따르는 그저 부수적인 사항이라 생각합니다."

"그럼 그게 근본적인 이유가 아니라는 건가요?"

"만약 코로나19가 끝나면 대형평수 선호도가 떨어지고, 이에 따라 대형평수 가격도 그에 맞게 하락하게 될까요?"

카스파 님도 따지듯 한마디 던져본다.

"생각해보면 코로나가 이제는 독감도 아니고 단순 감기로만 치부하는 사람도 많죠. 일부러 검사도 안 받는 사람도 많던데요. 그냥 감기약 먹고 기다리면 괜찮아질 텐데 하구요. 그럼에도 중대형 선호도가 여전히 있는 것 같습니다. 다들 큰 집에서 내 서재 하나, 엔터테인 룸 하나, 아이들놀이방 하나 하면서 큰 집 사는 게 목표라고 하는 사람들도 꽤 있더라구요. 단지 문제는 쩐이라는 거…."

동글이 님은 아쉬운 말투로 말꼬리를 내린다.

"사람들의 마음속에는 언제나 더 큰 집에 살고자 하는 욕망이 자리 잡고 있다고 생각합니다. 혼자 살아도 내 방이 고시원처럼 아담하길 바랄까요, 시원하게 위아래가 넓고 큼지막하길 바랄까요. 돈만 있으면 왜 좁은 고시원에서 답답하게 살겠습니까? 넓어야 그 공간에 소파도 들어가고, 90인치 TV로 영화관처럼 꾸미기도 하고, 킹사이즈 침대에서 뒹굴뒹굴할 수도 있지 않을까요."

고시원 이야기에 우현은 발도 제대로 뻗지 못하고, 38도 불볕더위에도 고장난 선풍기만 틀어대던 그 시절이 떠오른다. 누군가 원룸 보증금만 보태줬다면 절대 살고 싶지 않았을 고시원, 그럼에도 누굴 원망하고 싶지는 않다. 다만 그 고시원을 탈출한 이후로 다시는 돌아가지 않겠다는 다짐만 할 뿐이다. 나도 연예인처럼 90인치 TV로 영화도 보고 축구도 보고 이 방 저 방 내가 원하는 테마로 꾸며서 살고 싶다. 관리비만 감당할 수 있다면 그 럭셔리하다던 베란다하우···아니, 그 펜트하우스 같은 곳에서 뒹굴고 싶다. 내가 돈이 있다면 뭐하러 작은 평수에서 복작복작 살고 싶겠나. 결국 문제는 머니머니해도 머니다.

그 타이밍에 반기를 들고 나오는 이가 있다.

"하이고, 저희 때는 2층짜리 단독주택 한 채에 20명은 족히 살았어요. 방 한 칸이면 5인가족이 이불 펴고 발 뻗고 잠도 잤어요. 단순히 1박 2일 체험이 아니라 매일을 그렇게 지냈다는 말이에요. 이게 무슨 한국전쟁 시절 이야기냐 하겠지만, 대한민국 1990년대까지도 흔한 일상이었어요."

50대 이슬처럼 님의 라떼 이야기에 시선이 집중된다. 단독주택에 어떻게 20명이 들어가 살 수 있단 말인가. 그 정도면 일반가정집이 아니라 합숙소 아닌가.

"요즘 젊은 사람들이야 방 한 칸에 어떻게 5인가족이 살까 싶지만, 지금은 창고에 불과한 쾨쾨한 냄새나는 다락도 예전에는 아이들이 이불 깔고 자던 방이었어요. 그래서 단순히 다락이 아니라 다락방으로 불렸고요. 그 좁은 공간에 공부방처럼 책상도 두고, 장난감도 두고 놀았어요. 여기 40대 이상은 그래도 아실 것 같은데… 제 눈길 피하지 마시구요. 호응해주세요들…."

이슬처럼 님이 옛 기억을 더듬으며 호응해줄 누군가를 찾는다. 그때 눈이 딱 마주친 장덕 님이 웃으며 입을 연다.

"하… 눈길을 피할 수가 없군요. 제가 호응해드리겠습니다. 사실 제가 어릴 때 살던 집이 딱 그랬습니다. 제가 열 살이 될 때까지 제 방은 다락방이었습니다. 그 당시에는 그게 부끄러운 일도 아니었구요. 친구들 놀러 오면 자랑스레 보여주던 제 공간이었습니다. 사다리 타고 오르락내리락 가끔 바퀴벌레나 생쥐가 출몰하긴 했지만, 지금 생각해보면 그 또한 나름 낭만이었다고 생각합니다. 사촌 형은 거기서 기타 연주도 하고, 고시공부도 했을 정도입니다."

"그런데 요즘도 다락방에서 아이 키우는 집이 있나요?"

라떼시절 경험담에 이야기가 산으로 갈까 카스파 님이 한마디 던지며 상황을 수습해본다.

"아니 요즘 누가 다락방에서 아이를 키워요? 음… 모르겠네요. 그게 사정이 있을지는 알 수 없지만, 그게 아니라면 아동학대로 신고할 것 같은데요? 왜 아이를 다락방에 가두냐고 말이에요."

나의 어여쁜 아가들은 절대 우중충한 다락방에서 키울 수 없다며 동글이 님이 항의 아닌 항의를 해본다.

장덕 님은 문득 다락방 벽에 오래도록 붙어 있던 낡은 한 장의 메모를 떠올린다.

자유로운 나의 인생을 위해서,

세상의 시선에 아랑곳하지 않을 것

세상의 기준에 묶이지 않을 것

세상의 잣대에 흔들리지 않을 것

세상의 시간에 얽매이지 않을 것

세상의 가치에 수렴되지 않을 것

세상의 방법에 짓물러지지 않을 것

10대 시절엔 하나도 어렵지 않을 것 같았던, 메모에 적힌 한 줄 한 줄이 40대가 된 지금에야 현실에서는 정반대로 움직여왔음을 확인하게 된다.

욕망은 강해지고, 넓은 집은 사라진다

"2023년 현재는 어떻습니까? 부부끼리도 공간적인 여유가 있다면 방을 따로 쓰는 시대입니다. 저희 부모님이 지금 그렇게 살고 계십니다. 다퉈서 그런 게 아니라 붙어 자면 불편하다고 합니다. 그리고 밤중이라도 얼굴 안 봐야 사이가 좋아진다나 뭐라나 하시면서요."

카스파 님의 이야기에 여자들만 짠 듯이 박수를 치며 공감의 끄덕임을 연출한다.

"방 한 칸에 5인가족이 살던 시절은 이미 개발도상국 시절, 지나간 라떼시절의 이야기입니다. 아무리 어린아이라도 초등학생만 되면 각자 방을 요구합니다. 그 방 또한 이왕이면 더 클수록 좋아하구요. 남는 방이 있으면 드레스룸으로 써도 되고, 서재로 써도 되고, 영화관으로 써도 되고, 게임방으로 써도 되고, 공간 활용이야 다들 도사 아니십니까. 시간이 지날수록 사람들의 넓은 평수에 대한 욕망은 전혀 사라지지 않을 거라 생각합니다."

"그럼 그 욕망으로 인해 중대형평수가 유망하다는 건가요?"

카스파 님의 이야기에 우현이 대꾸한다.

"핵심은 '그에 반해?'라는 겁니다. 가구수가 줄어들어 중대형에 대한 수요 또한 줄어든다고 해도 중대형평수가 꼭 필요한 사람들이 있다는 겁니다. 아이가 셋이거나, 조부모와 함께 산다거나, 그게 아니라도 넓은 곳을 선호한다거나 하는 일정한 수요는 늘 존재한다는 겁니다. 그에 반해 지어지는 중대형평수 공급은 늘어나질 않고 있다는 게 제가 하고 싶은 말입니다."

'그에 반해'라는 말에 포인트를 주면서 하나하나 끊어 강조한다.

"쉽게 말해서 이 말이에요. 결국 이 둘의 결투가 포인트가 되는 겁니다. '누구나 선호해서 평당가격이 이미 너무 올라버린 소형, 누구나 선호해서 공급이 미어터지는 소형 vs. 당장은 찾지 않아 평당가격이 여전히 저렴한 중대형, 당장은 선호하지 않아 공급이 부족해지는 중대형' 이 그림을 보면 이해가 되실 거예요."

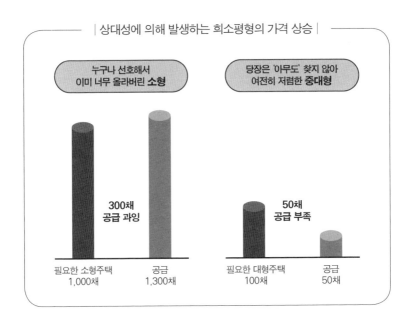

| 상대성에 의해 발생하는 희소평형의 가격 상승 |

누구나 선호해서
이미 너무 올라버린 **소형**

당장은 '아무도' 찾지 않아
여전히 저렴한 **중대형**

300채
공급 과잉

50채
공급 부족

필요한 소형주택
1,000채

공급
1,300채

필요한 대형주택
100채

공급
50채

"카스파 님이 말씀하시는 그 중대형의 스펙을 알고 싶어요."

"좀 더 정확히 이야기하자면 84타입을 초과한 면적으로 방 4개 이상을 의미합니다. 그 스펙에 해당하는 아파트 공급이 갈수록 희소해지고 있다는 게 현실입니다. 그리고 그 희소성이 새로운 기회가 될 수 있다는 겁니다. 실제 새로 분양하는 아파트단지들을 보세요. 84타입을 초과하는 방 4개 이상의 평형은 중소형에 비해 공급이 훨씬 적습니다. 심지어 분양아파트에 이런 평형 자체가 없는 곳도 수두룩합니다. 이런 공급 부족은 누적될 수밖에 없고, 그에 따라 전세 가격이 오르고, 매매가격 또한 오를 수 있다는 이야기입니다. 이 또한 역시나 '모든 투자는 쌀 때 사고, 비쌀 때 판다'는 논리에 의거한 판단입니다."

처음 경험해보는 신선하면서도 기괴했던 스터디모임을 마치고 지하철 역으로 향했다. 어느 틈엔가 삼삼오오 모여드는 사람들이 마치 학기 초 활기로 가득찬 대학교 캠퍼스를 활보하는 듯 보였다. 새로운 대학생활이 시작되고, 새로운 친구를 만나고, 알 수 없는 앞날이 불안하고 두렵지만, 그럼에도 마냥 설레고 기쁜 그런 순간… 우현에게 오늘 하루는 딱 그런 날이었다.

왠지 모르게 꼭 기억해야 할 것만 같은 소중한 시간이었음은 틀림없다. 비록 지금 당장의 결과물은 전혀 없고, 여전히 이룬 성과도 없지만 그건 중요치 않다. 삶이 지속되는 동안 몸속에 각인된 이런 하나하나의 기억들은, 내 생의 순간순간을 풍요롭게 만들어줄 것이라 확신하기 때문이다.

평범함으로도 충분히
행복한 삶을 살아내다

어제와 다를 것 없는 평범한 오늘이 시작된다. 새벽 4시, 스터디모임에서 만났던 이들과 기상미션을 수행하고 책을 펼치고, 신문을 읽고, 재테크 칼럼을 정리한다.

누군가는 몽유병도 아니고 그 시간에 뭐 하는 짓이냐며 타박하기도 한다. 이렇게 살고 있는 본인조차도 이게 정말 정답의 삶인지 의문이 들 때가 있다. 그럼에도 이제는 그 시간이 아니면 자신만의 시간을 가지기도 힘든 형편이다.

출근을 하고 퇴근을 하는 순간부터 토요일, 일요일도 이젠 그만의 시간이 아니다. 그에겐 평생 따스한 마음을 내어줄 아내와 눈에 넣어도 아프지 않을 남매둥이가 곁에 있기 때문이다.

이제 두 돌이 다 되어가는 서호·서아 남매, 세상 이런 복덩이들이 따로 없다. 결혼, 집, 차, 이 셋 중 무엇 하나 없던 그에게 부동산은 새로운 세상을 열어줬다.

지금의 아내가 된 전 여자친구와 함께 부동산강의를 듣고, 함께 임장을 다녔고, 결혼도장을 찍음과 동시에 공동명의로 부동산투자까지 감행했다. 다행히도 그 부동산들은 폭등과 폭락을 견뎌내며 조용히 인플레이션에 따라 성장하고 있다. 또 다른 투자를 위해 아내와 함께 의논하고, 계획을 세우고, 돈을 저축하면서, 자산이 풍족해질 미래를 떠올리며 행복하게 하루하루를 보낸다.

회사에서는 박선배가 그랬듯 취직 이후의 고달픈 삶을 힘겨워하는 신입직원에게 경제에 대해 한 수 가르치기 바쁘다.

"취직했다고 모든 게 다 내 세상이 된 것 같지? 너도 자취한다고 했나? 나도 그때는 자취하면서 한 푼 두 푼 모아가며 힘들게 생활했어. 그래도 나를 봐봐. 고생한 만큼 지금은 멋들어지게 외식도 하고, 칼도 좀 썰고, 당당하게 별다방도 다니고! 암튼 그나마 나처럼 서울에서 어깨 펴고 살려면 오늘도 내 이야기를 귀담아들어야 할 거야. 부동산이란 말이야 처음부터…"

"아, 선배 잠시만요. 오랜만에 어머님이 전화하셔서요."

이제 막 중요한 말을 시작하려는데 흐름 끊기게 저러니까 계속 힘든 삶인 거다, 하고 생각하는 순간 전화를 끊고 오는 신입이 한마디한다.

"어머님이 그러는데 이번에 저희 부모님 살고 계시는 아파트에서 대통령 나왔다고 엄청 좋아하세요.”

순간 우현은 머릿속이 찌릿하다. ‘이번 대통령이 나온 아파트라면 강남의 부자들만 산다는 그 강남로열팰리스킹덤알짜피렌체부르주앙??’ 우현은 신입이 입사한 이후 몇 달 동안의 시간들을 돌이켜본다. ‘밥 먹고 커피 마시는 습관부터 줄여야 한다. 허리띠 졸라매고 저축해야 한다. 택시는 절대 타고 다니면 안 된다’ 등등의 말에 그렇게 ‘네네’ 하면서 다 수긍하던 놈이었는데, 헛웃음이 나온다. ‘그래, 아무리 발버둥 쳐봐야 밑바닥부터 금수저는 웬만해선 이길 수 없구나. 결국 최후의 승자는 타고나는 건가’ 하는 씁쓸함이 밀려온다.

이쯤에서 박선배 이야기를 해야겠다. 선배는 현재 경제적인 상황만 보면 불황에 가까운 상황이다. 그럼에도 심리적으로는 누구보다 호황이다. 고향 부산으로 돌아가 ‘영도’라는 섬 아닌 섬으로 들어갔다. 물론 혼자가 아닌 가족들과 함께 말이다. 그곳에서 선배는 다시 재결합한 아내와 독립서점을 운영하고 있다. 상호명이 ‘가화만사성 서점’이라고 하는데, 돌고 돌아 결국 중요한 건 내 가족이었음을 뼛속 가득히 느낀 결과로 지어낸 이름이라고 한다.

서점은 10평도 되지 않는 공간이지만 아내와 함께 문을 열고 태종대 바다를 바라보며 만끽하는 따뜻한 커피 한 잔의 여유가 압구정 대궐 같은 아파트에서 한강 뷰를 볼 때의 여유보다 더 값지고 풍요롭다고 한다. 곳간이 꽉 차서 잃을까봐 혼자서 조마조마했을 때보다 가족과 힘 합쳐 곳간을 채워나가는 지금이 심적으로 더욱 평온하고 행복감을 물씬 느낀다고 한다.

그렇다. 우리가 원하는 삶은 누군가를 뛰어넘어 월등한 존재가 되는 것이 아니다. 그저 보통의 존재만으로도 충분히 행복한 오늘을 살아갈 수 있는 조금의 여유가 필요할 뿐이다.

부동산으로 돈 버는 방법은
따로 있다

2030년까지 투자 기회가 있다

'원자재값 폭등'

'15,000세대 ○○재건축 공사 지연'

'3기신도시 토지보상 지연'

'청약미달로 인한 분양 지연'

뉴스지면에 이런 이야기가 많이 나올수록 기회의 시간은 늘어난다. 그렇기에 적어도 수도권 부동산시장은 2030년까지는 대세하락으로 접어들기 힘든 상황이다. 물론 2026년부터 정부에서 공언했던 3기신도시 입주물량이 쏟아지는 시기다. 그럼에도 '공급이 충분할 것인가' 하는 의문을 던지게 한다. 왜 그럴까?

첫째, 재개발·재건축 시기가 도래했기 때문이다. 2023년 기준 서울을 비롯한 수도권에는 지어진 지가 30년을 넘어 40년을 향해 달려가는 집들이 수두룩하다. 만약 10만 가구의 아파트가 재건축을 맞이하게 된다면 10만 가구가 들어가 살 이주공간이 필요하다. 이렇게 이주공간 수요는 늘어나지만, 이주공간 확보에는 시간이 걸리기 때문에 공급물량 부족을 야기한다.

둘째, 공짜로 들어오라고 해도 들어가지 않는 멸실주택이 빠르게 늘어나고 있다. 오래된 단독주택, 재개발구역 빌라, 곰팡이 썩어가는 반지하까지, 도저히 거주하기 힘들어 방치되는 곳들이 급증하고 있다. 거주할 주택으로 분류는 되지만, 실제 들어가 살 수 있는 사람이 없는 멸실주택 문제로 공급이 사라지는 효과가 나타난다.

셋째, 세계적 인플레이션 현상으로 인한 공사 지연·중단 사태도 문제다. 아파트 입주물량을 쏟아내야 할 사업들이 중도에 엎어지거나 지연되면서 그 기간만큼 공급되는 아파트의 입주시기가 미뤄지게 되고, 결국 공급 부족 효과를 만들어낸다.

앞선 여러 가지 이유로, '이미 다 올라서 더 이상 부동산투자의 기회는 없다'고 포기하기엔 너무 섣부른 판단이라는 것이다.

그렇다고 조급한 마음으로 불덩이 같은 부동산시장에 무리하게 뛰어들 필요도 없다. 어떤 자산이든 오르고 내리고를 반복하는 것이지, 끝없이 한 방향으로만 질주하지는 않는다.

또한 내 작은 돈으로 투자할 수 있는 곳이 서울 어디에도 없다고 단정 지을 필요도 없다. 부동산시장이 강남에만 있는 것도 아니고, 서울에만, 수도권에만 있는 것도 아니다. 매매가격이 오르고 전세가격이 오르면, 전세레버리지 투자로 진입할 수도 있다. 국지적 입주물량 폭탄으로 전세가격이 내려가면 매매가격도 기대 이상 내려가는 타이밍이 생길 수도 한다. 여유를 가지고 조금씩 부동산투자의 틈을 살펴본다면 2030년까지는 2030세대에게도 좋은 기회가 남아있다.

 ## 인생은 '타이밍', 투자도 '타이밍'이다

'결국은 우상향한다.' 말은 참 좋다. 그 결국이라는 말 앞에는 떨어질 수도 있지만, 기다리면 우상향한다는 의미가 숨겨져 있다. 그럼 내가 5억 원에 산 집이 10년 동안 하락기를 맞는다면 그 10년이라는 시간 동안 추락에 가까운 시간을 보내게 된다. 발 뻗고 자기 힘들다는 것이다. 10년 동안 부동산 시세는 꼴도 보기 싫어질 것이다. 아마 부동산의 '부'라는 말만 들어도 치가 떨릴지 모른다.

그런데 같은 아파트를 나보다 1년 전에 산 사람은 그래도 '1억 원은 올랐네'라고 할 수도 있다. 3억 원에 산 집이 5억 원까지 갔다가 그 뒤 5천만 원, 1억 원까지 떨어져도 이 사람 입장에서는 1억 원은 집값이 오른 셈이다. 즉 같은 입지라도 내가 언제, 어느 가격에 샀냐에 따라서 결과는 전혀 다른 차원으로 펼쳐진다.

한국 대표기업의 주가가 빠질 때는 이 기업이 망해가고 있어서 빠지고, 며칠 뒤 오를 때는 이 기업이 갑자기 실적이 좋아서 오르는 게 아니다. 자산시장에는 언제나 어느 정도 위아래의 출렁임이 존재하고, 이는 당연한 현상이다. 그렇기에 같은 기업의 주식이라도 한 달 전에 샀는가, 한 달 후에 샀는가에 따라 내 수익률은 엄청난 차이를 보일 수 있다. 마찬가지로 부동산시장에서도 내가 생각하는 방향이 아무리 맞다 할지라도 그 타이밍이 언제인가에 따라 그 투자는 실패가 될 수도 있고, 성공이 될 수도 있다.

'누구나 사고 싶어 하는 시장에서는 기다리고, 누구나 팔고 싶어 하는 시장에서는 들어가라'는 말이 있다. 부동산 활황기에는 몇 달 만에도 수억 원의 가격이 오른다. 10년 뒤 개통될 지하철 호재 한마디에도 급등이 나오고 '더 오른다'라는 한마디에, 있는 돈 없는 돈 끌어다가 급투자에 나선다. 최근 5년 내의 부동산시장만 봐도 불황기와 활황기가 끊임없이 반복되고 있다.

지금 바로 당면한 시장의 분위기가 언제나 영원해 보인다. 조금만 거래되지 않아도 뉴스기사에서는 불황기 시작, 경제위기 같은 키워드가 쏟아져 나오고, 유튜브에서는 하락불변 강사들이 잇따라 등장한다. 그러다가 조금만 거래가 시작되어도 뉴스기사에서는 급반등, 분위기 반전, 수급 불안으로 전세매매거래 500% 급증 등의 말이 넘쳐나고, 유튜브에서는 상승불변 강사들이 출몰한다.

신기한 건 그때마다 사람들의 심리도 동요한다는 점이다. 세 달 전만 해도 이 가격에서 2천만 원만 깎아줘도 매수한다는 사람이 1억 원이 떨어져도 더 떨어질 텐데 하면서 하락론자로 변해버린다. 그만큼 경험이 없는 초보자의 시선에서는 소위 전문가라는 언론, 강사들의 말에 이리저리 크게 휘둘릴 수밖에 없다.

최소한 너도나도 '부동산 불패'라고 하는 시기에는 타이밍을 잡지 말고, '부동산 필패'라고 하는 시기에는 타이밍을 낚을 준비를 하는 게 올바른 선택이다.

 ### '본질'에 집중해야 한다

예전에 〈백종원의 골목식당〉이라는 프로그램이 있었다. 멘토로 나온 백종원은 2~3개 메뉴가 아니라 10개 이상의 메뉴가 가득한 식당에는 여지없이 칼을 빼들었다. 어느 정도 장사가 자리를 잡기 전까지는 한두 가지 메뉴에만 충실하고 나머지는 과감히 날려버리라고 했다. 하나의 음식이 어느 정도 맛을 잡아가면 그때 가서야 메뉴를 늘려야 한다고 했다.

그러나 사장님들의 생각은 달랐다. A단골손님은 D음식을 좋아하고, B단골손님은 E음식을 좋아하고, C단골손님은 F음식을 좋아하기에 30가지 메뉴 중에 하나도 버릴 게 없다고 했다. 그 많은 메뉴 하나하나가 있어야 하는 이유가 명확했다. 그러나 그런 식당은 이 음식 저 음식에 모두 신경 쓰다 보니 에너지가 분산되어 가장 중요한 '음식 맛'에 집중할 수 없게 되는 수순을 밟았다. 제3자인 시청자의 입장에서 바라볼 때는 누구나 알고 있다. 저 가게는 장사의 본질을 간과한 것이고, 결국 장사가 잘될 리가 없다는 것을.

같은 이치다. 부동산도 가장 에너지를 쏟아야 할 본질은 이미 정해져 있다. 그럼에도 많은 사람들은 손에 잡히는 당연함보다 손에 잡히지 않는 달콤함에 현혹되고 빠져든다. 누구도 예상하지 못했던 서브프라임 위기를 예측해서 초대박 수익을 만들어냈다는 영화 〈빅쇼트〉 이야기는 멋지고 짜릿하기까지 하다. 분석만 잘하면 저렇게 어려운 확률까지도 맞힐 수 있고, 저렇게 해야만 엄청난 수익을 거둘 수 있다고 여겨버린다. 부동산투자에서도 당연한 이야기보다 뭔가 현란하고, 뭔가 어렵고, 뭔가 멋져 보이는 용어와 그래프를 분석해야만 투자에 성공한다고 생각한다.

그래서 신문기사도 꼼꼼히 스크랩하고, 뉴스방송도 귀 기울여 듣는다. A지역 집값이 오른 건 아파트부녀회 담합 덕이었고, B지역 집값이 오른 건 원정버스 투자자 때문이었고, C지역 집값이 하락한 건 스타강사가 투자가치 없다고 해서였고 등등 지금 들으면 뭔가 황당한 이런 이야기들이 부동산공부 초심자들의 심장을 두근거리게 만든다. 그리고 공부하고 분석하게 만드는 것이다. 정작 부동산의 큰 힘을 좌우하는 본질에는 미미한 영향을 미치는데도 말이다.

예전에 유명한 부동산강사 한 분은 정부의 부동산규제가 나오자, 잠실 재건축아파트를 보유한 사람은 무조건 당장에 팔라고 했다. 이번 정부 정책은 지금까지 규제의 종합판이니 폭락할 수밖에 없다며, 오늘이 휴일임에도 급하게 강의장으로 오라고 한 것 역시 이 말을 해주기 위해서라고 했다. 누군가는 강사의 그 강력한 말을 듣고 기겁해서 급매도를 했을지도 모른다. 하지만 그 당시 7억 원에 거래되었던 잠실 재건축아파트는 강력한 규제로 6억 5천만 원까지 내렸다가 몇 달 뒤 20억 원까지 상승하는 기염을 토했다. 이 강사조차도 부동산시장의 가격을 좌지우지하는 무수한 잔가지들을 부동산의 본질이라 착각한 듯하다.

그렇다면 부동산시장을 움직이는 가장 큰 힘, 우리가 알아야 할 부동산을 움직이는 본질, 그건 무엇이라는 건가? 심플하다. 바로 '수급'이다. 수급의 힘이 아니고서는 장기적인 부동산추세를 꺾을 수 없다.

> 수요 > 공급 → 전월세 상승 → 시차 두고 매매가격 상승
>
> 공급 > 수요 → 전월세 하락 → 시차 두고 매매가격 하락

너무 기본 아닌가? 원래 사람은 그 기본이 너무 쉬워서, 너무 간단해서 놓치고야 만다. 그래서 시간이 지날수록 신출귀몰한 방법으로 현란하게 투자하는 강사들을 따르기도 한다. 그러나 늘 그런 신출귀몰한 강사들은 신출귀몰하게 치고 빠진다. 어느새 사라진다는 말이다. 그 틈에 수강생들은 피해만 눈덩이로 쌓인 채 억울함을 호소하기도 한다. 기본이자 본질을 절대 간과하지 말아야 하는 이유다.

아무리 다른 힘들이 좋아도 미친 듯이 쏟아지는 아파트 공급 앞에 장사 없다. 또한 아무리 다른 힘들이 좋지 못해도(경제위기를 제외한) 공급이 현저하게 부족하다면 전세·매매가격의 상승잠재력을 송두리

째 꺾을 수 없다. 백종원의 '타노스 전법'처럼 이 가게가 잘되기 위해서는 한 가지 메뉴부터 집중해서 성공시켜야 한다. 다른 메뉴를 찾는 고객이 찾아온다 해도 과감히 메뉴판에서 날리는 용기가 필요하다. 부동산시장을 화려하게 수놓는 수만 가지 이유보다 수급을 파악하는 것부터 선행되어야 그다음 부수적인 이유들도 집어넣을 수 있다. 대나무가 올곧게 뻗을 수 있는 건 잔가지를 많이 치지 않기 때문이다.

 진짜 돈과 가짜 돈을 구별해야 한다

북유럽으로 여행을 가면 경비를 최대한 아끼게 된다. 아담한 곳에서 잠을 청하고, 저렴한 곳에서 식사를 한다. 그럼에도 여행경비는 순식간에 쪼그라든다.

반면에 동남아지역으로 여행을 가면 움츠려 있던 어깨가 서서히 펴진다. 돈을 쓸 때도 까짓 거 좀 더 큰 방, 이왕이면 좀 더 고급스런 식당을 간다. 그럼에도 여행경비는 넉넉한 느낌이다.

분명 한국 돈 100만 원이라는 숫자는 어느 나라를 가도 변하지 않는다. 그럼에도 어느 나라에서 쓰느냐, 어느 시기에 쓰느냐에 따라 내가 소비할 수 있는 퀄리티가 달라진다.

돈이라는 화폐는 실제로는 종이 한 장에 불과하다. 이 종이에 내가 '1억'이라는 숫자를 쓴다 해도 그 누구도 인정해주지 않는다. 그런데 왜 공식적인 발행기관에서 지급되는 그 종이는 어디를 가도 그만큼의 가치를 인정해주는 걸까?

여기서 진짜 돈과 가짜 돈을 구별해야 하는 이유가 생긴다. 1960년대 부모님이 강남땅을 팔아 남겨주신 어마어마한 현금을 고스란히 장롱에 넣어뒀다가 2020년이 되어서야 자식에게 꺼내서 넘겨줬다고 하자.

그 엄청난 금액의 현금은 1년이 지나도 2년이 지나도 5년이 지나도 여전히 큰 가치였을 것이다. 하지만 시간이 더 많이 흐르고 10년, 20년, 30년이라는 오랜 세월이 지나서는 반의 반의 반 토막도 아니고, 거의 종이쪼가리 수준에 가까운 바닥 가치가 된다.

다시 말해 지금의 벤츠 10대를 구입할 10억 원이 50년이 지나면 그 가치가 중고차 한 대 가격에도 미치지 못할 수 있다는 말이다. 시간이 지남에 따라 서서히 그 가치가 떨어지는 건 '가짜 돈'이다. 즉 시간이 지나면서 자연스레 공중으로 날아가는 휘발성 자산이다.

잠시 내 마음의 안식처는 될 수 있으나, 내 가정의 안식처는 되어줄 수 없다는 말이다. 누구나 좋아하는 현금성 화폐, 굴릴수록 가격이 떨어지는 자동차가 대표적인 가짜 돈이다.

그럼 진짜 돈이란 무엇인가? 소유하고 있으면 시간이 지날수록 물가 상승에 따라 올라가는 것이다. 나는 이를 '돼지저금통 자산'이라고 부른다. 금, 부동산, 주식, 독서가 대표적이다. 비록 그 작은 구멍으로 투입되는 돈은 작을지라도 꾸준히 모으다 보면 어느새 저금통 자체가 커지는 효과를 누릴 수 있다. 단순히 잠시 동안 내 마음의 안식처가 될 뿐 아니라 실제 내 가정의 안식처가 되어줄 꿈의 자산이라 할 수 있다. 결국 회사를 다니며 받는 월급이라는 현금을 최대한 안전한 자산의 형태로 지니고 있어야 가치 하락을 방어할 수 있게 되는 셈이다.

 '집'은 가만히 있으면 리스크가 '무한대'다

'나는 이 정도면 대한민국의 중산층이다'라고 자신 있게 말하는 사람치고 내 집 없는 사람이 있을까? 집은 '의식주'라는 살아가기 위한 가장 기본적인 3대 요소 중 하나다. 물론 내가 소유한 집이 아니더라도 전세나 월세로도 얼마든지 거주할 수는 있다. 하지만 내 집이 아니라는 이유 하나로 언제든 그 집에서 쫓겨날 수 있다.

내 아이가 현재 살고 있는 보금자리에서 더 살고 싶다고 해도 더 살 수 없는 상황이 올 수도 있다. 전월세 갱신을 해야 하는 시기 최소 6개월 전부터는 이사 나갈지도 모르는 불안감을 안고 살아야 하고, 갑자기 폭등하는 전월세에 차곡차곡 모으던 적금을 해약해야 할지도 모른다. 아이가 생긴다면 덩달아 어린이집, 학교, 학원, 정든 친구들과도 이별할 수 있다.

또한 내 집이 없다는 건 자본주의사회에서 가장 중요한 자산의 가치 상승에 편승할 수 없다는 말과 같다. 금이 아닌 종이돈을 찍어내는 순간부터 세계의 자본주의시장은 매년 어쩔 수 없는 물가 상승을 받아들일 수밖에 없다. 6개월, 1년, 2년을 살고 끝낼 자본주의사회가 아니기에 수십 년을 고려한 장기적인 안목을 가져야 한다.

장기적으로는 인플레이션사회를 피할 수 없다. 한국정부에서 목표로 하는 가장 안정적인 물가상승률은 매년 3% 정도다. 정부의 목표는 안정적인 물가 하락이 아니라 안정적인 물가 상승이라는 것이다. 목표라는 건 정부가 이를 위해 노력하겠다는 말이다. 정부가 부동산가격을 잡기 위해 단기적으로 규제를 외친다 하더라도 장기적으로 계속해서 규제할 수는 없다. 한국이 자본주의에서 공산주의로 돌아서기 전까지는 말이다.

현재 회사를 다니면서 집값이 오르든 내리든 '뭔 상관이야'라고 마음 편히 사는 4050세대 대부분은 주택을 한 채라도 소유한 사람이다. 어차피 옆집이 오르면 내 집도 오를 것이고, 내 집이 떨어지면 옆집도 떨어질 것이다. 물론 내가 사고 나서 내 집 값이 오르면 좋겠지만, 떨어진다 하더라도 속이 좀 쓰릴 뿐 최악의 상황은 아니다. 이사 가야 할 때가 아니라면 그냥 살던 집에 정 붙이고 리모델링해서 살면 그만이다. 쫓겨날 걱정도, 집값 폭등 걱정도 할 필요가 없다. 최소한 집에 대한 불안감은 없는 채로 살아갈 수 있다는 말이다.

반면에 무주택자 입장에서는 집값이 오르는 순간부터 뉴스든, 회사동료 이야기든 모든 상황이 불안으로 엄습해온다. 다른 일에 집중하기가 쉽지 않게 된다. 집 하나로 모든 일상이 흔들릴 수도 있다. 집이라는 존재는 가만히 있으면 위험을 피한다는 주식과 달리, 가만히 있으면 위험을 끌어안고 살아가게 되는 독특한 놈이다.

자본시장의 세계는 감정이 없다. "멋모르고 이번 투자를 시작한 거니 한 번 봐주세요. 내 돈을 다시 돌려주세요. 그 돈이 내 인생의 전부예요"라고 사정한다고 해서 주식시장에서, 코인시장에서, 부동산시장에서 "안타깝네요. 이번 한 번은 다시 돌려줄게요" 하지 않는다.

냉정하고도 냉혈한 시장이다. 특히나 사회에 첫발을 내딛는 시점에서 투자에 나선다는 건, 빚투를 하거나 종잣돈을 올인한다는 의미다.

돈이 제대로 모이지도 않는 시점에 몇천만 원의 돈을 잃는 것도 크나큰 타격이다. 1억 원의 재산에서 2천만 원을 잃어 20% 손실이 나는 것과 2천만 원의 재산에서 2천만 원을 몽땅 잃어 100% 손실이 나는 건 차원이 다른 이야기다.

어김없이 돌아오는 카드대금, 월세, 생존생활비를 위해 제2금융권을 찾고 사채를 써야 하는 경우까지도 발생한다. 누군가에겐 '500만 원도 없어?' 하는 그 돈이 누군가에게는 사채시장까지 흘러들어갈 수밖에 없는 큰돈일 수 있다.

50원짜리 동전만 한 눈덩이는 아무리 굴리고 굴려도 500원짜리 동전 크기다. 500만 원으로 주식투자, 코인투자에 아무리 많은 시간과 공을 들여 1,000%의 신화 같은 수익을 낸다고 해도 5천만 원이다. 1,000% 수익은 로또 맞을 확률에 버금가는 인생에 한 번 올까 말까 한 수익임에도 그 돈으로는 빌라 전세방 하나 구하기도 힘든 게 현실이다.

눈덩이가 작다 싶으면 최대한 이 눈덩이가 커질 때까지 체급을 키우는 게 우선이다. 퇴근 후 배달 아르바이트를 하거나, 지출을 줄이거나, 이직을 통해 내 몸값을 올리거나, 적금에 올인하는 식으로 말이다. 그리고 나서 어느 정도 돈뭉치의 체급이 올랐다 싶을 때 그다음 단계로 넘어가도 늦지 않다.

 20대는 늘리고, 30대는 펼치고, 40대는 오므린다

재테크를 통해 큰 자산을 형성한 이들의 이야기를 들어보면 대다수가 20대 사회생활 초기에는 투자보다는 저축을 해야 한다고 입을 모은다. 더불어 이 시기에는 절약해 돈을 모으기도 좋은 타이밍이라고 한다. 실제로 20대는 깔끔한 흰색 티셔츠 한 장만 걸쳐도 멋진 나이다. 자신감도 넘친다. 짠돌이처럼 아끼고 아껴도 겉모습만 봐서는 티도 나지 않는다. 해진 옷을 입어도 '요즘은 저런 스타일이 유행이구나' 정도로만 바라본다. 그렇기에 20대는 직접적으로 투자하기보다는 간접적으로 돈을 늘려나가는 단계라 할 수 있다.

30대가 되면서 그동안 뭉쳐왔던 돈을 본격적으로 펼칠 때가 온다. 이 시기에도 100% 저축만 한다면 마치 돈을 뺏기는 것과 다름없다는 자본주의 인플레이션을 경험하게 된다. 내가 살던 전셋집은 점점 낡아가기만 하는데 2년 뒤, 4년 뒤, 5천만 원에서 1억 원을 올려줘야 한다. 어렵게 모으고 있던 적금을 해약해서 전세금에 몰아줘야 한다.

생존생활비도 성큼성큼 올라간다. 그토록 오르지 않는 내 월급에 비해 물가는 쭉쭉 오른다. 당연히 상대적으로 쓰고 남는 돈이 줄어들면서 마치 월급이 깎이는 마법을 경험한다. 그래서 가만히 있으면 가마니가 되는 시기가 바로 30대다.

그러니 30대엔 최소한 인플레이션을 방어할 수 있을 정도의 자산을 형성해나가야 한다. 주식이든, 코인이든, 부동산이든 '이거다' 싶은 분야를 잘 찾아내야 한다.

바쁘게 자산을 형성해나가는 30대의 시기가 지나면 40대부터는 많은 돈이 숭숭 빠져나가는 시기가 도래한다. 30대에 결혼을 하고, 40대에 아이가 초등학교에 입학하면서 생각지 않던 돈들이 필요하게 되는 것이다. 40대가 30대의 공격형 투자에서 수비형 투자로 넘어가야 하는 이유다. 나의 투자 실패가 가족 전반으로 이어질 수 있기 때문이다.

나 혼자일 때와 부부가 단둘일 때와 자녀까지 포함된 3~4인 가족일 때의 모습은 전혀 딴판이다. 본인의 잘못으로 자녀가 그 해를 입는다고 생각하면 그만큼 찢어지는 고통은 없다. 나 때문에 자녀가 학원을 그만두고, 나 때문에 전학을 가야 하고, 나 때문에 더 좁은 집으로 옮겨야 한다면 마치 죄인처럼 그 시기를 보내야 할지도 모른다. 그러므로 40대부터는 지금까지 벌려온 투자자산을 오므려서 지켜야 한다.

아침 일찍 일어나 해가 질 때까지 하루 종일 내 아까운 시간을 '회사'라는 감옥에 쏟아붓기엔 우리의 인생시계가 너무 짧다. 워라밸(work-life balance)도 싫다. 한 번뿐인 인생을 즐겨야 한다. 인생은 '욜로'다. 꼰대들처럼 평생을 회사에 의지하며 바보같이 살고 싶은 마음은 티끌도 없다. 결정은 느릴수록 정신만 썩어간다. 저 재수 없는 부장 얼굴에 사직서를 '뽝' 날린다. 유유히 감옥의 철창을 열어본다. 환한 빛이 나를 감싼다. '도비는 이제 자유예요.' SNS에 빠른 속도로 한 줄을 기록해준다. 주변 지인들이 '멋지다' '부럽다'라며 아우성이다.

시간은 흐른다. 환하던 빛은 어둠으로 바뀐다. 일 안 하고도 얼마든지 즐기는 금수저가 아님을 인지한다. 즐겨야 하는데, 이제 시간도 남아돌고 내 몸은 어디 한 곳에 매여 있지도 않은데, 결정적으로 단 하나가 없다. 맞다. 쩐이 없다.

그러니 친구가 불러도 나가기가 싫다. '회사 힘들다, 그만두고 싶다' 그딴 푸념을 들어주는 것도 신물이 난다. 그럼 나처럼 그만두든지. 그러면서 밥값은 더치페이다. 월급을 받을 때도 텅장이었는데, 그마저도 들어오지 않으니 곧 자체 마이너스통장이 되어간다.

이러려고 그만둔 게 아닌데, 세상살이가 쉽지 않다. 다시 아르바이트 일자리라도 알아본다. 회사에 다닐 땐 그렇게도 쉬워 보이던 편의점 알바도 만만치가 않다. 좁은 자리에서 몇 시간을 서 있어도, 몇 시간을 앉아 있어도 답답하다. 사원증 달고 한 손에 아이스라떼를 들고 수다 떨던 그때가 그립다.

다시 회사 일자리를 알아본다. 몇 년의 경력 공백이 생겨서 그런지 원하는 일자리는 여지없이 광탈이다. 그나마 연락 온 곳이라고는 전에 일하던 곳에 비해 복지도 연봉도 반토막이다.

한때 퇴사가 유행이었다. 퇴사학교까지 만들어지며 퇴사를 독려했다. 몇 년이 흐르고 퇴사 이후의 삶이 순탄치 않음을 주변 퇴사자들을 통해 알게 되었다.

쥐꼬리만 한 월급 300만 원, 그 쥐꼬리를 매달 일정하게 얻으려면 12억 원짜리 상가를 보유하는 것과 같은 효과다. '5억 원짜리 상가 하나만 가지고 있어도 내 노후는 든든하겠구먼' 하고 생각할 수도 있다. 그런데 그 작고 아담한 월급이 12억 원짜리 상가를 보유한 사람과 맞먹는 효과라니! 상가 임대수익률을 3% 정도로 예상하면 연 3,600만 원의 소득이 생기고, 이를 12개월로 보면 결국 300만 원인 우리 월급이다. 그나마도 상가 공실이 없다는 전제하에서다.

자영업자의 힘든 시기를 감안하면 내 상가에 공실이 생기지 않으리란 법은 없다. 신축아파트 상가의 경우 공실이 5년을 가기도 한다. 그 공실이 생기는 순간, 들어오는 돈은 10원도 없는데 나가는 관리비만 수십만 원씩 쌓여갈 수 있다. 그게 5년 동안 지속된다면 어떨까? 이런 손실도 거뜬하게 버틸 수 있는 부자가 아닌 이상 말이 건물주고, 말이 상가임대인이지, 실제 빠듯하게 살아가는 평범한 사람에게는 고통의 시간일 뿐이다.

또한 재테크라는 투자는 50% 확률로 떨어지고 오르는 변동성이 생긴다. 어느 시기에 진입하냐에 따라서 크게 얻을 수도 있지만 크게 잃을 수도 있다.

반면에 월급은 오르지 않는다고 아우성을 쳐도 실제 '지난해보다 연봉이 하락했어요'는 1% 이내 정도의 확률이다. 즉 월급의 변동성은 제로에 수렴된다. 그만큼 생각보다 퇴사하기 전까지는 '수익이 안정적'이라는 말이다. 여기에 공실이 생겨 몇 달간 돈 한 푼 받지 못하는 상황을 걱정할 필요도 없다. 연수익은 내가 일부러 상황을 만들지 않는 이상 보장되어 있다. 성과가 좋으면 상여금을 더 받을지라도 성과가 안 좋다고 연말에 연봉을 뺏어가지는 않는다.

'퇴사해서야 성공했어요!'라며 인스타그램이나 블로그에 나오는 알지도 못하는 자의 이야기(그마저도 대부분 부업알바 홍보다)보다 내 주변에서 퇴사한 사람의 이야기를 들어보자. 단순히 퇴사하자마자 1년도 되지 않은 시간 동안의 이야기가 아닌 그 이후의 삶까지 지켜보자. 그렇게 지켜본 후에 과감히 사직서를 날려도 늦지 않다. 다만 퇴사가 인생의 답인 것처럼 일단 질러보자는 마인드를 가졌다간 자칫 인생에서 퇴사당할지도 모른다.

 많이 버는 것보다 돈을 잃지 않는 게 포인트다

예전에 인기리에 방영된 한 드라마에서 이런 퀴즈를 냈다.

"몸무게가 22t인 암컷 향고래가 500kg에 달하는 대왕오징어를 먹고 6시간 뒤 1.3t의 알을 낳았다면? 이 암컷 향고래의 몸무게는 얼마일까요?"

이 문제를 풀기 위해 사람들은 산수 계산에 돌입한다. 그러나 정답은 허를 찌른다.

"고래는 알을 낳을 수 없습니다. 고래는 포유류라 알이 아닌 새끼를 낳으니까요. 무게에만 초점을 맞추면 문제를 풀 수 없습니다. 핵심을 봐야 돼요."

그렇다면 "아파트가격이 5억 원이라고 하면 비싼 걸까, 싼 걸까?"라는 문제의 답은 뭘까?

경상남도 밀양시에 거주하는 사람들에게 물어보자.

"아니, 아파트가격이 5억 원이면 그렇게 비싼 돈 주고 누가 거기 살아요? 80평은 되나 보죠? 주변에 2억~3억 원 정도 하는 좋은 아파트도 많은데!"

서울시에 거주하는 사람들에게 물어보자.

"어디 그렇게 싼 집이 있나요? 언덕배기에 나 홀로거나, 어디 하나 나사 빠진 아파트 아닌가요? 아니면 10평대 원룸형 아파트거나. 암튼 저렴하니까 구린 게 있는 것 같은데."

같은 5억 원이라는 숫자를 두고 밀양시민은 비싸다고 판단하고, 서울시민은 싸다고 판단한다.

그런데 불과 6~7년 전만 해도 서울에서 30평대 5억 원대 분양가 앞에서 "강남도 아니고 아무리 서울이라도 너무 비싸죠"라는 말들을 했었다. 말 그대로 그 아파트는 미분양이 났다. 그리고 몇 년 뒤 그 아파트는 7억, 8억 원을 넘어 15억, 16억 원 이상까지 올랐다.

이제 이 가격은 비싼 건가? 아니면 미래를 감안하면 저렴한 건가? 전문가들에게 물어봐도 말들이 다르다. "여기는 이미 너무 올라 고 평가되었으니 하락 위험이 있다" "여전히 이곳은 미래 대비 저평가 되었기에 더 상승할 기회가 있다" 이렇게 의견이 갈린다.

그 의견의 맞고 틀리고는 현재가 아니라 미래에나 알 수 있다. 이미 15억 원이 된 시장에서 5억 원 아파트 시절을 떠올리면 '그때는 정말 저렴했구나. 다시 돌아가면 10채라도 사고 싶네'라고 생각할 것이다. 즉 지나고 나서야 비로소 보이는 것이 된다.

타임머신을 타고 미래를 가볼 수도 없다. 그렇다고 무턱대고 소위 전문가라는 사람들의 입에만 의존할 수도 없다. 누굴 찾아가느냐에 따라 전혀 반대의 이야기를 할 테니 말이다.

그럼 도대체 지금 이 가격이 비싼 건지 싼 건지, 매수해도 좋을지 말지는 어떻게 판단해야 한단 말인가? 도무지 감을 잡기가 어렵다. 왜일까? 사람들은 핵심을 보지 않고 암컷 향고래의 무게(매매 시세)에만 초점을 맞추고 있기 때문이다.

그 초점을 흐리게 만드는 행위로 인해 사람들은 재산을 잃기 시작한다. 그 작은 틈이 점점 더 커져 나중에는 막을 수도 없이 터져 나오는 지경에까지 이른다. 그래서 우리는 잃지 않기 위해서 보고 싶은 매매가격이 아니라 봐야 하는 ○○가격에 초점을 맞춰야 한다. 그게 바로 '전세가격'이다.

전세가격은 이 아파트가 현재 지니고 있는 사용가치를 의미한다.

다시 말해 전세가격에는 매매가격에 포함되어 있는 거품이 없다. 내가 전세로 들어가는 집의 임대인이 "여기 10년 뒤에 GTX 호재가 있어서 지금 전세가격을 5천만 원 올릴 거예요"라고 한다면? 그 집에 들어갈 텐가? '장난 치나' 하고 침을 퉤 뱉을지도 모른다.

전세로 들어가는 임차인에게는 지금 당장의 사용가치만 가격에 포함될 뿐이다. 매매가격 대비 전세가격이 높게 형성되어 있다면 그만큼 이 집은 사용가치가 매매가 대비 높다는 말이고, 그 반대라면 사용가치가 매매가 대비 떨어진다는 말이다.

■ 아파트 전세가거품률

40% 이하 : 거품권역(위험권)

40~60% : 다소 거품

60~80% : 거품 해소

80% 이상 : 거품 완전 해소(안정권)

우리는 이 전세가거품률을 통해 현재 가격에 매수하는 게 위험한지 안정적인지, 혹은 미래 가치 대비 저평가되었는지 아닌지를 파악할 수 있게 된다.

매매가격과 전세가격의 차이가 많이 나는 곳은 떨어질 때도 그 낙폭이 크다. 반면에 매매가격과 전세가격의 차이가 적게 나는 곳은 전세가격이 하단에서 받쳐주는 만큼 낙폭이 상대적으로 적다.

아무리 높은 수익을 거머쥘 수 있다 하더라도 2030세대들은 수익이 아니라 손실에 대한 리스크를 먼저 생각해야 한다. 그렇기에 투자에 앞서 전세가거품률에 대해 한 번은 짚고 넘어갈 필요가 있다.

 가장 안정적인 재테크 수단은 결국 나 자신!

스마트폰 하나로 세계를 넘나드는 모든 정보를 얻을 수 있는 시대다. 주식이면 주식, 코인이면 코인, NFT면 NFT, 부동산이면 부동산 등 내가 원하는 정보는 얼마든지 찾을 수 있고 누릴 수도 있다. 다만 어떤 양질의 정보를 받아들이고 그 정보를 활용해서 어떻게 투자에 접목하는가에 따라 투자 성공과 투자 실패가 극명히 좌우된다.

똑같은 물감과 붓을 가져도 어떤 사람이 그리느냐에 따라 명작이 될 수도 있고, 졸작이 될 수도 있다. 산해진미 가득한 신선 재료를 가지고도 누가 어떤 조합을 하느냐에 따라 맛깔나는 음식이 될 수도 있고, 뒤죽박죽 조합으로 음식물 쓰레기가 될 수도 있다. 그러니 그림을 그리기 전과 요리를 만들기 전에 도움될 만한 자료를 찾아보고, 읽어보고, 연구하고, 연습하는 과정을 거쳐야 진정 원하는 그림과 요리를 완성할 수 있다.

'에이, 투자공부 같은 걸 뭐 하러 하나요? 회사 출퇴근하는 것만 해도 버거운데, 힘들여서 책 읽고, 강의 듣고, 공부하는 건 오바 아닌가요? 그냥 편하게 좀 살자구요.'

그렇다. 누구나 편하게 살고 싶다. 내가 처한 현실을 돌아봤을 때,

아무것도 하지 않아도 생애 동안 지속적으로 편하게 살 만한 여유가 예상된다면 몸이 가는 대로 살아도 무방하다. 하지만 그 편안함이 5년, 10년 뒤 알 수 없는 불안감으로 다가올 것만 같다면 이제는 조금씩 우리가 살아가는 자본주의 경제에 대해 공부할 시기가 도래했다는 뜻이다. 그리고 그렇게 하는 것이 우리가 말하는 '그냥 편하게 살면 되지'의 기본 전제조건이 될 것이다.

어릴 때 가난은 부모 탓이다. 하지만 늙어서 가난은 누구의 탓도 아닌 내 탓임을 명심하자.

★ 메이트북스는 독자의 꿈을 사랑합니다.

부동산 초보자도 술술 읽는 친절한 입문서
부동산투자 궁금증 100문 100답   최영훈 지음 | 값 19,800원

기자 출신 부동산 전문가가 부동산투자 전에 꼭 알아두어야 할 필수 상식들만을 엄선해 쉽게 정리한 부린이용 가이드 책이다. 계약서 작성부터 잔금 처리, 이사까지, 부동산 거래 전 과정에서 생길 수 있는 문제 상황의 예방법과 대처법 등 실생활에 도움될 내용이 가득하다. 동네 공인중개사가 알려주듯 친근하게 부동산 꿀팁을 전하는 저자의 목소리를 따라 내 집 마련과 투자에 앞서 다양한 리스크들을 체크하고 방지해 손해 없이 거래해 보자.

부동산은 심리전이다
박원갑 박사의 부동산 심리 수업   박원갑 지음 | 값 19,800원

부동산 대표 전문가인 박원갑 박사가 부동산과 심리를 쉽고 재미있게 엮은 책을 냈다. 부동산시장의 변동성은 시장 참여자들의 불안 심리에 비례한다. 이에 저자는 부동산시장을 움직이는 사람들의 내면 작용을 다각도로 분석했다. 부동산시장은 공급과 정책 외에도 인간 심리를 함께 읽어야 제대로 보인다. 저자가 제안하는 편향에 빠지지 않는 올바른 부동산 생각법을 체화한다면 어떤 상황에서도 합리적인 선택을 할 수 있을 것이다.

나는 한 달에 1천만 원 월세로 경제적 자유를 누린다
나의 꿈 월천족   정일교 지음 | 값 17,000원

이 책은 저자가 다가구주택 신축으로 어떻게 경제적 자유를 이루었는지를 보여주는 실천서다. 저자는 최소한의 종잣돈으로 월 1천만 원의 현금흐름을 만드는 비법을 가감 없이 공개한다. 잠자는 동안에도 현금이 들어오는 파이프라인을 구축하는 방법이 궁금한가? 저자가 친절하고 상세하게 공개한 수익형 자산투자와 현금흐름 창출을 위한 비법을 통해 돈과 시간으로부터 자유로워지는 법을 배우고 실천할 수 있을 것이다.

스타벅스 건물주가 된 사람들의 성공 비결
나의 꿈 스타벅스 건물주   전재욱·김무연 지음 | 값 16,800원

이 책은 미지의 영역에 머물던 스타벅스 건물주들의 비밀을 국내 최초로 파헤친다. 저자가 기자 특유의 취재역량을 발휘해 직접 발로 뛰어 수집한 전국 매장 1,653개의 등기부등본 2,454장을 꼼꼼히 분석한 결과다. 스타벅스가 선호하는 매장의 특징과 실제 임대료, 임대 과정 등 '스타벅스 입점 성공'의 공식을 다루는 저자의 통찰에 진지하게 접근한다면 나의 꿈 스타벅스 건물주가 아닌, 나의 '현실' 스타벅스 건물주가 될 수 있을 것이다.

최고의 부동산빅데이터 연구소 경제만랩의 부동산 대예측

빅데이터로 전망하는 대한민국 부동산의 미래

경제만랩 리서치팀 지음 | 값 16,500원

우리는 집값이 언제 오르고 언제 내리는지 궁금하다. 빅데이터 트렌드 분석을 통해 부동
산시장을 파악하고 분석해 올바른 투자전략까지 세울 수 있는 책이 나왔다. 이제 단순히
감으로 부동산시장을 평가하는 시대는 끝났다. 부동산 데이터를 활용해 구체적인 시장
분석이 가능해진 것이다. 미래가치가 높은 부동산을 파악하고 투자에 성공하고 싶다면
객관적인 데이터를 기반으로 한 이 책이 좋은 투자 전략서가 될 것이다.

성공투자를 위한 재개발·재건축 실전오답노트

세상에서 가장 친절한 재개발·재건축　　　장귀용 지음 | 값 16,000원

우리나라는 대다수 사람들이 대도시에 살고 있다. 사람들이 밀집해 거주하는 대도시는
주택난이 심각하다. 앞으로 재개발·재건축은 피할 수 없는 사업이다. 부동산 전문기자인
저자는 재개발·재건축 사업의 각 단계와 실제 사례를 정리해 한 권의 책에 담았다. 재개
발·재건축 투자에 관심이 있는 사람이라면 반드시 알아야 할 사항이 쓰여 있다. 저자가
현장을 오르내리며 경험한 느낌을 고스란히 담아냈기 때문에 실질적인 투자에 도움이
될 것이다.

다가올 미래, 부동산의 흐름

박원갑 박사의 부동산 트렌드 수업　　　박원갑 지음 | 값 18,000원

혼돈의 시대, 부동산 트렌드를 알면 성공의 길이 보인다! 집이 주인이 되는 '주주(住主)
사회'에 걸맞게 국내 최고 부동산 전문가인 박원갑 박사는 공정한 관찰자의 입장에서 냉
철하고도 균형 있는 시각으로 부동산시장을 둘러싼 핵심 트렌드를 심도 있게 분석한
다. 세상의 주역인 MZ세대의 특징, 아파트 공화국인 대한민국 부동산시장의 실체 및 흐
름 등을 설명하는 이 책 한 권이면 부동산 트렌드를 빠르게 좇아가는 패스트 팔로워(fast
follower)로 성장할 수 있을 것이다.

위기의 시대, 부동산 투자 어떻게 할 것인가

부동산의 속성　　　신얼 지음 | 값 16,000원

경제위기의 시대, 살아남기 위해서는 부의 파이프라인을 구축해야 한다! 이 책은 가화만
사성의 핵심인 부동산에 대한 새로운 시각을 보여준다. 저자인 신얼은 국내 최초로 부동
산과 채권 영역을 모두 아우르는 애널리스트다. 이 책에는 30세 늦깎이 직장인이었던 그
가 어떤 우여곡절을 거쳐 지금의 통찰을 가지게 되었는지가 생생히 담겨 있다. 객관적인
정보와 함께 부동산으로 부의 파이프라인을 구축한 저자의 실제 경험은 '왜 부동산을 가
져야 하는지'에 대한 깨달음을 준다.

혼돈의 시대, 부동산의 미래
대한민국 부동산은 언제까지 오를 것인가 김인만 지음 | 값 18,000원

도대체 집값은 왜 이렇게 올라가는 것이고 왜 잡히지 않는 것일까? 이 책은 부동산 투자자들의 궁금증과 답답함을 단번에 해소시켜줄 부동산 투자 전망서다. 부동산 정책의 메커니즘과 이슈에 대한 완벽한 이해를 제공함으로써 투자자들이 현재 상황을 정확하게 분석하고, 향후 부동산시장 흐름을 예측하는 능력을 키우는 데 초점을 맞추었다. 이 책을 통해 과열된 부동산시장 속 쌓였던 스트레스를 속 시원하게 날려보자.

부동산 초보 투자가가 가장 알고 싶은 것들
부동산투자가 처음입니다 성주원·김기덕 지음 | 값 16,000원

2019년의 부동산 열풍이 2020년에도 이어질 듯했지만 누구도 예상하지 못했던 코로나19 사태로 국내 경제는 물론 부동산시장도 불확실성에 휩싸이게 되었다. 이 책은 부동산 담당기자로 잔뼈가 굵은 저자들이 부동산시장에서 실패하는 초보자가 없기를 바라는 마음에서 집필했다. 이 책에서 들려주는 기본적인 부동산 기초 개념과 사례 등을 통해 흔들리지 않는 부동산 원칙을 세울 수 있을 것이다.

인서울 부동산이 답이다!
서울의 부동산만 오를 것이다 김형근 지음 | 값 15,000원

추상적 논리가 아닌 주관적 분석 틀로 서울부동산이 앞으로도 계속 오를 수밖에 없는 이유를 들려주고, 나아가 서울에서도 미래가치가 높은 투자 유망지역을 알려주는 책이다. 그 결과 저자는 우리나라에서는 지방도시보다는 서울에 주택을 갖는 것이 투자가치를 더 높일 수 있다는 결론을 얻었다. 저자는 서울지역 중에서도 유망지역에 사는 것이 거주를 목적으로 집테크할 수 있는 최고의 방법이라고 말한다. 비싼 서울 집값은 결국 앞으로도 그 가치가 계속 상승할 것이다. 서울에 집을 보유하는 것은 선택이 아닌 필수다.

나는 돈이 없어도 부동산에 투자한다
평범한 29세 직장인은 어떻게 3년 만에 아파트 10채의 주인이 됐을까? 승호 지음 | 값 16,000원

박봉을 받으며 일하는 평범한 직장인들이 아파트투자로 성공할 수 있는 전략을 담은 경제경영서다. 처음 투자를 시작하는 사회초년생, 직장인들이 아파트투자를 시작하기 앞서 필요하다고 생각되는 마인드, 투자 방법, 투자 사례들을 담았다. 저자가 쌓은 지식과 경험들을 통해 부동산시장을 통찰력 있게 분석함으로써 아파트투자의 기회를 잡아보자. 이 책이 투자성공을 위한 최고의 길잡이가 될 것이다.

1인 디벨로퍼로 3년 안에 건물주 되기

나는 2천만 원으로 시작해 20억 건물주가 되었다
김동철 지음 | 값 16,000원

종잣돈 2천만 원으로 시작해 도심의 20억짜리 건물을 가지게 된 저자의 소중한 경험과 노하우를 이 한 권의 책에 모두 담았다. 공·경매를 통해 도심의 자투리땅에 있는 단독주택을 시세보다 싸게 낙찰받고 이를 직접 용도에 맞게 기획해 신축함으로써 투자비용은 최소화하고 수익을 극대화하는 '건물주 되기 노하우'를 공개한다. 돈도, 경제지식도, 부자마인드도 없던 대한민국의 평범한 남자가 20억 건물주가 되기까지의 과정을 생생하게 소개한다.

다가올 3년, 아직 부동산 투자 기회는 남아있다

혼돈의 부동산시장, 그래도 기회는 있다   김인만 지음 | 값 16,000원

부동산시장의 흐름을 읽을 수 있는 노하우, 그리고 부동산 투자자라면 꼭 알아야 필수지식과 투자전략을 한 권에 담은 책이 나왔다. 이 책은 현재 부동산시장의 정확한 진단, 과거부터 현재까지의 부동산 정책 흐름, 인구변화, 입주물량, 금리인상 등 부동산가격에 영향을 주는 여러 요인들을 팩트로 분석해 최대한 정확한 예측을 할 수 있도록 안내하는 책이라고 할 수 있다.

지하 단칸방에서 시작해 어떻게 반포 아파트 2채를 소유하게 됐을까?

반지하에서 반포 아파트 입성하기   이재국 지음 | 값 16,000원

신혼을 지하 단칸방에서 보낸 저자가 어떻게 반포 아파트 2채를 소유하게 됐는지 생생한 경험과 투자 노하우를 담은 책이다. 저자는 오랫동안 건축과 부동산 분야에 몸담으면서 내 집 마련을 위한 고민과 성공적인 투자 방법을 항상 생각하며 활동해왔다. 이 책에는 성공한 이야기뿐만 아니라 실패한 이야기까지 가감 없이 담겨 있다. 따라서 부동산 재테크를 하려는 사람들이 다양한 사례를 통해 자신의 투자 성향을 되돌아보고, 재테크 방향을 올바로 잡을 수 있을 것이다.

당신도 꼬마빌딩의 주인이 될 수 있다!

나는 다가구투자로 꼬마빌딩 4채의 주인이 되었다
박정선 지음 | 값 16,000원

단순한 부동산 책이 아니라 매달 '돈 나오는 집'을 절실히 원하는 직장인과 은퇴자를 위한 인생역전 필독서다. 10여 년간 부동산 현장을 두루 섭렵한 저자는 다가구주택 또는 신도시 택지를 구입해서 꼬마빌딩으로 만든 실전 비법과 노하우를 담았다. 경제 불황 시기에 '돈 나오는 집'을 절실히 원하는 사람이라면, 아파트보다는 다가구주택에 투자해 '꼬마빌딩 주인 되기'에 도전해보자.

■ 독자 여러분의 소중한 원고를 기다립니다

메이트북스는 독자 여러분의 소중한 원고를 기다리고 있습니다. 집필을 끝냈거나 집필중인 원고가 있으신 분은 khg0109@hanmail.net으로 원고의 간단한 기획의도와 개요, 연락처 등과 함께 보내주시면 최대한 빨리 검토한 후에 연락드리겠습니다. 머뭇거리지 마시고 언제라도 메이트북스의 문을 두드리시면 반갑게 맞이하겠습니다.

■ 메이트북스 SNS는 보물창고입니다

메이트북스 홈페이지 www.matebooks.co.kr

책에 대한 칼럼 및 신간정보, 베스트셀러 및 스테디셀러 정보뿐만 아니라 저자의 인터뷰 및 책 소개 동영상을 보실 수 있습니다.

메이트북스 유튜브 bit.ly/2qXrcUb

활발하게 업로드되는 저자의 인터뷰, 책 소개 동영상을 통해 책에서는 접할 수 없었던 입체적인 정보들을 경험하실 수 있습니다.

메이트북스 블로그 blog.naver.com/1n1media

1분 전문가 칼럼, 화제의 책, 화제의 동영상 등 독자 여러분을 위해 다양한 콘텐츠를 매일 올리고 있습니다.

메이트북스 네이버 포스트 post.naver.com/1n1media

도서 내용을 재구성해 만든 블로그형, 카드뉴스형 포스트를 통해 유익하고 통찰력 있는 정보들을 경험하실 수 있습니다.

STEP 1. 네이버 검색창 옆의 카메라 모양 아이콘을 누르세요. STEP 2. 스마트렌즈를 통해 각 QR코드를 스캔하시면 됩니다. STEP 3. 팝업창을 누르시면 메이트북스의 SNS가 나옵니다.